GUDAI HANYU
CILEI HUOYONG LISHI

古代汉语词类活用例释

周国光　编著

广东高等教育出版社
广州

汉语言文字学
【研究丛书】

图书在版编目（CIP）数据

古代汉语词类活用例释/周国光编著. —广州：广东高等教育出版社，2013.10

（汉语言文字学研究丛书）

ISBN 978－7－5361－4929－8

Ⅰ.①古…　Ⅱ.①周…　Ⅲ.①古汉语－词类－教学参考资料　Ⅳ.①H141

中国版本图书馆 CIP 数据核字（2013）第 161003 号

广东高等教育出版社出版发行

（地址：广州市天河区林和西横路）

邮政编码：510500　　电话：（020）87554152

广州市穗彩彩印厂印刷

890 毫米×1240 毫米　32 开本　12.875 印张　390 千字

2013 年 10 月第 1 版　2013 年 10 月第 1 次印刷

印数：1～2 000 册

定价：30.00 元

编者说明

一、本书以古代汉语中词类活用现象为描写和分析的对象，目的是为大学、中学的语言教学和学习提供一部实用的参考书，并为有关方面的研究提供相应的资料。

二、本书的收词范围主要是先秦、秦汉的典籍，汉代以后的文献也酌情收入。

三、本书确定的词类活用的类型主要依据王力主编的《古代汉语》、郭锡良等编的《古代汉语》、南开大学中文系古代汉语教研室编写的《古代汉语读本》等著作而确定。本书所确定的词类活用类型如下：

名词（代词）用如不及物动词；

名词（代词）用如及物动词，一般用法；

名词（代词）用如及物动词，使动用法；

名词（代词）用如及物动词，意动用法；

名词（代词）用如及物动词，为动用法；

名词用如状语；

形容词用如及物动词，一般用法；

形容词用如及物动词，使动用法；

形容词用如及物动词，意动用法；

形容词用如及物动词，为动用法；

形容词用如名词；

数词用如不及物动词；

数词用如及物动词，一般用法；

数词用如及物动词，使动用法；

动词使动用法；

动词意动用法；

动词为动用法；

动词用如名词。

四、名词、数词、代词活用为动词分为两种情况：用如不及物动词和用如及物动词。活用为动词后不带宾语（省略宾语、“所”字结构和受事主语句等情况除外），本书确定为用如不及物动词。

五、名词、形容词、数词、代词“用如及物动词，一般用法”这类情况比较复杂。本书把用如及物动词但不属于使动用法、意动用法、为动用法的都归入了“一般用法”。这样处理的原因，主要是因为本书意在描写语言事实，而不在于确立新的名目和类型。

六、语言形式同语义内容之间存在着“多对一”的对应关系(即多种语言形式可以表达同一种语义内容)，在保证准确表达原例语义的前提下，我们有时做了比较灵活的解释。例如《墨子·亲士》：“臣下重其爵位而不言。”其中的“重”是形容词用如及物动词，意动用法。“重其爵位”可以解释为“认为自己的爵位重要”，也可以解释为“重视自己的爵位”、“看重自己的爵位”。这三种解释在语义结构上是一致的。因为“意动用法”就是用词语构成评价、看待的述宾结构。“认为……重要”中的“认为”表示评价、看待，“重要”则表示评价的结果和看待的态度。“重视”、“看重”这两个复合词中的“视”、“看”也是表示评价、看待，“重”则表示评价的结果和看待的态度。《现代汉语词典》对“重视”一词的解释是：“认为人的德才优良或事物的作用重要而认真对待；看重。”由此可见，“认为……重要”、“重视”、“看重”在语义结构上是一致的。其他情况可以类推。我们觉得，对实词活用的具体实例做灵活的解释，这种做法在实际教学、学习中可能更有利一些。

七、本书在编写过程中参考了大量的有关论著和工具书，获益良多。谨此一并致谢。

凡　例

一、本书共收入古代汉语活用词440余条。

二、本书正文按音序排列。同音词按笔画多少排列。为了便于检索，书后附有词目笔画索引。

三、同形异音词按读音、意义分立词条，如“长”分为“长(cháng)”和“长(zhǎng)”两条。兼类词按词性分别立条。如“长(zhǎng)”兼属名词、动词两个词类，则分为“长$_1$（名）”、“长$_2$（动）”两条。

四、每词条内容包括“本用”和“活用”两部分。每部分内容如下：1. 本用词性和活用类型的说明；2. 释义；3. 书证；4. 必要的注释或翻译。书证中和注译中补出的词语用“（ ）”括住。书证中的词目字，用“~”代替。

五、每一词目下每类活用情况中的书证以作品年代的先后为序，同一著作中的书证，一般以在著作中出现的先后为序。

六、书证的出处，专书标书名、篇名，如：《论语·学而》、《史记·项羽本纪》；单篇作品标作者名、篇名，如：晁错《论贵粟疏》。

七、本书使用现行通用汉字。

八、本书中的古字、通假字，以今字、本字为词目字；古字、通假字附在词目字的后面的圆括号中。如“返（反）”、“疲（罢）”。古今字在释义中以“×同×”说明，如“反同返”；通假字以“×通×”说明，如“罢通疲”。书证中出现的词目字的古字、通假字在“~”后的“（ ）”中附出，以示区别。

九、本书的条目用汉语拼音注音，标明声调。

目 录

哀 āi

本用：形容词。悲哀，悲痛。

①《论语·八佾》：子曰："《关雎》，乐而不淫，~而不伤。"——孔子说："《关雎》这诗，快乐而不放荡，悲哀而不痛苦。"

②《孟子·滕文公上》：及至葬，四方来观之，颜色之戚，哭泣之~，吊者大悦。——等到举行（滕定公）丧礼的时候，四方的人都来观礼，太子容色的悲戚，哭泣的哀痛，使来吊丧的人非常满意。

③《礼记·檀弓下》：孔子过泰山侧，有妇人哭于墓者而~。

活用：及物动词，为动用法。为……而哀。

④《左传·僖公三十三年》：秦不~吾丧而伐吾同姓，秦则无礼。——秦国不为我们的丧事悲伤，反而攻打我们的同姓国家，秦国就是无礼。

⑤《左传·文公六年》：秦伯任好卒，以子车氏之三子奄息、仲行、鍼虎为殉，皆秦之良也。国人~之，为之赋《黄鸟》。——哀之：为此事而悲痛。任好：秦穆公。

⑥《晏子春秋·外篇第七》：若使古之王者如毋有残，自昔先君太公至今尚在，而君安得此国而~之？——哀之：为之而哀。之：指代齐景公所说的去国而死这件事。自昔：从前。

⑦《史记·乐书》：乐者，所以象德也；礼者，所以闭淫也。是故先王有大事，必有礼以~之；有大福，必有礼以乐之。——哀之：为之而哀。象：象征，表现。大事：指死丧之事。乐之：为之而乐。

⑧《史记·赵世家》：今吾君独灭赵宗，国人~之。——哀之：为此事而悲伤。吾君：此指晋景公。

⑨《三国志·吴书·陈武传》：建安十二年，（陈武）从击合肥，奋命战死。（孙）权~之，自临其葬。——哀之：为他的死而哀痛。

安　ān

本用：形容词。安逸；安定；平安。

①《论语·学而》：君子食无求饱，居无求～。——安：安逸。

②《论语·季氏》：盖均无贫，和无寡，～无倾。——如果财富平均，就无所谓贫乏；和平团结，就不会觉得人少；境内平安，就不会倾危。

③《荀子·王霸》：乱，则国危；治，则国～。——安：太平。

活用：

一、及物动词，一般用法。安守，安居。

④《左传·僖公十五年》：古者大事，必乘其产，生其水土而知其人心，～其教训而服习其道，唯所纳之，无不如志。——古代发生战争，一定驾乘本国出产的马，（本国出产的马）出生在自己的水土上，知道主人的心意，安守主人的调教，熟悉这里的道路，随你用到哪里，没有不如意的。

⑤《左传·成公六年》：士贞伯曰："郑伯其死乎？自弃也已！视流而行速，不～其位，宜不能久。"——士贞伯说："郑伯大概要死了！自己看不起自己，目光流动而走路快速，又不能安居在自己的位子上，大概活不了多久。"

⑥《荀子·荣辱》：譬之越人～越，楚人～楚，君子～雅，是非知能材性然也，是注错习俗之节异也。——这好比越人安居在越国，楚人安居在楚国，君子安居在中原，这不是（他们的）智能和本性使他们如此，这是由于（他们的）行为和习俗的节律不同。雅：通"夏"，指中原一带。然：后面省略了宾语"之"。注错：措置，指举止行为。

⑦贾谊《过秦论中》：自君卿以下至于庶人，怀自危之心，亲处穷困之实，咸不～其位，故易动也。——不安其位：不安守其位。君卿：指大臣。自危：觉得自己困危。处：体会。易动：容易发生

动乱。

二、及物动词，使动用法。使……安。

⑧《论语·公冶长》：老者～之，朋友信之，少者怀之。——安之：使他们安逸。信之：使他们信任（自己）。怀之：使他们怀念（自己）。

⑨《论语·宪问》：修己以～人。——修养自己，使上层人物安乐。

⑩《论语·宪问》：修己以～百姓。——修养自己，使百姓安乐。

⑪《论语·季氏》：夫如是，故远人不服，则修文德以来之。既来之，则～之。——做到这样，远方的人还不归服，就再修仁义礼乐的政教使他们来（归服）。已经使他们来（归服）了，就要使他们安心。来之：使之来。

⑫《墨子·耕柱》：和氏之璧、隋侯之珠、三棘六异，此诸侯之所谓良宝也。可以富国家、众人民、治刑政、～社稷乎？——安社稷：使国家安定。三棘六异：棘，同“翮”（hé）。鼎空足称为翮；异，同“翼”，六翼即六耳。三翮六翼是九鼎的别名。九鼎为夏禹收九州之金铸成，象征九州，古代奉为传国之宝。富国家：使国家富足。众人民：使人民众多。治刑政：使刑政清平。

⑬《左传·成公十八年》：成霸～疆，自宋始矣。——成霸安疆：成就霸业，安定疆土。

⑭《孟子·梁惠王下》：今王亦一怒而～天下之民，民惟恐王之不好勇也。——安天下之民：使天下的人民安定。

⑮《庄子·人间世》：是以夫事其亲者，不择地而～之，孝之至也。夫事其君者，不择事而～之，忠之盛也。——因此，那些侍养父母的人，能在任何境遇都使父母安然无恙，那就是行孝到家了。那些侍奉君主的人，能不拘任何事情都使君主平安，那就是尽忠到顶了。

⑯《荀子·富国》：故美之者，是美天下之本也；～之者，是～天下之本也；贵之者，是贵天下之本也。——安之：使之稳固。之，

指代君主。安天下之本：使天下的根本稳固。美之：赞美他。之，指代君主。美天下之本：赞美天下的根本。贵之：使之尊贵。贵天下之本：使天下的根本尊贵。

⑰《韩非子·存韩》：今贱臣之愚计：使人使荆，重币用事之臣，明赵之所以欺秦者；与魏质以～其心，从韩而伐赵，赵虽与齐为一，不足患也。——安其心：使其安心。其，指代魏国。贱臣：韩非自己的谦称。使人使荆：派人出使楚国。重币用事之臣：用丰厚的礼品贿赂掌权之臣。明：使……彰明。质：以君主的亲属作为抵押品进行盟约。从韩：使韩国跟从；率领韩国。

⑱《韩非子·奸劫弑臣》：夫有术者之为人臣也，得效度数之言，上明主法，下困奸臣；以尊主～国者也。——尊主安国：使君主尊崇，使国家安定。有术者：懂得法术的人。效：献上。度数：法度数术，即法术。明主法：使君主法令彰明。困奸臣：使奸臣困窘。

⑲《战国策·楚策一》：今君欲一天下，～诸侯，存危国，寡人谨奉社稷以从。——安诸侯：使诸侯安定。一天下：统一天下。存危国：使将要败亡的国家生存。

⑳《战国策·魏策二》：愿太子更日，先王必欲少留而扶社稷～黔首也。——安黔首：使百姓安乐。黔首，战国及秦代对百姓的称谓。更日：改日（安葬先王）。

㉑《史记·高祖本纪》：周勃重厚少文，然～刘氏者必勃也。——安刘氏：使刘氏天下安定。

㉒《史记·魏世家》：夫存韩～魏而利天下，此亦王之天时已。——存韩安魏而利天下：使韩国生存，使魏国安定，使天下得利。

㉓《史记·张仪列传》：且夫诸侯之为从（zòng）者，将以～社稷尊主强兵显名也。——诸侯合纵的目的，是想以此来使国家安定，使君主尊崇，使军队强盛，使名声显赫。

㉔《史记·李斯列传》：吾既已临天下矣，欲悉耳目之所好，穷心志之所乐，以～宗庙而乐万姓；长有天下。——安宗庙：使宗庙平安。宗庙：指王室。临：统管。悉：彻底地享受。穷：享受尽。乐万

姓：使人民欢乐。

㉕《史记·平津侯主父列传》：行无穷之欲，甘心快意，结怨于匈奴，非所以~边也。——安边：使边疆安定。甘心快意：使心里舒服、痛快。

㉖《三国志·魏书·武帝纪》：天下将乱，非命世之才不能济也，能~之者，其在君乎？——安之：使天下安定。命世之才：闻名于世的大才。济：救。

㉗《三国志·魏书·袁绍传》：太祖知（袁）谭诈，与结婚以~之。——安之：使他安心。

㉘《三国志·吴书·陆逊传》：兵将意动，且当自定以~之。——安之：使将士稳定。

㉙魏征《十渐不克终疏》：自古以来，未有由百姓逸乐而致倾败者也。何有逆畏其骄逸而故欲劳役者哉！恐非兴邦之至言，岂~人之长算？——安人：使人民安乐。兴邦：使国家兴旺。

㉚柳宗元《封建论》：故近者聚而为群，群之分，其争必大，大而后有兵有德。又有大者，众群之长又就而听命焉，以~其属。于是又有诸侯之列，则其争又有大者焉。德又大者，诸侯之列又就而听命焉，以~其封。——安其属：使他们的部属安定。安其封：使他们的封国安定。

㉛张说《贞节君碣》：义以利物，智以周身，礼以和众，仁以~人。——安人：使人民安定。利物：使物得益。周：周济，救济。周身：救身。和众：使民众和谐。

㉜王安石《度支副使厅壁题名记》：虽欲食蔬衣敝，憔悴其身，愁思其心，以幸天下之给足而~吾政，吾知其犹不得也。——安吾政：使自己的政权安定。衣敝：穿破衣。敝：破衣服。憔悴其身：使他的身体憔悴。其：这里指代天子。愁思其心：使其心忧愁思虑。

三、及物动词，意动用法。以……为安。

㉝《老子》：甘其食，美其服，~其居，乐其俗。——（上古的人们）觉得他们的食物很甜美，觉得他们的服饰很漂亮，认为他们

的住房很安适，觉得他们的风俗令人身心愉悦。

㉞《墨子·非乐》：且夫仁者为天下度也，非为其目之所美，耳之所乐，口之所甘，身体之所～。——仁者是为天下考虑的，而不是为了他自己眼里觉得漂亮的，耳朵觉得愉快的，口中觉得甜美的，身体感到安适的东西。

㉟《左传·僖公二十三年》：及齐，齐桓公妻之，有马二十乘，公子～之，从者以为不可。——到了齐国，齐桓公把女儿嫁给他（重耳），还有八十匹马。公子觉得齐国的生活很安适，跟随的人认为这样不行。乘：一车四马为一乘，后来“乘”成为“四”的代称。

㊱《史记·礼书》：人体～驾乘，为之金舆错衡以繁其饰。——安驾乘：觉得坐车安适。错衡：有花纹的车衡木。繁其饰：使车的装饰华丽。

㊲赵壹《刺世疾邪赋》：～危亡于旦夕，肆嗜欲于目前。——危亡就在旦夕犹觉得安稳，眼前只管放纵欲望爱好。

四、及物动词，为动用法。对……而安，为……而安。

㊳《论语·里仁》：仁者～仁，知者利仁。——有仁德的人对（实行）仁德心安，聪明人从（实行）仁德中取利。

㊴《左传·宣公十二年》：利人之几，而～人之乱，以为己荣，何以丰财？——安人之乱：对别人的动乱心安理得。利人之几：从别人的危难中取利。丰财：使财产丰厚。

㊵《左传·襄公二十二年》：（遗子冯）辞八人者，而后王～之。——安之：对他放心。

㊶《左传·昭公元年》：强以克弱而～之，强不义也。——安之：对此心安理得。之：指“强以克弱”。

㊷《孟子·离娄上》：不仁者可与言哉？～其危而利其灾。——安其危而利其灾：对别人的危难心安理得，从别人的灾难中取利。

㊸《荀子·富国》：其耕者乐田，其战士～难，其百吏好法，其朝廷隆礼，其卿相调议，是治国已。——安难：对危难平静坦然。乐田：以种田为乐。好法：维护法制。隆礼：崇尚礼制。调议：协调地

议政。治国：安定的国家。

㊹《荀子·君道》：善生养人者人亲之，善班治人者人～之。——安之：对他们安心。生养：养活。班治：治理。

㊺欧阳修《五代史记一行传序》：当时之时，臣弑其君，子弑其父，而缙绅之士，～其禄而立其朝，充然无复廉耻之色者，皆是也。——安其禄：对其俸禄心安理得。缙绅之士：有官职的人。

㊻欧阳修《泷冈阡表》：其后修贬夷陵，大夫人言笑自若曰："汝家故贫贱也，吾处之有素矣。汝能～之，吾亦～矣。"——安之：对此安然。吾亦安：我对此也安然。"安"后面省略了"之"。修：欧阳修自称。

㊼苏洵《权书·项籍》：夫秦人既已～沛公而仇项籍，则其势不得强而臣。——安沛公：对沛公安心。仇项籍：怨恨项籍。臣：后面省略了宾语"之"，指代秦人。臣（之），使之为臣。

㊽施闰章《就亭记》：予方愍其凋敝，而其民亦～予之拙，相与休息。——安予之拙：对我的政务宽简感到安心。拙，指政务宽简。愍：怜悯。其：这里指临江郡。

昂 áng

本用：形容词。昂贵。

①《聊斋志异·王成》：南道初通，葛至绝少，贝勒府购致甚急，价顿～。——南道：由南至京城的道路。葛：一种药草。贝勒：清代给予皇族的封爵，比郡王低一级。

活用：及物动词，使动用法。使……昂。

②《聊斋志异·促织》：市中游侠儿得佳者笼养之，～其直，居为奇货。——昂其直：抬高它们的价格。直，通"值"。笼养之：用笼驯养它们。

傲（敖） ào

本用：形容词。傲慢，骄傲。敖，通“傲”。

①《尚书·益稷》：无若丹朱～。——不要像丹朱那样骄傲。

②《诗经·邶风·终风》：谑浪笑～（敖）。——孔颖达疏：“戏谑调笑而敖慢。”

③《庄子·渔父》：万乘之主，千乘之君，见夫子未尝不分庭抗礼，夫子犹有倨～（敖）之容。——（无论是）万乘的国君，还是千乘的君主，接见老师时没有不分庭抗礼的，而老师还不免有高傲的表情。万乘：指代大国。千乘：指代小国。夫子：这是子路对孔子的尊称。分庭抗礼：古时宾主相见有一定的礼法。同“分庭伉礼”。相见时，主人在门口迎宾，宾由庭西蹑步上西阶而升堂，主人由庭东蹑步上阼阶而升堂。宾主入门及上阶时均互相作揖，这叫分庭。升堂之后，宾让座，主亦让座，宾拜，主亦拜，这叫抗礼。

活用：及物动词，为动用法。对……傲慢。

④《墨子·兼爱中》：天下之人皆不相爱，强必执弱，富必侮贫，贵必～（敖）贱，诈必欺愚。——天下之人都不相爱的话，强者必定要控制弱者，富者必定要欺侮贫者，高贵者对低贱者傲慢，奸诈者必定欺骗愚笨者。

⑤《墨子·天志上》：强者不劫弱，贵者不～贱。——劫：威胁。

⑥《左传·襄公二十二年》：穆叔闻之曰：“不可使也，而～使人，国之蠹也。”——穆叔听到了，说：“（他）不配出使，反而对使者傲慢，这是国家的蠹虫。”使人：使者。

⑦《左传·昭公五年》：王欲～（敖）叔向以其所不知，而不能。——楚王想以叔向不知道的事物来傲视他，然而做不到。

⑧《左传·定公四年》：无始乱，无怙富，无恃宠，无违同，无～（敖）礼，无骄能。——不要发动祸乱，不要凭借富有，不要

依仗受到宠信，不要违背共同的意愿，不要对有礼的人傲慢，不要因自己有才能而骄傲。

⑨《商君书·修权》：数加严令，而不致其刑：则民～死。——多次给予严厉的命令，而不给他们施加刑罚，人们就会对死刑不在乎。

⑩魏征《谏太宗十思书》：凡百元首，承天景命，善始者实繁，克终者盖寡。岂取之易守之难乎？盖在殷忧必竭诚以待下，既得志则纵情以～物；竭诚则吴、越为一体，～物则骨肉为行路。——傲物：对别人傲慢；物：指自己以外的人。凡百元首：（古代）所有的帝王；凡百，所有一切。承天景命：承受上天的大命。善始者实繁，克终者盖寡：开始做得好的很多，能贯彻到底的大概不多。克：能够。在殷忧：在深重的忧患的时期；殷忧：深重的忧患。骨肉：指亲属，亲人。行路：路人，彼此没有关系的人。

⑪柳宗元《段太尉逸事状》：凡为人～天灾、犯大人、击无罪者，又取仁者谷，使主人出无马，汝将何以视天地，尚不愧奴隶耶？——傲天灾：对天灾毫不介意。凡为人：总之，（你的）为人。愧奴隶：对奴隶有愧。

伯（霸） bò

本用：名词。指春秋时势力强盛、处于领导地位的诸侯。伯为“霸”的本字。

①《左传·哀公十三年》：～合诸侯。——伯：诸侯长。

②《左传·僖公十九年》：诸侯无～。——伯：长也。

③《左传·襄公八年》：晋悼复修～业。——伯业：霸业。晋悼：晋悼公。

活用：

一、不及物动词。称霸。

④《左传·僖公十五年》：此一役也，秦可以～（霸）。

⑤《左传·成公二年》：五伯之~（霸）也，勤而抚之，以役王命。——五伯称霸诸侯，自己辛劳而安抚诸侯；使大家为天子的命令而服役。

⑥《孟子·公孙丑下》：故汤之于伊尹，学焉而后臣之，故不劳而王；桓公之于管仲，学焉而后臣之，故不劳而~（霸）。——所以商汤对于伊尹，先向他学习，然后使他为臣，于是乎不费力气而称王；齐桓公对于管仲，也是先向他学习，然后使他为臣，于是乎不费力气而称霸。臣之：使之为臣。王：此处意为称王。

⑦《战国策·秦策五》：管仲，其鄙之贾人也，南阳之弊幽，鲁之免囚，桓公用之而~。——贾人：商人。管仲与鲍叔曾经在南阳做过生意。南阳之弊幽：幽潜不被升用，贫贱于南阳。鲁之免囚：为鲁所束缚归齐，故曰免囚。

⑧《战国策·齐策五》：祖仁者王，立义者~。——伯：称霸。王：此处意为称王。

⑨《战国策·燕策一》：燕王哙问曰："齐王其~也乎？"——伯：称霸。

⑩《荀子·王制》：夺之人者臣诸侯，夺之与者友诸侯，夺之地者敌诸侯。臣诸侯者王，友诸侯者~（霸），敌诸侯者危。——霸：称霸。臣诸侯：使诸侯臣服；臣诸侯者：使诸侯臣服的人。友诸侯：跟诸侯为友；友诸侯者：跟诸侯为友的人。敌诸侯：与诸侯为敌；敌诸侯者：与诸侯为敌的人。

二、及物动词，一般用法。称霸……

⑪《论语·宪问》：子曰："管仲相桓公，~（霸）诸侯，一匡天下，民到于今受其赐。"——霸诸侯：称霸诸侯。

⑫《墨子·亲士》：昔者文公出走而正天下，桓公去国而~（霸）诸侯。——正天下：做天下的长官。

⑬《战国策·秦策一》：齐桓公任战而~天下。——伯天下：称霸天下。任战：用兵战。

⑭《史记·秦本纪》：秦缪公广地益国，东服强晋，西~（霸）

戎夷。——霸戎夷：称霸戎夷。广地益国：使国土广大。服强晋：使强晋归服。

⑮《史记·鲁仲连邹阳列传》：是以秦用戎人由余而～（霸）中国，齐用越人而强威宣。——霸中国：称霸中原。由余：人名。强威宣：加强了齐威王、齐宣王的权势。

⑯《史记·淮阴侯列传》：项王虽～（霸）天下而臣诸侯，不居关中而都彭城，有背义帝之约，而以亲爱王，诸侯不平。——霸天下：称霸天下。臣诸侯：使诸侯臣服。都彭城：在彭城建都。以亲爱王：把亲近喜爱的人封为王。

三、及物动词，使动用法。使……称霸。

⑰《战国策·秦策三》：若为～主强国，不辞祸凶。——伯主：使君主成霸业。强国：使国家强盛。

⑱《史记·仲尼弟子列传》：故子贡一出，存鲁，乱齐，破吴，强晋而～（霸）越。——霸越：使越国称霸。存鲁：使鲁国生存下去。乱齐：使齐国乱。破吴：使吴国被攻破。强晋：使晋国强大。

⑲《史记·淮阴侯列传》：大夫种、范蠡存亡越～（霸）勾践，立功成名而身死亡。——霸勾践：使勾践称霸。存亡越：使亡越生存。

⑳范缜《神灭论》：可以匡国，可以～（霸）君。——霸君：使君主成就霸业。

白　bái

本用：形容词。像霜雪一样的颜色，引申为纯洁、明亮、显赫。

①《论语·阳货》：不曰坚乎，磨而不磷；不曰～乎，涅（niè）而不缁。——最坚固的东西，磨也磨不薄；最白的东西，染也染不黑。涅：本是一种矿物，古人用作黑色的染料，这里用如不及物动词，染黑之意。

②《孟子·告子上》：~马之~也，无以异于~人之~也。——白马的白和白人的白，没有什么不同。

③《荀子·天论》：礼义不加于国家，则功名不~。——白：显赫。

活用：

一、及物动词，使动用法。使……显扬。

④《荀子·君道》：然而用之者，夫文王欲立贵道，欲~贵名，以惠天下。——白贵名：使美好的名声显扬。惠天下：使天下人得到恩惠。

二、及物动词，意动用法。认为……白。

⑤《孟子·告子上》：彼长而我长之，非有长于我也；犹彼白而我~之，从其白于外也，故谓之外也。——因为他年纪大，我便认为他是年纪大的，认为他年长之心不是我所预想的；正好比外物是白的，我便认为它是白色之物，这是由于外物的白而我加以认识的缘故，所以说是外在的东西。

百 bǎi

本用：数词。十的十倍。

①《礼记·中庸》：人一能之，己~之；人十能之，己千之。——百：一百次。百之，言己当百倍用功而学，使能知之。“百”后承上省动词“能”。

②《三国志·蜀书·诸葛亮传》：成都有桑八~株。

活用：

一、及物动词，一般用法。超过百倍；重复一百次。

③《战国策·燕策一》：北面而受学，则~己者至；先趋而后息，先问而后嘿（mò），则什己者至。——百己：超过自己一百倍。嘿：闭口不说话。什：超过十倍。

④白居易《与元九书》：仆始生六七月时，乳母把弄于书屏下，

有指“无”字、“之”字示仆者，仆虽口未能言，心已默识。后有问此二字者，虽~十其试，而指之不差。——百十其试：试验重复十次、一百次。

二、及物动词，使动用法。使……死一百次。

⑤《诗经·秦风·黄鸟》：如可赎兮，人~其身。——如果能赎回（他们的）性命，别人替他们死一百次也愿意。百其身：使自身死一百次。

⑥唐甄《室语》：匹夫无故而杀人，以其一身抵一人之死，斯足矣；有天下者无故而杀人，虽~其身不足以抵其杀一人之罪。——百其身：使自身死一百次。

败1 bài

本用：动词。失败，失利。

①《左传·僖公二十七年》：子玉之~也，子之举也。——子：您。举：推举。

②《孟子·梁惠王上》：及寡人之身，东~于齐，长子死焉。

③《韩非子·五蠹》：出兵则军~，退守则城拔。——出兵伐大国军队可能失败，退守城池又可能被攻破。

④《史记·淮阴侯列传》：夫功者难成而易~。——败：指事业不成功。

活用：使动用法。使……失败。

⑤《左传·僖公二十七年》：子玉之败也，子之举也，举以~国，将何贺焉？——子玉作战失败，是由于您的推举，推举而使国家失败，还要祝贺什么呢？

⑥《左传·宣公二年》：羊斟非人也，以其私憾，~国殄（tiǎn）民。——羊斟不像个人，由于私仇，使国家战败，百姓受害。

⑦《左传·宣公十二年》：~楚服郑，于此在矣。——败楚：使楚国败。服郑：使郑国降服。

⑧《左传·成公十七年》：栾书怨郤至，以其不从己而～楚师也，欲废之。——败楚师：使楚国军队失利。栾书、郤至：皆晋大夫。

⑨《韩非子·五蠹》：救小为从，未见其利，而亡地～军矣。——败军：使军队失败。亡地：使土地丢失。

⑩《史记·晋世家》：先縠（hú）以首计而～晋军河上。——败晋军：使晋国军队失败。

⑪《三国志·魏书·荀彧传》：绍既并河朔，天下畏其强。太祖方东忧吕布，南拒张绣，而绣～太祖军于宛。绍益骄。——败太祖军：打败太祖（曹操）的军队。绍：袁绍。河朔：地区名，泛指黄河以北。宛：古地名，在今河南省南阳市。

败₂ bài

本用：形容词。倒败；衰落；凋零。

①《左传·僖公十五年》：侯车～。

②《韩非子·难一》：法～则国乱。

活用：及物动词，使动用法。使……衰落。

③《左传·僖公二十三年》：怀与安，实～名。——贪恋享受，安于现状，确实会使名声衰落下来。

④《孟子·离娄上》：不仁而可与言，则何亡国～家之有？——不仁的人如果还可以同他商议，那怎么会发生亡国败家的事情呢？败家：使家衰败。

⑤《史记·苏秦列传》：其后秦使犀首欺齐、魏，与共伐赵，欲～从约。——败从约：使合纵之约败坏。

⑥柳宗元《段太尉逸事状》：副元帅固负若属耶？奈何欲以乱～郭氏。——副元帅（郭子仪）难道对不起你们吗？为什么要以变乱败坏郭家的功名。固：这里有“岂”、“难道”的意味。

⑦王安石《上仁宗皇帝言事书》：夫教之养之，取之任之，有一非其道，则足以～天下之才。——败天下之才：使天下的人才凋残。

半 bàn

本用：数词。二分之一。

①《周易·系辞下》：知者观其彖辞，则思过～矣。——彖辞：《易传》中总论各卦基本观念的话。

②《论语·乡党》：必有寝衣，长一身有～。——睡觉一定有小被，长度合本人身长一又二分之一。

③《孙子·军争》：五十里而争利，则蹶上将军，其法～至。——蹶：动词，使动用法。蹶上将军：使上将军受挫折。

活用：及物动词，一般用法。占有一半或达到一半。

④《孟子·公孙丑上》：故事～古之人，功必倍之。——所以事情比古人少做了一半，而收效高一倍。

⑤《史记·张仪列传》：秦地～天下，兵敌四国。——半天下：占天下一半。

⑥《三国志·吴书·诸葛恪传》：今以魏比古之秦，土地数倍；以吴与蜀比古之六国，不能～之。——半之：占有它的一半。

⑦《三国志·吴书·朱桓传》：城外有溪水，去城一里所，广三十余丈，深者八九尺，浅者～之。——半之：达到它的一半。所：助词，表示概数，左右、上下。

⑧白居易《庐山草堂记》：是居也，前有平地，轮广十丈，中有平台，～平地，台南有方池，倍平台。——半平地：占平地的一半。倍平台：是平台的一倍。

⑨苏轼《上皇帝书》：且今法令莫严于御军，军法莫严于逃窜，禁军三犯，厢军五犯，大率处死。然逃军常～天下。——半天下：达到天下的一半。禁军：天子之兵，以守京师，备征戍。厢军：诸军之

镇兵，以分给役使。

⑩苏轼《志林·战国任侠》：魏文侯、燕昭王、太子丹皆致客无数。……度其余当倍官吏而~农夫也。——半农夫：有农夫的一半。

⑪曾巩《越州赵公救灾记》：人受粟日一升，幼小~之。——半之：是成人受粟数的一半。日：每天。

⑫《徐霞客游记·游雁宕山日记》：西南为独秀峰，小于天柱，而高锐不相下。独秀之下为卓笔峰，高~独秀，锐亦如之。——高半独秀：高度有独秀峰的一半。

邦 bāng

本用：名词。诸侯的封国。

①《尚书·尧典》：百姓昭明，协和万~。——百姓：古代对贵族的总称。

②《诗经·大雅·文王》：周虽旧~，其命维新。——岐周虽是旧国，上天已命其革新。

③《诗经·大雅·皇矣》：密人不恭，敢距大~。——密须国人不恭敬，竟敢抗拒大国。距：通“拒”，抗拒。

活用：

一、不及物动词。建立国家。

④《墨子·非攻下》：越王繄亏，出于有遽，始~于越；唐叔与吕尚邦齐、晋。——邦于越：建国于越。繄亏：越国始封的君主名，即无余。唐叔：周朝晋国始祖。吕尚：姜太公，齐国始封的君主。邦齐、晋：在齐国、晋国建立国家。

二、及物动词，一般用法。在……建国。

⑤《墨子·非攻下》：~齐、晋。——见本条例④。

宝 bǎo

本用：名词。玉器的总称，引申为泛指一切珍贵的物品、银钱货币。

①《墨子·七患》：食者，国之~也。

②《吕氏春秋·异宝》：子以玉为~，我以不受为~。——子：您。

③李斯《谏逐客书》：今陛下致昆山之玉，有随和之~。——昆山：古代传说中出产玉之山。随和：指随侯珠、和氏璧，都是春秋时代著名的宝物。

活用：及物动词，意动用法。以……为宝。

④《孟子·尽心上》：~珠玉者，殃必及身。——宝珠玉者：把珠玉看成宝物的人。

⑤《韩非子·解老》：吾有三宝，持而~之。——宝之：把它看作宝物。

⑥欧阳修《苏氏文集序》：斯文，金玉也，弃掷埋没粪土，不能销蚀，其见遗于一时，必有收而~之于世者。——宝之：视之为宝。见遗：被抛弃。

⑦唐顺之《竹溪记》：以其难致而又多槁死，则人益贵之；而江南人甚或笑之曰："京师人乃~吾之所薪。"——宝吾之所薪：把我们当作柴薪的东西看作珍宝。槁：通"槁"，枯萎。

饱 bǎo

本用：形容词。吃足，与"饥"相对。

①《论语·学而》：君子食无求~。

②《孟子·梁惠王上》：乐岁终身~，凶年免于死亡。——好年成一年到头吃饱饭；坏年成也不至于饿死人。

③《吴子·治兵》：以近待远，以佚待劳，以~待饥。

活用：

一、及物动词，一般用法。尽情地吃，吃得很饱。

④孙樵《书褒城驿壁》：当愁醉醲（nóng），当饥～鲜，囊帛椟金，笑与秩终。——在愁闷的时候就喝醉美酒，在饥饿的时候就尽量地吃鱼虾鲜味。有绸帛就装入囊中，有金银就装进柜子。喜笑颜开，一直高兴到卸任。囊、椟：此处意为“用囊装、用柜子装”。

二、及物动词，使动用法。使……吃饱。

⑤《墨子·鲁问》：当一农之耕，分诸天下，不能得一升粟。籍而以为得一升粟，其不能～天下之饥者，既可睹矣。——饱天下之饥者：使天下受饥饿的人吃饱。诸：之于。

⑥《三国志·魏书·吕布传》：待将军譬如养虎，当～其肉，不饱则将噬人。——饱其肉：让他吃饱肉。其：同“之”。

报　bào

本用：动词。报仇，报复。

①《吕氏春秋·不侵》：子尝事范氏、中行氏，诸侯灭之而子不为～。至于智氏子必为之～，何故？——为报：替他报仇。“为”后省“之”。子：您。

②《史记·范雎蔡泽列传》：一饭之德必偿，睚眦（yázì）之怨必～。——报：报复。

活用：为动用法。向……报仇。

③干宝《搜神记》：即以斧破其背，得剑，日夜思～楚王。——报楚王：向楚王报仇。

④干宝《搜神记》：吾干将莫邪子也，楚王杀吾父，吾欲～之。——报之：向楚王报仇。

暴 bào

本用：形容词。凶暴，暴虐；严峻。

①《论语·尧曰》：不教而杀谓之虐，不戒视成谓之～。——不加教育便加以杀戮叫作虐，不加申诫便要成绩叫作暴。暴：政令严峻。

②《周易·系辞上》：上慢下～，盗思伐之矣。——暴：凶恶。

③《孟子·滕文公上》：经界不正，井地不均，谷禄不平，是故～君污吏必慢其经界。——田界划得不正确，井田的大小就不均匀，作为俸禄的田租收入也就不会公平合理，所以暴虐的君王以及贪官污吏一定要打乱正确的田间限界。

活用：

一、及物动词，使动用法。使……严峻。

④柳宗元《封建论》：亟役万人，～其威刑，竭其货贿。——暴其威刑：使其威刑严峻。亟役万人：多次使万人服劳役。

二、及物动词，为动用法。对……暴虐。

⑤《孟子·离娄上》：～其民，甚则身弑国亡，不甚则身危国削。——对老百姓暴虐，重则自身被杀，国家灭亡；轻则自身危险，国家削弱。

⑥《史记·匈奴列传》：匈奴逆天理，乱人伦，～长虐老，以盗窃为务。——暴长：对长上暴虐。

三、名词。暴虐的人或暴虐的行为。

⑦《淮南子·主术训》：其次赏贤而罚～。——暴：暴虐的人。贤：贤能的人。

⑧《史记·秦始皇本纪》：先王知雍蔽之伤国也，故置公卿大夫士，以饰法设刑，而天下治。其强也，禁～诛乱而天下服；其弱也，五伯征而诸侯从。——禁暴：禁止暴虐的行为。诛乱：诛讨作乱的人。

卑 bēi

本用：形容词。卑贱，引申为低下、低贱、衰微。

①《周易·系辞上》：天尊地~。

②《左传·昭公三十二年》：计丈数，揣高~。——计算长度，揣测高低。

③《国语·周语上》：王室其将~乎？——卑：衰微。

④《韩非子·孤愤》：是以国地削而私家富，主上~而大臣重。——卑：低贱。

⑤《礼记·中庸》：譬如登高必自~。

活用：

一、及物动词，使动用法。使……卑。

⑥《韩非子·说疑》：大者不难~身尊位以下之，小者高爵重禄以利之。——卑身：使自身底下。不难卑身尊位：不以卑身尊位为难。尊：通“撙”，卑屈谦让。撙位：降低（自己的）地位。下之：处其下。利之：使之获利。

⑦《韩非子·有度》：~主之名以显其身，毁国之厚以利其家。——卑主之名：使君主的名声低微。显其身：使其自身显要。

⑧《战国策·秦策三》：诗曰：木实繁者披其枝，披其枝者伤其心。大其都者危其国，尊其臣者~其主。——卑其主：使其君主地位衰微。木实：树木的果实。披：分开、裂开、折裂。大其都：使其都城扩大。危其国：使其国危险。尊其臣：使其臣尊荣。

⑨《战国策·燕策》：燕昭王於破燕后，即位，~身厚币以招贤者，欲将以报仇。——卑身：使自身卑下。厚币：使礼物丰厚。

⑩《战国策·魏策二》：令战胜魏，覆十万之军，而禽太子申，臣万乘之魏，而~秦楚。——卑秦楚：使秦楚的地位低下（即使秦楚处其下）。禽：同“擒”，擒获。臣万乘之魏：使万乘之魏臣服。覆十万之军：使十万之众全军覆没。

⑪《三国志·魏书·王朗传》：昔大禹将欲拯天下之患，故乃先~其宫室，俭其衣食。——卑其宫室：使自己的宫室低矮。俭其衣食：使自己的衣食俭朴。

二、及物动词，意动用法。以……为卑。

⑫《左传·文公四年》：贵聘而贱逆之，君而~之，立而废之，弃信而坏其主，在国必乱，在家必亡。——用尊贵的礼节行聘而用低贱的礼节去迎接她（姜氏），身份是小君而轻待她，立为夫人而废弃她，丢掉信用而损害内史的身份，（这样的事情）在国家中必然使国家动乱，在家族中必然使家族灭亡。卑之：把她（姜氏）看得很低贱。

⑬《左传·襄公十七年》：十七年春，宋庄朝伐陈，获司徒印，~宋也。——卑宋：把宋国看得很低贱。

⑭《左传·昭公元年》：无礼而好陵人，怙富而~其上，弗能久免。——卑其上：瞧不起自己的上级。陵人：凌驾于别人之上。怙富：依仗富有。

⑮《左传·昭公二十五年》：今夫子~其大夫而贱其宗，是贱其身也。——现在这个人对他们的大夫和家族都不加尊重，这是不尊重他自己。卑其大夫：看不起他们的大夫。贱其宗：把他的宗族看得很低贱。贱其身：把他自身看得很低贱。

⑯《国语·晋语四》：秦晋匹也，何以~我？——卑我：瞧不起我。匹：地位相等。

⑰《孟子·公孙丑上》：柳下惠不羞污君，不~小官。——柳下惠不以侍奉坏君为可耻，不以自己官职小为卑下。柳下惠：鲁大夫展禽。食采柳下，谥号曰惠。

⑱《韩非子·五蠹》：今则不然，以其有功也爵之，而~其士官也。——卑其士官：认为那些做官的是低贱的。爵之：授给他爵位。

⑲《战国策·赵策三》：建信君悖然曰：“足下~用事者而高商贾乎。”——卑用事者：把当权者看得很低下。高商贾：把商贾看得很高贵。

⑳《史记·秦本纪》：国家内忧，未遑岁卜事，三晋攻夺我先君河西地，诸侯~秦，丑莫大焉。——卑秦：认为秦国是卑微的。遑：闲暇。三晋：春秋时魏、赵、韩三家，本来都是仕晋为卿，至战国时分晋各立为国，是为三晋。

三、名词。卑下的人；卑下的官职。

㉑《孟子·滕文公下》：在于王所者，长幼~尊皆薛居州也，王谁与为不善？——卑：地位低下的人。薛居州：人名，本句用来代替一般的善士。

㉒《孟子·梁惠王下》：国君进贤，如不得已，将使~逾尊，疏逾戚，可不慎与？——国君选拔贤人，如果迫不得已要用新进，就要把卑贱者提拔在尊贵者之上，把疏远的人提拔在亲近者之上，对这种事能不慎重吗？

㉓《孟子·万章下》：为贫者，辞尊居~，辞富居贫。——因为贫穷而做官的，便该拒绝高官，居于卑位；拒绝厚禄，只受薄俸。

悲 bēi

本用：形容词。哀痛，伤心，悲哀。

①《诗经·豳风·七月》：女心伤~，殆及公子同归。——殆：怕。及：与。同归：指被胁迫去做妾婢，人身受到侮辱。

②《韩非子·和氏》：天下之刖（yuè）者多矣，子奚哭之~也。——刖：断足之刑。奚：何，怎么。

活用：及物动词，为动用法。为……而悲。

③《韩非子·和氏》：吾非~刖也，夫宝玉而题之以石，贞士名之以诳，此吾所以悲也。——我不是因为受到断足之刑而悲哀，而是为那宝玉被叫作石头、贞亮之士被叫作欺诳之徒而悲哀，这才是我悲哀的真正原因啊。

④《战国策·赵策四》：媪之送燕后也，持其踵为之泣，念~其远也。——悲其远：为其远嫁而悲哀。媪：对老年妇女的尊称。持：

握着。踵：脚跟。

⑤《史记·郑世家》：郑相子产卒，郑人皆哭泣，~之如亡亲戚。——悲之：为他（子产）死去而哀痛。亲戚：父母。

⑥《史记·屈原贾生列传》：余读《离骚》、《天问》、《招魂》、《哀郢》，~其志。适长沙，观屈原所自沉渊，未尝不垂涕。——悲其志：为他的志向（未酬）而悲哀。涕：泪。

⑦《三国志·魏书·庞德传》：（庞德）遂为（关）羽所杀。太祖闻而~之，为之流涕。——悲之：为他悲哀。

⑧韩愈《答李翊书》：有志乎古者希矣，志乎古必遗乎今，吾诚乐而~之。——吾诚乐而悲之：我确实为此而高兴，也为此而悲愤。希：同“稀”，稀少。遗乎今：被今人所遗弃。

北 běi

本用：方位名词。北方，与“南”相对。

①《诗经·邶风·北风》：~风其凉，雨雪其雱。——雱(páng)：大雪纷纷的样子。

②《左传·襄公二十五年》：齐崔杼帅师伐我~鄙。——齐国的崔杼率领军队进攻我国北部边境。

③《列子·汤问》：惩山~之塞，出入之迂也。——惩：苦于。

④《列子·汤问》：投诸渤海之尾，隐土之~。——诸：之于。

活用：

一、不及物动词。向北去。

⑤《墨子·贵义》：南之人不得~，北之人不得南。——淄水南边的人不能（渡淄水）北去，淄水北边的人不能（渡淄水）南去。

⑥《吕氏春秋·孟春纪》：獭祭鱼，候雁~。——北：往北飞。獭祭鱼：獭贪食，常捕鱼陈列水边，如陈物而祭，称为祭鱼。

⑦《战国策·魏策一》：（秦）劫魏取晋阳，则赵不南；赵不南，则魏不~；魏不~，则从道绝。——北：此处意为“往北去”。从：

同“纵”。南：向南去。

二、及物动词，使动用法。使……向北。

⑧《左传·宣公十二年》：（楚王）告令尹，改乘辕而～之，次于管以待之。——北之：使之向北。次：临时驻扎。

三、作状语。往北方。

⑨《山海经·海外北经》：饮于河、渭，河、渭不足，～饮大泽。——在黄河和渭河饮水，黄河和渭河不够喝的，（于是）到北边去喝大湖的水。

备 bèi

本用：形容词。完备，完美。

①《诗经·周颂·有瞽》：既～乃奏，箫管备举。

②《荀子·解蔽》：故目视～色，耳听～声，口食～味，形居～宫，名受～号；生则天下歌，死则四海哭。——所以，眼睛看着各种完美颜色，耳朵听着各种完美声音，嘴吃着各种美味食物，身躯住着各种完美宫殿，名声受着各种完美尊号；生前，天下都歌功颂德；死后，四海都痛哭流涕。

活用：

一、及物动词，一般用法。全部精通。

③曹丕《典论·论文》：此四科不同，故能之者偏也；唯通才能～其体。——备其体：全部精通其体式。四科：指奏议、书论、铭诔和诗赋。通才：各方面都精通的人。

二、及物动词，使动用法。使……完备。

④《荀子·天论》：圣人清其天君，正其天官，～其天养，顺其天政，养其天情，以全其天功；如是，则知其所为，知其所不为矣。——圣人要使自己的天君清明，要使自己的天官端正，要使自己的天养完备、充实，要顺应自己的天政，涵养自己的天情，以便成全自己的天功。能够做到这样，就会知道自己应该做什么，不应该做什么了。

⑤张士元《震川文钞序》：盖古今文章，自汉氏以来，至唐之韩、柳始~其格，至宋之欧、苏、曾、王乃尽其变。——备其格：使文章的法式完备。汉氏：汉代。古时国名、朝代名之下都可加“氏”字。韩、柳：韩愈、柳宗元。欧、苏、曾、王：欧阳修、苏洵、苏轼、苏辙、曾巩、王安石。加上韩愈、柳宗元，称唐宋散文八大家。尽其变：使文章的各种变化完备。

倍 bèi

本用：数词。照原数相等的数增加，其数的几倍就是用几乘某数。

①《周易·说卦》：为近利市三~。

②《墨子·经上》：~，为二也。

活用：

一、不及物动词。增加一倍。

③《墨子·节用上》：圣人为政一国，一国可~也。——国可倍：一个国家的财利可以增长一倍。

④《孟子·滕文公上》：夫物之不齐，物之情也：或相~蓰(xǐ)，或相什百，或相千万。——各种东西的品种质量不一致，这是自然之理。（它们的价格）有的相差一倍五倍，有的相差十倍百倍，有的相差千倍万倍。蓰：五倍。

二、及物动词，一般用法。比……增加一倍。

⑤《左传·僖公十五年》：师少于我，斗士~我。——倍我：比我方多一倍。

⑥《孟子·离娄上》：求也为季氏宰，无能改于其德，而赋粟~他日。——冉求做季康子的总管，不能改变他们的行为，反而把田赋增加了一倍。

⑦《孟子·公孙丑上》：功必~之。——功效必定会增加一倍。

二、及物动词，使动用法。使……加倍。

⑧晁错《论贵粟疏》：而商贾大者积贮~息，小者坐列贩

卖。——大的商人囤积物资使利钱加倍，小的商人坐于列肆之中贩卖。

⑨《史记·商君列传》：民有二男以上不分异者，~其赋。——倍其赋：使他的田赋加倍。

惫 bèi

本用：形容词。疲乏。

①《庄子·山木》：何先生之~耶？

活用：及物动词，使动用法。使……疲乏。

②曾巩《越州赵公救灾记》：公于此时，蚤夜~心力不少懈，事细巨必躬亲。——惫心力：使心力疲乏。蚤：通“早”。少：稍微。

本 běn

本用：名词。草木的根，引申为事物的根源或根基。

①《论语·学而》：君子务~，~立而道生。孝弟也者，其为人之~与！——君子专心致力于根本工作，根本确立了，道就会产生。孝顺爹娘，敬爱兄长，这就是仁的根本吧！弟：读音和意义跟“悌”相同，弟弟对待兄长的正确态度。

②《国语·晋语》：伐木不自其~，必复生。

③《庄子·逍遥游》：吾有大树，人谓之樗（chū），其大~拥肿而不中绳墨。——樗：臭椿。

④《商君书·定分》：法令者，民之命也，为治之~也。——为治之本：对国家进行治理的根本。

活用：及物动词，意动用法。以……为本。

⑤《庄子·天地》：彼且乘人而无天，方且~身而异形，方且尊知而火驰。——他就将驾临于众人之上，从而丧失了自然之性；就会以自身为本位而（使万物）各异其形；就会以为（自己的）智慧最

崇高而像火一样地四处奔波。彼：他，指啮缺。无：同“亡”，丧失。

⑥《荀子·仲尼》：然而仲尼之门，五尺之竖子，言羞称乎五伯，是何也？曰：然，彼非~政教也，非致隆高也，非綦文理也，非服人之心也。——然而，孔子门下，五尺童子，说话都以称道五霸为可耻，究竟是怎么回事呢？回答说：是的。他并没有拿政教做根本，并没有把勋业提高到极点，并没有把天下事理观察深透，并没有威服了万民之心。綦：极也。服人之心：使人心顺服。

⑦《荀子·儒效》：圣人也者，~仁义，当是非，齐言行，不失毫厘，无它道焉，已乎行之矣。——所谓圣人，推原仁义，辨正是非，齐一言行，而不犯丝毫错误，这并没有别的道理，就是落实在实行上面。本仁义：拿仁义做根本。当是非：恰当地判断是非。

畚 běn

本用：名词。古代用草绳编成的筐子一类的盛器。

①《左传·宣公二年》：宰夫胹（ér）熊蹯（fán）不孰，杀之，置诸~，使妇人载以过朝。——宰夫：厨子。胹：炖。熊蹯：熊掌。孰：同“熟”。载：用车装。过朝：经过朝廷。

②《唐书·张志和传》：县令使浚渠，执~无怍（zuò）色。——浚：疏浚。怍色：惭愧的表情。

活用：

一、及物动词，一般用法。用畚装载。

③《宋史·苏轼传》：偕人运甓（pì），~土以助之。——畚土：用畚装运土。甓：砖。

④汪琬《江天一传》：家贫屋败，躬~土筑垣以居。——畚土：用畚装运土。败：残破。垣：墙。

二、作状语。用畚……

⑤《列子·汤问》：遂率孚孙荷担者三夫，叩石垦土，箕~运于

渤海之尾。——箕畚运于渤海之尾：用箕畚装运到渤海边上。夫：成年男子。叩石垦土：凿石挖土，指挖山。

笔 bǐ

本用：名词。写字画画的文具。

①《庄子·田子方》：宋元君将画图，众史皆至，受揖而立；舐~和墨，在外者半。——宋元君将要绘制图册，诸位画工到了，接受过君王揖谢的画工便就位；舐着笔，调着墨，准备动手画，可在外面的画工还有半数。史：这里指画工。受揖：古时行拜见之礼时，臣子先跪拜，然后君主作揖致谢。受揖即接受君王的揖谢。立：同"位"，此处意为"就位"。

活用：及物动词，一般用法。用笔记载（书写）。

②《史记·孔子世家》：至于为《春秋》，~则~，削则削，子夏之徒不能赞一辞。——削：删除。

③韩愈《读荀子》：孔子删《诗》、《书》，~削《春秋》，合于道者著之，离于道者黜去之。——笔削：记载或删除。

④韩愈《原道》：不惟举之于其口，而又~之于其书。——笔：书写。

鄙1 bǐ

本用：名词。边邑。

①《春秋·庄公十九年》：冬，齐人、宋人、陈人伐我西~。

②《左传·隐公元年》：既而大叔命西~北~贰于己。——贰于己：意思是原来属于郑庄公管辖的西部北部边邑同时臣属于自己。贰：两属，臣属于二主。

③《国语·齐语》：昔者圣王之治天下也，参其国而伍其~。——参（叁）、伍：数词用作及物动词，一般用法，分别是分

成三份、分成五份的意思。国：国都。

活用：

一、不及物动词。封在边邑。

④《左传·庄公二十八年》：夏，使太子居曲沃，重耳居蒲城，夷吾居屈。群公子皆~，唯二姬之子在绛。——曲沃、蒲城、绛：皆晋国地名。

二、及物动词，使动用法。使……成为边邑。

⑤《左传·僖公三十年》：越国以~远，君知其难也。——鄙远：使远方的国家成为边邑。越：超越。秦在西，郑在东，晋在其中。如果秦国把离秦很远的郑国作为边境，必须超越晋国。

⑥《左传·成公十八年》：大国无厌，~我犹憾。——大国的欲求没有个满足，即使使我国成为他们的边邑，（他们）还是会觉得遗憾。

⑦《左传·襄公八年》：五会之信，今将背之，虽楚救我，将安用之？亲我无成，~我是欲，不可从也。——五次盟会树立的信用，现在打算背弃它，即使楚国救援我国，还有什么用？楚国的亲近对我国不会有好结果，他们的意愿是把我国纳入他们的边界，不能顺从他们。鄙我：使我国成为边邑。

三、及物动词，意动用法。把……视为边邑。

⑧《左传·宣公十四年》：过我而不假道，~我也；~我者，亡我也。——经过我国却不先向我国借路，这是把我国看成楚国的边邑了啊。把我国看成楚国的边邑，这是认为我国已经灭亡了。

鄙$_2$ bì

本用：形容词。鄙贱，鄙陋。

①《论语·子罕》：吾少也贱，故多能~事。——我小时候穷苦，所以学会了不少鄙贱的技艺。

②《左传·庄公十年》：肉食者~，未能远谋。——鄙：鄙陋，

指目光短浅。肉食者：吃肉的人，指有权位的贵族。远谋：从长远角度谋划政事。

活用：及物动词，意动用法。认为……鄙贱。

③《左传·昭公十六年》：我皆有礼，夫犹~我。——鄙我：认为我鄙贱。

④魏征《十渐不克终疏》：其论人也，必贵忠良而~邪佞。——鄙邪佞：把邪佞小人看得很鄙贱。其：指代古代帝王。贵忠良：以忠良之人为贵。

必 bì

本用：形容词。固执，专执；坚决。

①《论语·子罕》：毋意，毋~，毋固，毋我。——不臆测，不固执，不拘泥，不唯我独是。

②《韩非子·五蠹》：罚莫如重而~，使民畏之。——必：坚决。

③《扬子·太玄经》：赤石不夺节士之~也。——古注：石不可夺坚，丹不可夺赤，犹节士之必专也。

活用：及物动词，一般用法。坚决做到；坚决相信。

④《韩非子·五蠹》：故明主~其诛也。——所以英明的君主一定要坚决执行刑罚。

⑤《韩非子·五蠹》：弃私家之事，而~汗马之劳，家困而上弗论，则穷矣。——放弃了个人的家事，却一定要去受战争的劳苦，家里困苦不堪而君主不闻不问，那就走投无路了。

⑥《史记·淮阴侯列传》：故臣以为足下~汉王之不危己，亦误矣！——必汉王之不危己：坚信汉王不危害自己。

毙 bì

本用：动词。本义为倒下，引申为死。

①《左传·隐公元年》：多行不义，必自~。——毙：倒下去。

②《左传·成公二年》：射其右，~于车中。——毙：倒下。

③《左传·僖公四年》：与犬，犬~；与小臣，小臣亦~。——毙：倒下而死。

④《庄子·说剑》：于是文王不出宫三月，剑士皆服~其处也。——服毙其处：因穷困趴倒在他们的客舍里。

活用：使动用法。使……毙。

⑤《左传·成公十六年》：若欲得志于鲁，请止行父而杀之，我~蔑也。——（晋国）如果要在鲁国行使自己的意志，请留下行父而杀了他，我把蔑弄死。

⑥《左传·襄公三十年》：泰侈者，因而~之。——骄傲奢侈的，就依法惩办他们。毙之：使他们踣毙，即使他们倒台。

⑦《聊斋志异·狼三则》：屠暴起，以刀劈狼首，又数刀~之。——毙之：使之毙，即砍死了它。

敝 bì

本用：形容词。坏；破旧。

①《论语·子罕》：衣~缊袍，与衣狐貉者立而不耻者，其由也与？——穿着破烂的旧丝绵袍子和穿着狐貉裘的人一道站着，不觉得惭愧的，恐怕只有仲由吧？

②《左传·襄公二十三年》：若免于罪，犹有先人之~庐在。

③《礼记·檀弓下》：吾闻之也，~帷弃，为埋马也；~盖不弃，为埋狗也。

活用：及物动词，使动用法。使……敝。

④《论语·公冶长》：愿车马衣裘与朋友共~之而无憾。——愿意把我的车马衣服同朋友使用，用坏了也没有什么不满。

⑤《战国策·楚策一》：是以嬖女不~席，庞臣不~轮。——敝席：使席子破旧。敝轮：使车子破旧。此二句皆言受宠的时日短暂。

⑥《史记·平津侯主父列传》：夫上虚府库，下~百姓，甘心于外国，非完事也。——敝百姓：使百姓疲惫。虚府库：使府库空虚。

弊 bì

本用：形容词。疲困。

①《战国策·西周》：兵~于周。

②《国语·郑语》：公曰："周其~乎?"对曰："殆于必~者也!"

活用：及物动词，使动用法。使……弊。

③《战国策·齐策一》：夫救邯郸，军于其郊，是赵不拔而魏全也，故不如南攻襄陵以~魏。——弊魏：使魏国疲困。

④《战国策·韩策一》：强楚~楚，其于王孰便也? ——弊楚：使楚国疲困。强楚：使楚国强大。

⑤《战国策·燕策二》：燕赵久相支，以~大众。——弊大众：使大众疲困。

⑥《三国志·魏书·公孙瓒传》：欲以此~绍，绍遣将攻之，连年不能拔。——弊绍：使袁绍疲困。

壁 bì

本用：名词。墙壁；营垒。

①《史记·项羽本纪》：诸侯军救巨鹿，下者十余~。——壁：营垒。

②《史记·司马相如列传》：家居徒四~立。

③《汉书·高帝纪上》：晨驰入韩信、张耳~，夺之军。——壁：营垒。

活用：

一、及物动词，一般用法。筑营驻扎；藏在壁中。

④《史记·项羽本纪》：项王军~垓下。——垓下：地名，在今安徽省灵璧县东南。

⑤《史记·留侯世家》：其秋，汉王追楚至阳夏南，战不利而~固陵，诸侯期不至。——壁固陵：驻营于固陵坚守。固陵：地名，在今河南省太康县南。

⑥《史记·张耳陈余列传》：汉八年，上从东垣还，过赵，贯高等乃~人柏人，要之置厕。——壁人：将人藏在墙壁中。上：指汉高祖。柏人：县名。

⑦《三国志·魏书·袁绍传》：绍渡河，~延津南，使刘备、文丑挑战。——壁延津南：筑营驻扎在延津南边。

⑧《三国志·魏书·张辽传》：灊中有天柱山，高峻二十余里，道险狭，步径裁通，兰等~其上。——壁其上：扎营在那上面。

二、作状语。在墙壁里；像墙壁一样。

⑨《史记·儒林列传》：秦时焚书，伏生~藏之。其后兵大起，流亡。汉定，伏生求其书，亡数十篇，独得二十九篇。——壁藏之：在墙壁里把它藏起来。

⑩《徐霞客游记·游黄山后记》：惟一石顶~起犹数十丈，澄源寻视其侧，得级，挟予以登。——壁起：像墙壁一样直立起来。挟予以登：拉着我登了上去。

避（辟） bì

本用：动词。让开，躲开。“辟”通“避”。

①《论语·宪问》：子曰：“贤者~（辟）世，其次~（辟）

地，其次～（辟）色，其次～（辟）言。”——孔子说：“贤者逃避污浊的社会而隐居，次一等的择地而处，再次一等的避免不好的脸色，再次一等的回避恶言。”

②《左传·宣公二年》：从台上弹人，而观其～（辟）丸也。——辟丸：躲避弹子。弹人：用弹弓射人。

③《史记·廉颇蔺相如列传》：望见廉颇，相如引车～匿。——引车避匿：拉转车子回避他。

④曹操《让县自明本志令》：孤闻介推之～晋封，申胥之逃楚赏，未尝不舍书而叹。——我听说介之推逃避晋国的封赏，申包胥逃避楚国的封赏，未尝不放下书而感叹。介推：即介之推，亦作介子推，春秋时人，从晋公子重耳出亡，凡十九年。申胥：即申包胥，春秋时楚大夫。

活用：

一、使动用法。使……避。

⑤《战国策·魏策四》：今臣爵至人君，走人于庭，～（辟）人于途。——辟人：使人躲开。走人：使人奔走。

⑥《史记·赵世家》：简子出，有人当道，～（辟）之不去，从者怒，将刃之。——辟之：使他让开。刃之：杀他。

二、为动用法。为……让开。

⑦《汉书·万石君石奋传》：愿归丞相侯印，乞骸骨归，～贤者路。——避贤者路：为贤者让开路。乞骸骨归：请求告老退职。

鞭 biān

本用：名词。驱使牲畜的用具。

①《论语·述而》：富而可求也，虽执～之士，吾亦为之。——财富如果可以求得的话，就是做手里拿着皮鞭的市场守门人，我也愿意干。

活用：及物动词，一般用法。用鞭抽打。

②《左传·僖公二十三年》：公子怒，欲~之。——鞭之：用鞭子抽打他。公子：晋公子重耳。

③《左传·僖公二十七年》：终日而毕，~七人，贯三人耳。

④《左传·庄公八年》：~之见血。

⑤《史记·伍子胥列传》：伍子胥求昭王，既不得，乃掘楚平王之墓，出其尸，~之三百。——昭王：楚昭王。出其尸：把楚平王的尸首挖出来。

便 biàn

本用：形容词。有利，便利；安适。

①《墨子·天志中》：百姓皆得暖衣饱食，~宁无忧。——便：安适。

②《荀子·议兵》：汝所谓~者，不~之~也；吾所谓仁义者，大~之~也。——你所谓便利，是不便利的便利；我所谓仁义者，才是大便利的便利。

③贾谊《过秦论上》：因利乘~，宰割天下。——（秦国）乘着有利的形势，任意宰割诸侯各国。

④《史记·廉颇蔺相如列传》：王所赐金帛，归藏于家，而日视~利田宅，可买者买之。——便利田宅：有利的、好的田宅。

活用：

一、及物动词，使动用法。使……便利。

⑤《战国纵横家书·苏秦自齐献书于燕王章》：臣循用于齐，大者可以使齐毋谋燕，次可以恶齐勺之交，以~王之大事，是王之所与臣期也。——便王之大事：使王之大事便利，即使之顺利成功。循用：重用。毋谋燕：不算计燕国。恶齐勺之交：使齐赵的关系变坏。所与臣期：跟我共同期望的。

⑥宋玉《风赋》：清清泠泠，愈病析酲，发明耳目，宁体~

人。——宁体便人：使身体康宁，使人的动作轻便舒适。清清泠泠：清凉爽快的样子。愈病：使病痊愈。析酲：解除醉态。发明耳目：等于说“发耳明目”，使耳听清晰，使眼看明亮。

⑦《战国策·赵策二》：果可以~其事，不同其礼。——便其事：使其事顺利成功。同其礼：使其礼法相同。

⑧《史记·鲁周公世家》：于是周公作《周官》，官别其宜；作《立政》，以~百姓，百姓说。——便百姓：使百姓便利。说：同“悦”。

⑨《史记·赵世家》：夫服者，所以~用也。礼者，所以~事也。——便用：使物用便利。便事：使事业顺利成功。

二、及物动词，意动用法。认为……便利。

⑩《墨子·节葬下》：此所谓~其习而义其俗者也。——便其习：认为他们自己的习惯是便利的。义其俗：认为他们自己的风俗是合理的。

⑪《战国策·赵策二》：且习其兵者轻其敌，~其用者易其难；今民~其用而王变之，是损君而弱国也。——而且熟习原来兵器装备的将士可能轻视敌方，对措施感到方便的人，即使是难事也会觉得容易；现在人民对措施感到方便而大王改变它，这样做损害了国君，削弱了国家。

⑫《史记·秦本纪》：卒用（商）鞅法，百姓苦之；居三年，百姓~之。——便之：对商鞅之法感到有利。苦之：对商鞅之法感到苛苦。

三、及物动词，为动用法。对……有利。

⑬《商君书·更法》：治世不一道，~国不必法古。——治理国家不一定用同一种方法，只要对国家有利就不一定效法古代。一：一样，同一。一道：统一方法。

⑭《史记·高祖本纪》：汉王三让，不得已，曰：“诸君必以为便，~国家。”——汉王刘邦谦让再三，推辞不掉，便说：“诸位一定认为这样做有益，（我只得）从对国家有利（出发），接受皇帝的

称号。”便国家：对国家有利。

⑮《史记·楚世家》：诚杀仪以～国，臣之愿也。——便国：对国家有利。仪：张仪自称。

⑯《史记·日者列传》：其誉人也不望其报，恶人也不顾其怨，以～国家利众为务。——便国家：对国家有利。利众：对普通人有利。

⑰魏征《十渐不克终疏》：或时欲有所营，虑人致谏，乃云若不为此不～我身。——便我身：对我身便利。

变 biàn

本用：动词。变化，改变。

①《论语·雍也》：齐一～，至于鲁；鲁一～，至于道。——齐国的（政治、教育）一有所改变，便达到鲁国的样子。鲁国的（政治、教育）一有所改变，便进而合乎大道了。

活用：使动用法。使……变化（同化）。

②《孟子·滕文公上》：吾闻用夏～夷者，未闻～于夷。——我只听说过用华夏族的一切使夷族发生变化，没有听说被夷族改变。

辩 biàn

本用：形容词。言辞华丽动听。

①《韩非子·五蠹》：子言非不～也。——您的话不是不动听。

②《礼记·王制》：言伪而～。

活用：及物动词，使动用法。使……华美动听。

③《韩非子·外储说左上》：墨子之说，传先王之道，论圣人之言以宣告人，若～其辞，则恐人怀其文而忘其直，以害用也。——墨子的学说传先王之道，阐述圣人之言来向人做宣传，如果让自己的言辞华丽动听，就担心人们只记住他那文辞，忘却了它的价值，因文辞

而妨碍了应用。直：通“值”，价值。

表 biǎo

本用：名词。毛朝外的皮外衣，引申为“外衣、外表、屏障、标记、标准、年表”等意义。

①《礼记·玉藻》：~裘不入公门。——表裘：毛朝外的皮外衣。

②《左传·僖公五年》：虢，虞之~也。——表：外表，这里指屏障。虢：国名，又名北虢，在今山西省平陆县。虞：国名，在今山西省平陆县。

③《吕氏春秋·察今》：澭水暴益，荆人弗知，循~而夜涉，溺死者千有余人。——表：标记。澭水：黄河的支流，今称赵王河。益：同“溢”，水漫出，引申为水涨。涉：徒步过河。

④《淮南子·本经训》：抱~怀绳。——表：表率、标准。

⑤司马迁《报任安书》：上计轩辕，下至于兹，为十~，本纪十二，书八章，世家三十，列传七十，凡百三十篇。——表：用表格形式列出各种历史事件（如年表）。轩辕：即黄帝，传说中我国远古君王。兹：此指司马迁生活年代（汉武帝时）。本纪：一个朝代或一个皇帝的传记。书：记录社会主要方面历史变迁的内容。世家：诸侯王、相的传记。列传：各类有影响的人物的传记。

活用：

一、及物动词，一般用法。做表率；树立标记。

⑥《左传·襄公十四年》：昔伯舅大公，右我先王，股肱周室，师保万民，世胙大师，以~东海。——昔日伯舅太公辅助我先王，做我周王室的股肱之臣，教育保护百姓，世代酬谢太师的功劳，让他做东海地区的表率。

⑦《吕氏春秋·察今》：荆人欲袭宋，使人先~澭水。——表澭

水：在澭水里树立标记。荆人：楚国人。

二、及物动词；使动用法。以……为表。

⑧《荀子·天论》：水行者~深，表不明则陷；治民者~道，表不明则乱。——在水里行走的人，拿深度作为标准，标准不明了，就会遭到淹没；治理人民的人，拿道作为标准，标准不明了，就会造成混乱。

⑨《荀子·大略》：水行者~深，使人无陷；治民者~礼，使民无失。——表礼：拿礼制作为标准。

⑩《史记·夏本纪》：禹乃遂与益、后稷奉帝命，命诸侯百姓兴人徒以傅土，行山~木，定高山大川。——表木：以木为表，即拿树木做表记。傅土：分布治理九州的土地。

宾$_1$ bīn

本用：名词。客人。

①《左传·襄公三十一年》：~至如归，无宁灾患，不畏寇盗，而亦不患燥湿。

活用：不及物动词。招待宾客。

②《左传·襄公九年》：祈以币更，~以特牲。——祈祷用财礼代替牺牲，招待宾客只用一种牲畜。

宾$_2$ bīn

本用：动词。宾从、宾服。

①《国语·楚语》：其不~也久矣。

活用：使动用法。使……宾服。

②《史记·司马相如列传》：夫不顺者已诛，而为善者未赏，故遣中郎将往~之。——宾之：使之宾服。

冰 bīng

本用：名词。水在零摄氏度或零摄氏度以下凝结成的固体。

①《论语·泰伯》：战战兢兢，如临深渊，如履薄～。——临：面临。履：踩踏。

②《荀子·劝学》：青，取之于蓝而青于蓝；～，水为之而寒于水。——青：青色，从蓝草中提炼出来，比蓝更深。蓝：蓝草，可作染料的植物。

活用：

一、不及物动词。结冰。

③《墨子·非攻下》：夏～，地坼及泉，五谷变化，民乃大振。——地坼及泉：大地开裂，裂口之深，下及泉水。五谷变化：指不按时成熟。民乃大振：百姓于是大为震惊。振，通“震”，震惊。

④《三国志·魏书·文帝纪》：是岁大寒，水道～，舟不得入江。

二、作状语。像冰块似的。

⑤杜预《春秋左氏传序》：涣然～释，怡然理顺。——冰释：像冰块似的涣解。这里比喻疑团的消除。

⑥《三国志·魏书·刘放传》：守则淮南～消，战则官渡大败。——冰消：像冰块似的消融。

⑦庾信《哀江南赋》：于时瓦解～泮（pàn），风飞电散。——冰泮：像冰块似的散解。于时：在那时。瓦解：如瓦之解。风飞：如风之飞飘。电散：如电之消散。

兵 bīng

本用：名词。兵器。

①《左传·隐公元年》：大叔完聚，缮甲～，具卒乘，将袭

郑。——缮甲兵：整修铠甲和武器。大叔：共叔段。完：修葺，这里指修城。聚：聚集，指聚集百姓。具卒乘：准备好步兵和兵车。

活用：及物动词，一般用法。用兵器杀害。

②《史记·伯夷列传》：伯夷、叔齐叩马而谏曰：“父死不葬，爰及干戈，可谓孝乎？以臣弑君，可谓仁乎？”左右欲~之。太公曰：“此义人也。”扶而去之。——去之：使他离开。

病 bìng

本用：动词。生病。

①《论语·述而》：子疾~，子路请祷。——孔子生病病得很重，子路请求祈祷。

②《仪礼·既夕礼》：疾~，外内皆扫。

活用：

一、使动用法。使……生病。

③《荀子·天论》：强本而节用，则天不能贫；养备而动时，则天不能~；循道而不贰，则天不能祸。——病（之）：使之生病。贫（之）：使之穷困。祸（之）：使之受祸。

④《三国志·魏书·张曾传》：又置义米肉，县于义舍，行路者量腹取足，若过多，鬼道辄~之。——病之：使他生病。县：同“悬”。

二、为动用法。因……生病。

⑤《史记·吴太伯世家》：越因伐吴，败之姑苏，伤吴王阖庐指，军却七里。吴王~伤而死。——病伤：因伤而病。

⑥《史记·魏公子列传》：日夜为乐饮者四岁，竟~酒而卒。——病酒：因饮酒过度而病。

⑦《史记·滑稽列传》：楚庄王之时，有所爱马，衣以文绣，置之华屋之下，席以露床，啖以枣脯，马~肥死，使群臣丧之。——病肥：因肥胖而病。文绣：锦绣。露床：没有帐幔的床。啖以枣脯：用枣脯饲养它。丧之：为死马服丧。

博 bó

本用：形容词。博大，广泛，丰富。

①《论语·雍也》：君子~学于文，约之以礼，亦可以弗畔矣。——君子广泛地学习文献，再用礼节来约束自己，也就可以不离经叛道了。

②《荀子·修身》：多闻日~，少闻日浅。——博：广博。

③《韩非子·爱臣》：是故诸侯之~大，天子之害也。

活用：及物动词，使动用法。使……博。

④《论语·子罕》：夫子循循然善诱人，~我以文，约我以礼，欲罢不能。——老师（孔子）善于有步骤地诱导我们，用各种文献来丰富我的知识，又用一定的礼节来约束我的行为，使我想停止学习都不可能。博我：使我的知识丰富。

⑤《史记·张仪列传》：臣闻之，欲富国者务广其地，欲强兵者务富其民，欲王者务~其德，三资者备而王随之矣。——博其德：使其德广博。王：称王。

⑥柳宗元《答韦中立论师道书》：参之《国语》以~其趣。——博其趣：使自己的兴趣博大。柳宗元认为《国语》富有情味。

⑦汪琬《传是楼记》：古之善读书者，始乎博，终乎约。~之而非夸多斗靡也，约之而非保残安陋也。——博之：使之博。斗靡：比赛华美。约之：使之专精。之，指代读书治学这件事。安陋：安于浅陋，不求深入理解。

薄 bó

本用：形容词。厚度小的，轻微，微少。

①《诗经·小雅·小旻》：战战兢兢，如履~冰。

②《周易·系辞下》：德~而位尊，知小而谋大。——知：同

"智"。

③《论语·卫灵公》：躬自厚而~责于人，则远怨矣。——多责备自己而少责备别人，就会远离怨恨。

④《韩非子·五蠹》：轻辞古之天子，非高也，势~也……故罚~不为慈，诛严不为戾。——势薄：权势轻微。罚薄：刑罚轻。诛严不为戾：诛戮严厉不算凶暴。

活用：

一、及物动词，使动用法。使……薄。

⑤《墨子·节葬下》：又相率强不食而为饥，~衣而为寒。——薄衣：使衣服单薄。

⑥《左传·僖公三十年》：晋侯使医衍鸩卫侯。甯（Nìng）俞货医，使~其鸩，不死。——晋侯派医生叫作衍的毒死卫侯。甯俞贿赂医生，让他减轻毒酒的分量，所以卫侯没有死。薄其鸩：使那毒酒稀薄。鸩：毒酒。鸩卫侯：用毒酒毒死卫侯。

⑦《左传·昭公三十年》：公说，使有司宽政，毁关，去禁，~敛，已责。——齐侯很高兴，让官吏放宽政令，毁掉关卡，废除禁令，减轻赋税，免除欠公家的债务。责：同"债"。

⑧《左传·襄公二十五年》：赵文子为政，令~诸侯之币而重其礼。——赵文予执政，命令减轻诸侯的贡品而以重礼待诸侯。薄诸侯之币：使诸侯的贡品减少。

⑨《孟子·尽心上》：易其田畴，~其税敛，民可使富也。——搞好耕种，减轻税收，可以使百姓富足。易：治理。薄其税敛：使人民的税敛轻缓。

⑩晁错《论贵粟疏》：明主知其然也，故务民于农桑，~赋敛，广畜积，以实仓廪。——薄赋敛：使赋敛轻薄。务民于农桑：使百姓尽力种田养蚕。畜：同"蓄"。广畜积：扩大蓄积。

⑪《史记·夏本纪》：~衣食，致孝于鬼神；卑宫室，致费于沟淢（xù）。——节衣缩食，尽力孝敬鬼神；把房屋盖简陋一些，把资财用于水土的治理。薄衣食：使衣食减少。卑宫室：使房屋矮小。

淢：通“洫”，田间水道。

⑫《三国志·魏书·杜畿传》：陛下感帑藏之不充实，而军事未息，至乃断四时之赋衣，~御府之私谷，帅由圣意，举朝称明。——薄御府之私谷：使御府的私谷减少。

⑬《三国志·吴书·诸葛瑾传》：宽刑罚，布恩惠，~赋省役，以悦民心。——薄赋：使赋税轻。宽刑罚：放宽刑罚。悦民心：使人民的心意愉悦。

⑭《青溪寇轨·容斋逸史》：我但画江而守，轻徭~赋，以宽民力。——轻徭：减轻徭役。宽民力：使民力宽缓。

二、及物动词，意动用法。以……为薄。

⑮《战国策·楚策一》：仪闻之，其效鄢郢、汉中必缓矣，是昭雎之言不信也，王必~之。——张仪我听到这件事，他们打算献出鄢郢、汉中的速度必然放慢，这样，昭雎所说的话就显得不可靠，楚王一定会瞧不起他。薄之：认为他很轻薄。

⑯《史记·吴王濞列传》：周丘者，下邳人，亡命吴，酤酒无行，吴王~之，弗任。——薄之：认为他浅薄。

⑰《史记·孙子吴起列传》：（吴起）遂事曾子。居顷之，其母死，起终不归。曾子~之。——薄之：认为他德薄。

⑱《史记·魏其武安侯列传》：太后由此憎窦婴，窦婴亦~其官，因病免。——薄其官：认为他的官位小。窦婴：西汉人，字王孙，以军功封于魏其，称魏其侯。因病免：托病辞免。

⑲嵇康《与山巨源绝交书》：又每非汤武而~周孔；在人间不止，此事会显，世教所不容。——薄周孔：认为周公、孔子是浅陋的。非汤武：认为商汤、周武王是不对的。会显：会当显著，言为众人所知。世教：当世礼教。

材 cái

本用：名词。木材，木料。

①《孟子·梁惠王上》：斧斤以时入山林，~木不可胜用

也。——斤：斧的一种。

②《韩非子·内储说上》：~木尽则无以为守备。——守备：指防备用的器物。

活用：不及物动词。成材。

③《左传·哀公十一年》：（伍子胥）将死，曰："树吾墓檟（jiǎ），檟可~也，吴其亡乎！"——（伍子胥）临死，说："在我的坟墓上种植檟树，檟树可以成材，（到那时）吴国大概就要灭亡了吧！"

④《庄子·人间世》：此果不~之木也，以至于此其大也。——这果真是不成材的树木，所以才能长到这样高大。

蚕 cán

本用：名词。一种能吐丝结茧的昆虫。

①《左传·僖公二十三年》：将行，谋于桑下。~妾在其上，以告姜氏。——蚕妾：采桑养蚕的女奴隶。

活用：

一、不及物动词。养蚕。

②《孟子·滕文公下》：诸侯耕助以供粢盛（zīchéng）；夫人~缫以为衣服。——蚕缫以为衣服：养蚕缫丝以便做（祭祀穿的）衣服。粢盛：古时盛在祭器内以供祭祀的谷物。

③《吕氏春秋·上农》：后妃率九嫔~于郊，桑于公田。——后妃率领九嫔到郊野养蚕，在公田里种桑。

④晁错《论贵粟疏》：故其男不耕耘，女不~织，衣必文采，食必粱肉，亡农夫之苦，有仟佰之得。——女不蚕织：女的不养蚕纺织。文采：有纹彩的锦绣。粱：好粟米。亡：通"无"。仟佰：通"阡陌"，田间道路。仟佰之得：是说商贾赢利可抵很多田地的收入。

⑤《盐铁论·相刺》：不耕而食，不~而衣。——不蚕而衣：不养蚕却穿衣服。

⑥范缜《神灭论》：耕而食，食不可穷也；~以衣，衣不可尽也。

⑦孙樵《书何易于》：方春，百姓不耕即~，隙不可夺。——正值春天，百姓不是耕地就是养蚕，一点儿时间也不能占用他们的。夺：强取，占用。

二、作状语。像蚕（吃桑叶）那样……

⑧《韩非子·存韩》：荆人不动，魏不足患也，则诸侯可~食而尽，赵氏可得与敌矣。——诸侯可蚕食而尽：诸侯国可以像蚕吃桑叶那样地（一点一点地）吞掉。

⑨《战国策·魏策三》：夫秦贪戾之国而无亲，~食魏，尽晋国。——尽晋国：把晋国全部吞并掉。

⑩《战国策·赵策一》：秦~食韩氏之地，中绝不令相通。

⑪李斯《谏逐客书》：昭王得范雎，废穰侯，逐华阳，强公室，杜私门，~食诸侯，使秦成帝业。——蚕食诸侯：像蚕（吃桑叶）那样（一点一点地）吞并诸侯国领土。昭工：秦昭王，公元前306年至前251年在位。范雎：魏人。穰侯：魏冉。华阳：华阳君，名芈（mǐ）戎。魏冉和华阳君都是秦昭王的母亲宣太后的弟弟，专权骄横。强公室：增强了王室的权力。杜：杜塞。杜私门：指限制私家的权力。

⑫《史记·苏秦列传》：秦之攻韩、魏也，无名山大川之限，稍~食之。——稍：逐渐。

⑬《三国志·蜀书·法正传》：上可以倾覆寇敌，尊奖王室，中可以~食雍、凉，广拓境土，下可以固守要害，为持久之计。——奖：辅助。

惭 cán

本用：形容词。羞愧。

①《周易·系辞下》：将叛者其辞~。

活用：及物动词，为动用法。因……而惭愧。

②《三国志·吴书·张昭传》：（孙）权谢（张）昭曰："年少虑事不远，以此～君。"——惭君：因做人君而惭愧。谢昭：向张昭道歉。

③江淹《别赋》：乃有剑客～恩，少年报士。——惭恩：因受知遇之恩而感到惭愧。剑客：精通剑术的刺客。报士：报恩之士。

长 cháng

本用：形容词。跟"短"相对。两点间的距离大，兼指空间和时间。

①《诗经·大雅·卷阿》：尔受命～矣，茀禄尔康矣。——茀：通"福"。"茀禄"即"福禄"。

②《孟子·滕文公上》：布帛～短同，则贾相若。——布匹丝绸的长短一样，价钱便一样。贾：同"价"，价钱。

活用：及物动词，使动用法。使……长。

③《左传·僖公十一年》：礼，国之干也。敬，礼之舆也。不敬则礼不行，礼不行则上下昏，何以～世？——礼，是国家的躯干。敬，是载礼的车子。不恭敬，礼就不能实施；礼不能实施，上下就昏乱，凭什么使世代长久？

④《左传·宣公十三年》：赵庄子曰："栾伯善哉，实其言，必～晋国。"——赵庄子说："栾伯好啊！实践他的话，一定能使晋国长久。"

⑤《史记·张仪列传》：昔赵襄子尝以其姊为代王妻，欲并代，约与代王遇于句（gōu）注之塞。乃令工人作为金斗，～其尾，令可以击人。——长其尾：加长它的把柄。欲并代：想吞并代国。句注：山名，也作"勾注"，即雁门山，为古代九塞之一，在今山西省代县西北。斗：古代酒器。

常 cháng

本用：形容词。经常；恒久。

①《左传·襄公十九年》：小国之仰大国也，如百谷之仰膏雨焉！若~膏之，其天下辑睦。——常：经常。

活用：及物动词，使动用法。使……恒常。

②《韩非子·解老》：日月得之以恒其光，五常得之以~其位，列星得之以端其行。——常其位：使它们的位置恒久稳定。恒其光：使它们的光芒永恒存在。五常：五行，即金、木、水、火、土。端其行：使它们的运行平稳。

巢 cháo

本用：名词。鸟窝。

①《荀子·劝学》：南方有鸟焉，名曰蒙鸠，以羽为~。

活用：

一、不及物动词。筑巢。

②《庄子·逍遥游》：鹪鹩~于深林，不过一枝；偃鼠饮河，不过满腹。——鹪鹩：小鸟，一名巧妇，善于营巢。偃鼠：也作“鼹鼠”，常穿地而行，喜饮河水。

③《史记·吴太伯世家》：夫子获罪于君以在此，惧犹不足，而又可以畔乎？夫子之在此，犹燕之~于幕也。——犹燕之巢于幕也：如同燕子在帐篷的顶布上筑巢。

二、及物动词，一般用法。在……筑巢。

④《三国志·魏书·高堂隆传》：陵霄阙始构，有鹊~其上，帝以问（高堂）隆，对曰：“《诗》云：‘维鹊有巢，维鸠居之’。今兴宫室，起陵霄阙，而鹊~之，此宫室未成身不得居之象也。”——巢其上：在陵霄阙上面筑巢。

⑤刘基《苦斋记》：野蜂～其间，采花髓作蜜，味亦苦。

三、作状语。在巢中……

⑥《庄子·盗跖》：古者禽兽多而人少，于是民皆～居以避之，昼拾橡栗，暮栖木上，故命之曰"有巢氏之民"。——巢居：在巢中居住。橡栗：橡树的果实。

⑦《战国策·赵策一》：决晋水而灌之，围晋阳三年，城中～居而处，悬釜而炊。

朝 cháo

本用：动词。朝见，朝拜。

①《孟子·公孙丑下》：孟子将～王。

②《韩非子·五蠹》：割地而～者三十有六国。

活用：及物动词，使动用法。使……朝见，使……朝拜。

③《孟子·梁惠王上》：然则王之所大欲可知已：欲辟土地，～秦楚，莅中国，而抚四夷也。——那么，大王您的最大的欲望便可以知道了：（您是）想扩张国土，使秦、楚等大国来朝拜，君临中原诸侯之上，同时安抚四周的外族。莅：临。中国：指中原。

④《孟子·公孙丑上》：得百里之地而君之，皆能以～诸侯，有天下。——如果得到纵横各一百里的土地，而让他们（指伯夷、伊尹和孔子）做君王，（他们）都能够使诸侯来朝觐，统一天下。

⑤《荀子·强国》：若是，则兵不复出于塞外，而令行于天下矣。若是，则虽为之筑明堂，而～诸侯，殆可矣。——如果能这样，那就不用再出兵于国境之外，而政令却可以通行于天下了。如果能这样，那即使是给它（指秦国）筑起明堂，叫诸侯来朝见，大概也是可以做到的。明堂：古时天子宣布命令及举行重大典礼的地方。

⑥《韩非子·初见秦》：臣昧死，愿望见大王，言所以破天下之从，举赵，亡韩，臣荆、魏，亲齐、燕，以成霸王之名，～四邻诸侯之道。——我冒着死亡的危险愿见到大王，论说可以用来破坏天下合

纵，攻下赵国，灭掉韩国，使楚、魏两国臣服，齐、燕两国来靠拢，成就霸王的名声，叫四邻诸侯来朝见的策略。

⑦《韩非子·初见秦》：然则是一举而霸王之名可成也，四邻诸侯可~也。——四邻诸侯可朝也：四邻诸侯可叫他们前来朝拜。“朝”后省略了“之”。

⑧《战国策·秦策五》：百里奚，虞之乞人，传卖以五羊之皮，穆公相之而~西戎。——朝西戎：使西戎前来朝拜。西戎：古代我国西北部少数民族总称西戎。虞之乞人：虞国的乞丐。

⑨贾谊《过秦论上》：然秦以区区之地，千乘之权，招八州而~同列，百有余年矣。——朝同列：使各国诸侯前来朝拜。各国诸侯本来和秦同列，后皆入朝于秦，称藩臣。区区：小貌。秦国较之天下，则为区区。千乘：古代称有千辆兵车的国家为“千乘之国”。权：势力。招：招令入朝于秦。八州：兖州、翼州、青州、徐州、豫州、荆州、扬州、梁州。古时天下分为九州，秦居雍州，六国分别居于其他八州。

臣 chén

本用：名词。奴隶；臣子，臣民。

①《尚书·费誓》：~妾逋逃。——孔安国传：“役人贱者，男曰臣，女曰妾。”逋：逃亡。

②《诗经·小雅·北山》：率土之滨，莫非王~。

③《史记·廉颇蔺相如列传》：夫以秦王之威，而相如廷叱之，辱其群~。

活用：

一、不及物动词。为臣，臣服，称臣；尽为臣之道。

④《论语·颜渊》：齐景公问政于孔子。孔子对曰：“君君，臣~，父父，子子。”公曰：“善哉！信如君不君，臣不~，父不父，子不子，虽有粟，吾得而食诸？”——齐景公向孔子问政治。孔子答

道："君要像个君，臣要像个臣，父亲要像父亲，儿子要像儿子。"齐景公道："对呀！若是君不像君，臣不像臣，父不像父，子不像子，即使粮食很多，我能吃得着吗？"

⑤《左传·僖公十五年》：臣而不～，行将焉入？——臣下如果不尽为臣之道，又能走到哪里去？

⑥《左传·定公十三年》：富而能～，必免于难。——富有而能谨守臣道，定能免于祸难。

⑦《庄子·天道》：上无为也，下亦无为也，是下与上同德，下与上同德则不～。——不臣：不成其为臣。

⑧《韩非子·五蠹》：鲁哀公：下主也，南面君国，境内之民，莫敢不～。——莫敢不臣：没有哪个敢不称臣。下主：下等君主。南面：古代以坐北朝南为尊位，国君之位南向，所以称居国君之位为"南面"。君国：统治国家。

⑨《战国策·齐策四》：是其为人也，上不～于王，下不治其家，中不索交诸侯，此率民而出于无用者，何为至今不杀乎？——不臣于王：不臣服于君王。索：求。无用：没有作用，等于说不同统治者合作。

二、及物动词，一般用法。做……臣子，做……臣民。

⑩《左传·襄公二十五年》：～君者，岂为其口实？社稷是养。——给君王做臣子的人，难道是为了挣口饭吃吗？为的是保养国家。口实：食物。社稷：土、谷之神。历代王朝必先立社稷坛墠，灭人之国，必变置灭国的社稷。因此以社稷为国家的标志。

⑪《左传·襄公二十五年》：东郭偃～崔武子。——东郭偃给崔武子做臣下。

⑫《左传·定公四年》：初，司马～阖卢，故耻为禽焉。——当初，司马做过阖卢的臣子，所以把被吴军擒获看成是耻辱。耻：形容词用如及物动词，意动用法。禽：同"擒"。

⑬《韩非子·难二》：管仲，公子纠之臣也，谋杀桓公而不能，其君死而～桓公。——臣桓公：做了桓公的臣下。

⑭《淮南子·主术训》：智伯伐中行氏，并吞其地，豫让背其主而~智伯。——臣智伯：做了智伯的臣下。

⑮胡铨《戊午上高宗封事》：向者陛下间关海道，危如累卵，当时尚不忍北面~敌。——臣敌：向敌寇称臣。

三、及物动词，使动用法。使……为臣，使……称臣。

⑯《荀子·强国》：古者百王一天下，~诸侯也，未有过封内千里者也。——古时候百王统一天下，使诸侯称臣，当初自己的境内没有超过方圆一千里的。

⑰《荀子·君子》：古者刑不过罪，爵不逾德。故杀其父而~其子，杀其兄而~其弟。——臣其子：让其子做臣。臣其弟：让其弟做臣。过、逾：超过。

⑱《韩非子·五蠹》：故以义则仲尼不服于哀公，乘势则哀公~仲尼。——臣仲尼：使仲尼成为（自己的）臣下。乘势：凭借权势。

⑲《战国策·秦策一》：今欲并天下，凌万乘，诎敌国，制海内，子元元，~诸侯，非兵不可。——诎敌国：使敌国屈服。子元元：使百姓成为自己的子民。

⑳《战国策·齐策六》：此三行者，乡里不通也，世主不~也。——世主不臣也：国君不让他们当（自己的）臣下。三行：指篡、怯、辱身三种行为。通：称道。

㉑《战国策·赵策二》：子道顺而不拂，臣行让而不争。子用私道者家必乱，臣用私义者国必危。反亲以为行，慈父不子；逆主以自成，惠主不~也。——拂：违背，不顺。慈父不子：慈父不让他再做（自己的）儿子。

㉒《战国策·魏策三》：则皆知秦之无穷也，非尽亡天下之兵而~海内之民，必不休矣。

㉓《吕氏春秋·赞能》：鲍叔曰："夷吾为其君射人者也，君若得而~之，则彼亦将为君射人。"

㉔《淮南子·俶真训》：若夫真人……烛十日而使风雨，~雷公，役夸父，妾宓妃，妻织女，天地之间，何足以留其志？——真人

以十个太阳为烛，以风雨为使者，以雷公为臣，以夸父为仆役，以宓妃为妾，以织女为妻。真人：道家称存养本性的得道的人。夸父：《山海经》中的神话人物。宓妃：传说中的洛水女神。

㉕《史记·春申君列传》：王若负人徒之众，仗兵革之强，乘毁魏之威，而欲以力~天下之主，臣恐其有后患也。

㉖《史记·刺客列传》：非尽天下之地，~海内之王者，其意不厌。——尽天下之地：吞尽天下之地。厌：满足。

四、及物动词，意动用法。以……为臣；把……看作臣下。

㉗《孟子·万章上》：语云："盛德之士，君不得而~，父不得而子。"——俗话说："道德最高的人，君主不能把他看作臣下，父亲不能把他看作儿子。"

㉘《孟子·万章上》：咸丘蒙曰："舜之不~尧，则吾既得闻命矣。"——咸丘蒙说："舜不以尧为臣，我已经领受你的教诲了。"

㉙《韩非子·忠孝》：尧为人君而君其臣，舜为人臣而~其君。——尧做君主，却把他的臣下看成是君主；舜做臣下，却把他的君主当作臣下。据传说，尧年老后让舜管理部落联盟事务，大权由舜掌握。

㉚《韩非子·忠孝》：有道者，父固不得而子，君固不得而~也。

五、作状语。以臣的身份；像臣那样；像对待臣那样。

㉛《荀子·王霸》：饮食甚厚，声乐甚大，台谢甚高，园囿甚广，~使诸侯，一天下，是又人情之所同欲也，而天子之礼制如是者也。——臣使诸侯：像支使臣下那样地支使诸侯。谢：通"榭"，台谢：建筑在台上的屋子。园囿：泛指花园。一天下：统一天下。是又人情之所同欲也，而天子之礼制如是者也：这也是人情所共同希求的，而天子的礼制正是这样的。

㉜《战国策·韩策一》：今大王西面交臂而~事秦，何以异于牛后乎？——臣事秦：以臣的身份去侍奉秦国。交臂：叉手、拱手，表示恭敬。

㉝《史记·刺客列传》：豫让曰："既已委质～事人，而求杀之，是怀二心以事其君也。"——臣事人：以臣的身份侍奉别人。

㉞《史记·大宛列传》：及大月氏西徙，攻败之，皆～畜大夏。——臣畜大夏：把大夏作为臣属来统治。畜：即牧，统治。大月氏、大夏：皆古西域国名。

㉟胡铨《戊午上高宗封事》：刘豫～事金国，南面称王。——臣事金国：以臣下的身份去侍奉金国。

臣妾 chénqiè

本用：名词。奴隶，男曰臣，女曰妾。

①《史记·吴太伯世家》：（越王）使大夫种因吴太宰嚭（pǐ）而行成，请委国为～～。——行成：求和。

活用：

一、不及物动词。做奴隶。

②苏轼《留侯论》：勾践之困于会稽而归，～～于吴者，三年而不倦。——臣妾于吴：在吴国做奴隶。

二、及物动词，使动用法。使……成为奴隶。

③胡铨《戊午上高宗封事》：今者无故诱致敌使，以诏谕江南为名，是欲～～我也，是欲刘豫我也。——是欲臣妾我也，是欲刘豫我也：这是想让我朝成为奴隶，这是想让我朝君主成为刘豫那样的傀儡皇帝。致：使……到来。敌使：指金国的使臣。诏谕：以诏书指示臣民。

沉 chén

本用：动词。没入水中。

①《诗经·小雅·菁菁者莪》：泛泛杨舟，载～载浮。

②《战国策·秦策四》：决晋水以灌晋阳，城不～者三板耳。

活用：使动用法。使……沉。

③《国语·越语上》：若以越国之罪为不可赦也，将焚宗庙，系妻孥，~金玉于江，有带甲五千人，将以致死，乃必有偶。——沉金玉于江：把金器、玉器沉到江里。若以越国之罪为不可赦也：如果（大王您）认为越国的罪过不可宽赦。意即您如不许越国求和。系妻孥：把妻子和儿女扭绑起来。孥：儿女。带甲：披甲的将士。将以致死，乃必有偶：将拼以死命，必然一人可拼一人。

④《史记·项羽本纪》：项羽乃悉引兵渡河，皆~船，破釜甑，烧庐舍，持三日粮，以示士卒必死，无一还心。——项羽便率领所有军队渡过漳河，（然后）全部沉掉渡船，打破炊具，烧掉营房，只带三天的粮食，以此向士卒表明必以死战，一点也没有后退的打算。甑：蒸煮用的瓦器。

诚 chéng

本用：形容词。真诚，真实。

①《孟子·离娄上》：悦亲有道，反身不~，不悦于亲矣。——要使父母高兴有它的方法，（首先要诚心诚意）若是反躬自问，心意不诚，也就不能使父母高兴了。

②《孟子·离娄上》：是故~者，天之道也；思~者，人之道也。——所以真诚是自然的规律，追求真诚是做人的规律。

③《礼记·乐记》：著~去伪，礼之经也。

活用：及物动词，使动用法。使……诚。

④《孟子·离娄上》：~身有道：不明乎善，不~其身矣。——要使自己诚心诚意有它的方法，（首先要明白什么是善）若是不明白什么是善，也就不能使自己诚心诚意了。身：自身，自己。

⑤《礼记·大学》：所谓~其意，毋自欺也，如恶恶臭，如好好色。——诚其意：使其意念诚实。毋自欺：不要欺骗自己。恶：动词，厌恶。恶臭：不好闻的气味。好：动词，爱好。好色：指美女。

⑥韩愈《原道》：古之欲明明德于天下者，先治其国；欲治其国者，先齐其家；欲齐其家者，先修其身；欲修其身者，先正其心；欲正其心者，先～其意。——先诚其意：先要使其意真诚。明德，完美的德性。齐其家：使其家齐（得到治理）。正其心：使其心纯正。

城 chéng

本用：名词。都邑四周用作防御的墙垣。

①《墨子·七患》：～者，所以自守也。——城墙，是用来守卫自己的。

②《左传·隐公元年》：都～过百雉，国之害也。——大城市的城墙，周围长度超过三百丈，就是国家的祸害。雉：城墙长三丈高一丈为一雉。

③《孟子·公孙丑下》：～非不高也，池非不深也，兵革非不坚利也，米粟非不多也；委而去之，是地利不如人和也。——池：护城河。兵：武器。革：皮革，此指皮革做的甲胄。委：抛弃，舍弃。

活用：

一、不及物动词。筑城。

④《左传·僖公十九年》：梁伯好土功，亟～而弗处，民罢而弗堪。——梁伯喜好土木工程，屡次筑城而无人居住，百姓十分疲倦不能忍受。亟：屡次。罢：通“疲”。堪：忍受。

⑤《左传·宣公二年》：宋～，华元为植，巡功。～者讴曰：“睅其目，皤（pó）其腹，弃甲而复。”——宋国筑城，华元作为主持人，巡视工作。筑城的人唱道：“挺着肚子瞪着眼，丢了皮甲往回转。”植：古代军队中督办工程的将官。

二、及物动词，一般用法。在……筑城。

⑥《左传·庄公三十二年》：三十二年春，（齐）～小谷，为管仲也。——三十二年春，（齐国）在小谷筑城，这是为管仲而筑的。

⑦《左传·闵公元年》：（晋侯）还，为大子～曲沃。——（晋

侯）回国，为太子在曲沃建造城墙。

⑧《左传·僖公五年》：陈辕宣仲怨郑申侯之反己于召陵，故劝之~其赐邑，曰："美~之，大名也，子孙不忘。吾助子请。"乃为之请于诸侯而~之，美。遂谮诸郑伯曰："美~其赐邑，将以叛也。"申侯由是得罪。——陈国的辕宣仲怨恨郑国的申侯在召陵违背了自己，故意劝他在所赐的封邑筑城，说："把城筑得美观，可以扩大名声，子孙不会忘记。我帮助您请求。"就为他向诸侯请求而筑起城墙，筑得很美观。（辕宣仲）于是就在郑伯面前诬陷说："把所赐的封邑的城墙筑得那么美观，是准备叛乱的。"申侯因此而得罪了郑伯。反：违背。谮：诬陷，中伤。

⑨《左传·襄公十年》：诸侯之师~虎牢而戍之。——诸侯的军队在虎牢筑城并且戍守。

⑩《韩非子·说林下》：靖郭君将~薛，客多以谏者。——将城薛：将要在薛这个地方筑城。靖郭君：齐国贵族田婴的封号。薛：田婴后来的封邑，位于今山东省滕县东南。客：门客，食客。

⑪《史记·秦本纪》：（秦）灵公六年，晋~少梁，秦击之。——晋城少梁：晋国在少梁这个地方筑城。

三、作状语。凭借城墙……

⑫《史记·秦本纪》：三十六年，缪公复益厚孟明等，使将兵伐晋，渡河焚船，大败晋人，取王官及鄗，以报殽之役。晋人皆~守不敢出。

⑬《史记·高祖本纪》：于是樊哙从刘季来。沛令后悔，恐其有变，乃闭城~守，欲诛萧（何）、曹（参）。

驰 chí

本用：动词。（车马等）疾行，快跑。

①《左传·昭公十七年》：啬夫~，庶人走。——啬夫驱车快跑，百姓徒步奔跑。啬夫：古代官名。庶人：百姓。走：跑。

活用：使动用法。使……驰。

②《庄子·马蹄》：及至伯乐，曰："我善治马。"……饥之，渴之，~之，骤之，整之，齐之，前有橛饰之患，而后有鞭策之威，而马之死者已过半矣。——待到伯乐，便说："我最会驯马。"……又让它们挨饥受渴，让它们狂奔迅跑，使它们的步伐整齐划一；前头有勒口镳缨之类的祸害，后头有皮鞭竹策的威胁。这样，死去的马已经过半数了。

③《战国策·秦策三》：以秦卒之勇，车骑之多，以当诸侯，譬若~韩卢而逐蹇兔也。——韩卢：古代韩国良犬。蹇兔：跛足之兔。当：抵御，抵挡。

④孔融《论盛孝章书》：公诚能~一介之使，加咫尺之书，则孝章可致，友道可弘矣。——驰一介之使：使一个使者飞驰前往。咫尺之书：指简短的书信。长八寸为咫。致：招来。友道：朋友之道。弘：扩大，发扬。

迟 chí

本用：形容词。缓慢。

①《新书·大政》：自古至于今，与民为仇者，有~有速，而民必胜之。

活用：及物动词，意动用法。以……为迟。

②《史记·刺客列传》：顷之，未发，太子~之。——太子迟之：太子丹认为（荆轲他们）动身太慢。顷之：一会儿，不多久。

侈 chǐ

本用：形容词。多；大。

①《尚书·周官》：禄不期~。——俸禄不要期望太多。

②《国语·吴语》：伯父秉德已~大哉！——秉：操持。德：道

德，品行。

活用：及物动词，使动用法。使……多，使……大。

③《国语·吴语》：王不如设戎，约辞行成，以喜其民，以广~吴王之心。——大王不如设兵自守，卑下其辞向吴国求和，以使吴国人欢喜，以使吴王心意自大。戎：士兵。行成：求和。

④陆贽《奉天请罢琼林大盈二库状》：玄宗悦之，新是二库。荡心~欲，萌柢于兹。——荡心侈欲：使心放纵，使嗜欲增多。新是二库：新建这两个库。萌柢于兹：从这里生根发芽。

耻 chǐ

本用：形容词。羞耻，耻辱。

①《尚书·说命》：其心愧~，若挞于市。

②《孟子·万章下》：位卑而言高，罪也；立乎人之本朝，而道不行，~也。——位置低下而议论朝廷大事，这是罪行；在那君主的朝廷上做官，而自己正义的主张不能实行，这是耻辱。

活用：

一、及物动词，使动用法。使……蒙受耻辱。

③《左传·文公二年》：晋人以公不朝来讨。公如晋。夏四月己巳，晋人使阳处父盟公以~之。——晋国人因为鲁文公不去朝拜而前来攻打。鲁文公去了晋国。夏四月十三日，晋国派阳处父和鲁文公结盟以让他蒙受耻辱。阳处父：晋国大夫。

④《左传·昭公五年》：~匹夫不可以无备，况~国乎？是以圣王务行礼，不求~人。——使一个普通人蒙受了耻辱还不能不做防备，何况使一个国家蒙受了耻辱呢？因此，圣王致力于推行礼义，不想让别人蒙受耻辱。

⑤《国语·越语上》：国之父兄请曰："昔者夫差~吾君于诸侯之国；今越国亦节矣，请报之。"——耻吾君于诸侯之国：使吾君在诸侯各国前蒙受耻辱。今越国亦节矣：今天越国也有节度了，即说国

家已走上轨道。报：报复。

⑥苏洵《六经论·礼论》：然则圣人者果何术也？～之而已。——那么圣人果真有什么好方法吗？只不过让他们（指天下之人）知道耻辱（从而知礼）罢了。

二、及物动词，意动用法。以……为耻。

⑦《论语·里仁》：子曰："士志于道，而～恶衣恶食者，未足与议也。"——孔子说："读书人有志于真理，但又以自己吃粗粮穿破衣为耻辱，这种人，不值得同他商议了。"

⑧《论语·里仁》：子曰："古者言之不出，～躬之不逮也。"——孔子说："古时候言语不轻易出口，是怕自己的行动赶不上。"躬：自身。逮：及，赶上。

⑨《论语·公冶长》：敏而好学，不～下问。——不耻下问：不以向地位不如自己的人请教为耻辱。敏：理解问题快。

⑩《论语·宪问》：子曰："君子～其言而过其行。"——孔子说："君子把说得多做得少看成是可耻的。"而：用法同"之"。过：超过。

⑪《孟子·梁惠王下》：一人衡行于天下，武王～之。此武王之勇也。——只要有一个人敢在天下横行无忌，武王便认为这是自己的耻辱。这就是武王的大勇。衡：通"横"。

⑫《孟子·公孙丑上》：人役而～为役，由弓人而～为弓，矢人而～为矢也。如～之，莫如为仁。——当了仆役却又以供人役使为耻，那就像造弓的人以造弓为可耻，造箭的人以造箭为可耻一样。要是觉得可耻，就不如去行仁。人役：被别人所役使的人。由：通"犹"，如同，好像。

⑬《孟子·离娄上》：今也小国师大国而～受命焉，是犹弟子而～受命于先师也。——如今弱小国家以强大国家为师，却以接受命令为耻，这好比学生以接受老师的命令为耻一样。

⑭《庄子·天地》：夫王德之人，素逝而～通于事，立之本原而知通于神。——那道德最高尚的人，能抱定纯素之道与此推移，而不

屑于跟俗事俗物打交道；能使自己立足于万物的本原，而智慧能与神明相通。王：同“旺”。王德之人：即旺德之人，指最高道德的人。立之：使之立。之，指代“王德之人”自身。知：通“智”。

⑮《荀子·非十二子》：故君子~不修，不~见污；~不信，不~不见信；~不能，不~不见用。——所以君子以自己品德不好为可耻，而不以被人污辱为可耻；以自己不讲信用为可耻，而不以不被别人信任为可耻；以自己没有才能为可耻，而不以不被任用为可耻。修：善，这里指品德高尚。见：表示被动，相当于“被”。

⑯《史记·管晏列传》：吾幽囚受辱，鲍叔不以我为无耻，知我不羞小节而~功名不显于天下也。——耻功名不显于天下：以功名不在天下显扬为耻辱。幽囚：拘禁。鲍叔：即鲍叔牙，春秋时齐人。不羞小节：不以小节（之失）为羞愧。

⑰《史记·伍子胥列传》：前日王欲伐齐，子胥以为不可，王卒伐之而有大功。子胥~其计谋不用，乃反怨望。——耻其计谋不用：因他的计谋没有被采用而看成是耻辱。

⑱《史记·魏公子列传》：天下诸公子亦有喜士者矣，然信陵君之接岩穴隐者，不~下交，有以也。——不耻下交：不以同地位低下的人结交为耻辱。有以也：是有缘故的。以：缘故，原因。

⑲《史记·鲁仲连邹阳列传》：故管子不~身在缧绁之中而~天下之不治，不~不死公子纠而~威之不信于诸侯。——所以管仲不把自己身在牢狱之中看成是耻辱，而把天下得不到治理看成是耻辱；不把自己没有为公子纠而死看成是耻辱，而把（齐国的）威风没有在诸侯中奋扬看成是耻辱。缧绁：捆犯人的绳索，引申为牢狱。信：通“伸”，伸张，奋扬。

⑳韩愈《师说》：今之众人，其下圣人也亦远矣，而~学于师。——当今一般的人，他们与圣人相比差距也很大啊，却耻于向老师学习。下圣人：在圣人之下。

㉑顾炎武《与友人论学书》：不~恶衣恶食而~匹夫匹妇之不被其泽。——不以穿破衣吃粗食为耻辱，而以平民百姓没受到他的恩泽

为耻辱。

㉒侯方域《马伶传》：未几更进，则东肆不复能终曲，询其故，盖马伶~出李伶下，已易衣遁矣。——耻出李伶下：以自己在李伶之下（不如李伶）为耻辱。未几更进：过了一会儿再往下演唱。肆：这里指剧场。终曲：把戏演完。

充 chōng

本用：形容词。满，实。

①《孟子·梁惠王下》：而君之仓廪实，府库~。——仓廪：储藏米谷的仓库。府库：官府储存财物兵甲的仓库。

活用：及物动词，一般用法。完全实现。

②《孟子·滕文公下》：仲子恶能廉？~仲子之操，则蚓而后可者也。——仲子怎么能叫作廉洁？要完全实现仲子的操守，那只有先变成蚯蚓，然后才能办到。仲子：陈仲子，齐国隐士。

③《孟子·滕文公下》：以母则不食，以妻则食之；以兄之室则弗居，以於陵则居之，是尚为能~其类也乎？若仲子者，蚓而后~其操者也。——因为是母亲的东西便不吃，因为是妻子的东西便吃了；因为是哥哥的房子便不住，因为是於陵这个地方便住下。这样还能算是廉洁到顶点了吗？像仲子这样的人，只有先把他自己变成蚯蚓，然后才能完全实现他的操守。

崇 chóng

本用：形容词。高；崇高，高贵。

①《周礼·考工记·匠人》：堂修七寻，堂~三尺。——修：长。寻：古代长度单位，八尺为一寻。

②《左传·宣公十二年》：子良，郑之良也；师叔，楚之~也。

活用：及物动词，使动用法。使……崇高。

③《论语·颜渊》：主忠信，徙义，~德也。——以忠诚信实为主，向义靠拢，这就可以提高品德。

④《左传·襄公三十一年》：侨闻文公之为盟主也，宫室卑庳，无观台榭，以~大诸侯之馆。——侨听说文公做盟主的时候，宫室低小，没有可供观望的台榭，而把接待诸侯的宾馆修得又高又大。侨：郑国大夫子产，名侨。

⑤《战国策·秦策一》：欲富者务广其地，欲强者务富其民，欲王者务~其德。——崇其德：使他的品德崇高。务：务必，一定要。广其地：扩大他的国土。富其民：使他的百姓富足。

⑥《战国策·楚策一》：故彼~其爵，丰其禄，以忧社稷者，叶公子高是也。——崇其爵：使他的爵位很高。丰其禄：使他的俸禄很丰厚。叶公子高：人名，楚国大夫。

⑦《三国志·魏书·陈思王曹植传》：夫明贵贱，~亲亲，礼贤良，顺少长，国之纲纪。——让贵贱分明，让亲戚显贵，对贤良之士以礼相待，使年纪小的和年纪大的关系和顺，这是治理国家的大纲要领。亲亲：亲戚。

⑧柳宗元《钴鉧潭记》：予乐而如其言，则~其台，延其槛，行其泉。——我很高兴照他的话去做，把台子筑得高高的，把栏杆修得长长的，让泉水畅流。

丑 chǒu

本用：形容词。丑恶，凶恶；羞耻。

①《诗经·小雅·十月之交》：日有食之，亦孔之~。——丑：恶。

②《楚辞·九章·橘颂》：纷缊宜修，姱而不~兮。

③司马迁《报任安书》：行莫~于辱先，诟莫大于宫刑。

活用：及物动词，意动用法。以……为丑。

④《吕氏春秋·贵公》：隰（xí）朋之为人也，上志而下求，~

不若黄帝，而哀不己若者。——丑不若黄帝：以（自己）比不上黄帝为羞耻。上，指才德等在自己之上的人。志：记，记在心里。“上志”的意思是把比自己更好的人记在心里，模仿他们。下：指才德等在自己之下的人。求：问。“下求”的意思是向各方面不如自己的人求教。哀：同情，怜悯。

⑤《史记·赵世家》：先时中山负齐之强兵，侵暴吾地，系累吾民，引水围鄗，微社稷之神灵，则鄗几于不守也。先王~之，而怨未能报也。——丑之：以之为羞耻。中山：中山国，后为赵武灵王所灭。负：依仗。系累：捆绑。鄗：地名，战国时为赵国城邑。

⑥《史记·游侠列传》：故伯夷~周，饿死首阳山。——丑周：以做周朝的臣民为羞耻。

⑦韩愈《送孟东野序》：天将~其德莫之顾邪？——大概上天认为他们的德行丑恶而不顾念他们吧？将：大概。

出 chū

本用：动词。由内而外，与“入”相对。

①《左传·僖公三十二年》：吾见师之~，而不见其入也。——我看见军队出去，却看不到他们回来了。

②《孟子·梁惠王上》：入以事其父兄，~以事其君长。事：侍奉。

活用：使动用法。使……出。

③《左传·宣公二年》：狂狡辂（yà）郑人，郑人入于井，倒戟而~之，获狂狡。——狂狡迎面遇见一个郑国人，郑国人逃进井里，（狂狡）把戟倒过来，（以戟柄授与郑国人）把他拉了出来，（郑国人执着戟柄）反而俘虏了狂狡。狂狡：宋国大夫。辂：通“迓”，迎。获：俘获。

④《左传·成公二年》：子反欲取之，巫臣曰：“是不祥人也！是夭子蛮，杀御叔，杀灵侯，戮夏南，~孔、仪，丧陈国，何不祥如

是！人生实难，其有不获死乎？天下多美妇人，何必是？”子反乃止。——子反想要娶她（指夏姬），巫臣说：“这是个不吉利的人啊！这个人使子蛮早死，御叔被杀，灵侯被杀，夏南受诛，孔宁、仪行父逃亡在外，陈国因此灭亡，为什么不吉利到这个样子！人生在世实在很不容易，（如果娶了夏姬）恐怕不得好死吧！天下多的是漂亮女人，为什么一定要她？”子反也就不娶了。取：娶妻。这个意义后来写作“娶”。

⑤《左传·成公三年》：荀罃之在楚也，郑贾人有将置诸褚中以~。既谋之，未行，而楚人归之。贾人如晋，荀罃善视之，如实~己。——荀罃在楚国的时候，郑国的商人打算把他藏在大口袋里带出楚国。已经商量好了，还没有动身，楚国人把他送回来了。这个商人到了晋国，荀罃待他很好，好像确实把自己救出来的一样。第一个“出”后省略宾语“之”。褚：囊，口袋。

⑥《左传·成公十六年》：冬十月，~叔孙侨如而盟之。侨如奔齐。——冬十月，放逐叔孙侨如并且和大夫们结盟。侨如逃亡到齐国。

⑦《左传·襄公十四年》：晋侯曰：“卫人~其君，不亦甚乎？”——晋侯说：“卫国人赶走他们的国君，不也太过分了吗？”

⑧《左传·襄公二十三年》：乃~豹而闭之。——于是就让斐豹出宫，然后关上宫门。斐豹：人名。

⑨《韩非子·说林下》：荆王弟在秦，秦不~也。——楚王的弟弟在秦国，秦国不放他回国。“出”后省略了宾语“之”。

⑩《史记·外戚世家》：吕太后时，窦姬以良家子入宫侍太后。太后~宫人以赐诸王，各五人，窦姬与在行中。——出宫人以赐诸王：遣出宫女把她们赐给诸王。

⑪《史记·孟尝君列传》：秦昭王后悔~孟尝君，求之已去，即使人驰传（zhuàn）逐之。孟尝君至关，关法鸡鸣而~客。——出孟尝君：把孟尝君放了出去。出客：让客人出行。驰传：驾驿站车马疾行。

⑫《史记·扁鹊仓公列传》：马惊，即堕，信身入水中，几死，吏即来救信，~之水中。——出之水中：把我从水中救了出来。堕：掉下来。信：人名，这里是自称。几死：差一点死掉。

⑬马中锡《中山狼传》：狼度简子之去已远，而作声囊中曰："先生可留意矣，~我囊，解我缚，拔矢我臂，我将逝矣。"先生举手~狼。——出我囊：把我从口袋里放出来。出狼：把狼放了出来。度：估计。留意：留心，注意。逝：走。

从 cóng

本用：动词。跟随，追随。

①《论语·微子》：子路~而后。——子路跟随着（孔子）却落在后面。

②《史记·李斯列传》：乃~荀卿学帝王之术。——于是，（李斯）跟随荀卿学习辅助帝王治理国家的方法。

活用：使动用法。使……从。

③《史记·仲尼弟子列传》：吴王大说，以告子贡曰："越王欲身从寡人伐齐，可乎？"子贡曰："不可。夫空人之国，悉人之众，又~其君，不义。"——空人之国，悉人之众，又从其君：让人家国家空虚，让人家的士卒全部出动，又让他们的君王跟从。身：亲自。

④《史记·田叔列传》：卫将军~此两人过平阳主。——卫将军带着这两个人拜访平阳主。此两人：指田仁、任安。过：拜访，探望。

⑤《史记·东越列传》：后数世，至孝景三年，吴王濞反，欲~闽越，闽越未肯行，独东瓯从吴。——欲从闽越：想让闽越王跟着一起反叛。闽越：汉初诸侯国名。东瓯：汉惠帝立摇（人名）为东海王，以东瓯为都城，世俗称他为东瓯王。

⑥《资治通鉴·汉献帝建安十三年》：乘犊车，~吏卒，交游士林。——乘着牛车，让吏卒跟随着，与士大夫们交游。

⑦高启《书博鸡者事》：豪民方华衣乘马，~群奴而驰。——豪民正穿着华丽的衣服骑在马上，带着一群奴仆（向前）奔驰。豪民：强横而又富有的人。

存 cún

本用：动词。存在，生存。

①《庄子·德充符》：死生、~亡……是事之变、命之行也。——死生、存亡……这些现象都是事物形式的变化，也是天道自然的运行。

②《孙子·九地》：投之亡地然后~，陷之死地然后生。

③范缜《神灭论》：神即形也，形即神也。是以形~则神~，形谢则神灭也。

活用：使动用法。使……存。

④《周易·系辞下》：龙蛇之蛰，以~身也。——存身：使身体生存。蛰：伏，藏。

⑤《左传·襄公二十七年》：左师曰："我将亡，夫子~我，德莫大焉，又可攻乎？"——左师说："我将要灭亡，他老人家让我生存下来，没有比这再大的恩德了，怎么又可以攻打（他）呢？"夫子：古代对男子的敬称。

⑥《左传·昭公十三年》：诸侯修盟，~小国也。——诸侯重申旧盟，是为了让小国生存。

⑦《左传·哀公元年》：于是乎克而弗取，将又~之，违天而长寇仇，后虽悔之，不可食已。——在这种情况下攻下了而不拿过来，打算又让它存在下去，违背上天而使仇敌壮大，以后虽然懊悔，也吃不消了。

⑧《史记·范雎蔡泽列传》：故比干忠而不能~殷，子胥智而不能完吴。——存殷：使殷生存下去。完吴：使吴国完好。

⑨李翱《题燕太子丹传后》：荆轲感燕丹之义，函匕首入秦劫始

皇，将以～燕霸诸侯。事虽不成，然亦壮士也。

达 dá

本用：形容词。通达；得志。

①《孟子·尽心上》：穷则独善其身，～则兼善天下。——达则兼善天下：得志时兼善天下。穷：穷困，不得志。

活用：及物动词，使动用法。使……通达。

②《论语·雍也》：夫仁者，己欲立而立人，己欲达而～人。——所谓仁，就是自己站得住，也要使别人站得住；自己通达，也要使别人通达。

大 dà

本用：形容词。广大，高大，量多；强大；伟大。

①《论语·泰伯》：子曰："～哉尧之为君也！巍巍乎！唯天为～，唯尧则之。"——孔子说："伟大啊，尧作为一个君主！只有天最大，只有尧能够效法天。"

②《左传·隐公元年》：先王之制，～都不过参国之一。——先王的制度，大的都邑，（城墙）不超过国都的三分之一。

③《孟子·梁惠王下》："寡人之囿方四十里，民犹以为～，何也?"——（齐宣王说）："我的苑囿方圆只有四十里，老百姓还认为太大了，这是为什么呢?"

活用：

一、及物动词，一般用法。比……大。

④《战国策·魏策三》：宋人有学者，三年反而名其母。其母曰："子学三年，反而名我者，何也?"其子曰："吾所贤者，无过尧、舜，尧、舜名；吾所大者，无～天地，天地名。今母贤不过尧、舜，母大不过天地，是以名母也。"——无大天地：没有天地大。

反：同“返”。名其母：对其母直呼其名。名我：对我直呼其名。吾所贤者：我所认为贤明的人。尧、舜名：尧舜（我）也直呼其名。吾所大者：我所认为伟大的。天地名：天地（我）也直呼其名。名母：对母亲直呼其名。

二、及物动词，使动用法。使……大。

⑤《孟子·梁惠王下》：“王请无好小勇。夫抚剑疾视曰：‘彼恶敢当我哉！’此匹夫之勇，敌一人者也。王请~之。”——（孟子说）“大王不要喜爱小勇。用手按着剑瞪着眼睛说：‘他怎么敢抵挡我！’这只是个人的勇，只能敌得住一个人。希望大王把它扩大。”

⑥《韩非子·二柄》：故田常上请爵禄而行之群臣，下~斗斛而施于百姓，此简公失德而田常用之也，故简公见弑。——所以，田常向上请求爵禄而赐给群臣，对下加大斗斛把粮食施舍给百姓，这就是齐简公失去恩德而田常则窃用它的原因，所以简公被杀。田常：即田成子，春秋末期齐国大臣。斛：古代量器，十斗为一斛。弑：古代称臣杀君、子杀父为弑。见弑：被杀。

⑦《韩非子·说林下》：刻削之道，鼻莫如~，目莫如小。鼻大可小，小不可~也；目小可~，大不可小也。——雕刻的原则是：鼻子不如先雕大一些，眼睛不如先雕小一些。鼻子大了还可以再雕小，小了就不能再使它大了；眼睛小了还可以再雕大，大了就不能再使它小了。“目莫如小”、“鼻大可小”和“大不可小”中的“小”意为“雕小、使之小”，用法同“大”。

⑧《战国策·秦策三》：木实繁者披其枝，披其枝者伤其心。~其都者危其国，尊其臣者卑其主。——大其都者危其国：扩大他的都邑的人一定会危害他的国家。木实繁者披其枝：树木果实结得多，就会压折树枝。披：折裂。尊：使尊贵。卑：使卑下。

⑨《史记·苏秦列传》：（苏秦）说湣王厚葬以明孝，高宫室~苑囿以明得意，欲破敝齐而为燕。——高宫室大苑囿：筑高宫室扩大苑圃。破敝齐：使齐国破敝。

⑩《史记·吕不韦列传》：（吕不韦）乃往见子楚，说曰：“吾

能~子之门。”子楚笑曰：“且自~君之门，而乃~吾门!”——大子之门：使你的门第显贵。门：门第，社会地位。

⑪《三国志·魏书·国渊传》：破贼文书，旧以一为十，及（国）渊上首级，如其实数。太祖问其故，渊曰：“夫征讨外寇，多其斩获之数者，欲以~武功。”——大武功：夸大武功。多：使动用法，增多。

⑫柳宗元《蝜蝂传》：苟能起，又不艾，日思高其位，~其禄。——大其禄：使其俸禄丰厚。苟：如果。艾：停止，悔改。日思高其位：日，每日；高其位，使其地位升高。

三、及物动词，意动用法。以……为大。

⑬《庄子·秋水》：河伯曰：“然则我~天地而小豪末，可乎?”——河神说：“既然这样，我便以天地为大，以毫末为小，可以吗?”豪：通“毫”。

⑭《庄子·天道》：夫天地者，古之所~也，而黄帝尧舜之所共美也。——天地，是自古以来所认为最伟大的，也是黄帝尧舜所共同认为最美好的。

⑮《荀子·天论》：~天而思之，孰与物畜而制之?——认为天伟大并且思慕它，谁能把天当作物来畜养而控制它?

四、名词。大者。

⑯《论语·先进》：赤也为之小，孰能为之~?——公西华只能为诸侯做小相，谁能为诸侯做大相呢?赤：孔子的学生公西赤，字子华。为之小：这是为动双宾语结构。小：指小相。相：司仪；赞礼的人。士人担任赞礼工作叫小相，卿大夫担任赞礼工作叫大相。

⑰《左传·隐公三年》：且夫贱妨贵，少陵长，远间亲，新间旧，小加~，淫破义，所谓六逆也。——贱者妨害贵者，少者凌驾长者，疏远者离间亲近者，新人离间旧人，弱者欺侮强者，淫欲破坏道义，这就是六逆。

⑱《左传·桓公六年》：臣闻小之能敌~也，小道~淫。——下臣我听说小国之所以能够抵抗大国，是因为小国有道而大国无度。

⑲《左传·文公二年》：先~后小，顺也。——把大的放在前面，把小的放在后面，这是顺序。

⑳《孟子·离娄上》：天下无道，小役~，弱役强。——天下无道的时候，小者为大者所役使，弱者为强者所役使。

带 dài

本用：名词。腰带，带子。

①《论语·公冶长》：子曰："赤也，束~立于朝，可使与宾客言也，不知其仁也。"——孔子说："公西赤呢，穿着礼服，立于朝廷之中，可以让他同宾客交谈，至于他有没有仁德，我就不知道了。"束带：扎上腰带，此指穿上礼服。

②《孟子·尽心下》：君子之言也，不下~而道存焉。——君子的话语，讲的是常见的事情，但是"道"就在其中。不下带：不超出常见的事情。古人以腰带以上为常见至近之处，所以用腰带以上之处来比喻常见之事。

活用：

一、不及物动词。束腰带。

③《荀子·礼论》：故量食而食之，量要而~之，相高以毁瘠，是奸人之道也，非礼义之文也，非孝子之情也，将以有为者也。——所以，（在居丧期间）估量着食量吃饭，估计着腰围束腰带，观察着身高来毁瘦自己，这些都是奸邪之人的行径，而不是礼义的表现，也不是孝子的真情，而是借此想有所企求。要：同"腰"。

二、及物动词，一般用法。束扎；围绕。

④《墨子·尚贤中》：傅说被褐~索，庸筑乎傅岩。武丁得之，举以为三公。——带索：扎着绳索。被褐：穿着粗布衣。庸：通"佣"。筑：用土筑墙。傅岩：地名，在今山西省平陆县东，传说因傅说在此版筑而得名。武丁：殷高宗。三公：天子之相。

⑤《墨子·节用下》：古之民未知为衣服时，衣皮~茭。——衣

皮带茭：穿着（动物的）皮，束着草绳。茭：草绳。

三、及物动词，意动用法。以……为带。

⑥王勃《滕王阁序》：襟三江而～五湖，控蛮荆而引瓯越。——带五湖：（豫章郡）以五湖为衣带。五湖：一说五湖为太湖的别名，五湖即太湖；一说五湖指南方的五个大湖，即洞庭湖、青草湖、鄱阳湖、彭蠡湖、太湖。襟三江：以三江为襟。三江：泛指长江中下游。古时大江流过彭蠡湖以后，分三道入海，故称三江。蛮荆：周代称楚国为蛮荆，相当于今天的湖北、湖南省一带。瓯越：泛指古代的东瓯、闽越、南越等地，相当于今天的浙江南部及福建、广东、广西一带。控、引：都是“控制、管束”的意思。

怠 dài

本用：形容词。松懈，懒惰。

①《尚书·大禹谟》：无～无荒，四夷来王。——无：同“毋”，不要。荒：放荡。四夷：东夷、西戎、南猹、北狄的统称。王：中原地区外的各族朝见天子。

②《墨子·非命下》：彼以为强必治，不强必乱；强必宁，不强必危，故不敢～倦。——强：努力。治：安定，太平。

活用：

一、及物动词，使动用法。使……懈怠。

③《左传·桓公八年》：楚子伐随，军于汉、淮之间。季梁请下之，弗许而后战，所以怒我而～寇也。——楚王去讨伐随国，军队驻扎在汉水、淮水之间。季梁建议向楚国表示投降，等到楚国不同意，然后作战，这样就可以激怒我军，同时使敌军懈怠。怒：形容词，使动用法。

二、及物动词，为动用法。对……懈怠。

④柳宗元《送薛存义序》：今我受其直，～其事者，天下皆然。

岂唯~之，又从而盗之。向使佣一夫于家，受若直，~若事，又盗若货器，则必甚怒而黜罚之矣。——怠其事：对人民的事情懈怠轻忽。其：指人民。我：这里指官吏。受其直：接受人民的报酬。直，同“值”，指官吏所得的俸给。然：如此，这样。盗：窃取，此指贪污和敲诈勒索。向使：假若。佣：雇用。若：你。

⑤宋濂《送东阳马生序》：家贫，无从致书以观，每假借于藏书之家，手自笔录，计日以还。天大寒，砚冰坚，手指不可屈伸，弗之~。录毕，走送之，不敢稍逾约。——弗之怠：对录书不敢懈怠。

丹 dān

本用：名词。朱砂；红色。

①《诗经·唐风·扬之水》：素衣~襮（bò）——襮：衣领。

②《史记·货殖列传》：而巴蜀寡妇清，其先得~穴而擅其利数世。——丹穴：朱砂矿。

活用：

一、及物动词，一般用法。用红色涂刷。

③《国语·鲁语上》：庄公~桓宫之楹。——庄公用红色涂刷桓公庙的柱子。桓宫：鲁桓公的庙堂。楹：柱。

二、作状语。用朱砂……

④《史记·陈涉世家》：陈胜、吴广喜，念鬼，曰：“此教我先威众耳。”乃~书帛曰：“陈胜王”。置人所罾（zēng）鱼腹中。——丹书帛：用朱砂在绸子上写。威众：在众人中树立威望。王：称王。罾：用罾捕捉。

啖 dàn

本用：动词。吃。

①《韩非子·外储说左下》：孔子御坐于鲁哀公，哀公赐之桃与

黍。哀公曰："请用。"仲尼先饭黍而后～桃，左右皆掩口而笑。——饭：吃。

②《史记·项羽本纪》：樊哙覆其盾于地，加彘（zhì）肩上，拔剑切而～之。——加：放。

活用：使动用法。让……吃；给……吃。

③《韩非子·说难》：（弥子瑕）与君游于果园，食桃而甘，不尽，以其半～君。君曰："爱我哉！忘其口味以～寡人。"——啖君：给卫灵公吃。君：指卫灵公。口味：喜欢吃的东西。

④《论衡·自纪》：夫不得心意所欲，虽尽尧舜之言，犹饮牛以酒，～马以哺也。——啖马：给马吃。哺：口中所含的食物。

⑤陆贽《奉天请罢琼林大盈二库状》：毕命同力，竟夷大艰。良以陛下不厚其身，不私其欲，绝甘以同卒伍，辍食以～功劳。——辍食以啖功劳：（自己）不吃，给有功劳的人吃。辍，停止。功劳，此指有功劳的人。毕命：拼命，效死。竟夷大艰：终于平定了大患难。夷，平，平定。良：确实，正是。以：因为。不厚其身：不厚待自身。不私其欲：不私自满足自己的欲望。绝甘以同卒伍：（自己）屏绝美味（饮食），同士兵一样。

⑥马中锡《中山狼传》：先生既墨者，摩顶放踵，思一利天下，又何吝一躯～我而全微命乎？——啖我：让我吃掉。摩顶放踵：从头顶到脚跟都磨伤了。利天下：使天下得利。吝：吝惜。全微命：使（我的）小命保全。

党 dǎng

本用：名词。朋党，同伙。

①《韩非子·外储说左下》：朋～相和，臣下得欲，则人主孤。——朋党勾结应和，臣下私欲得逞，君主就会孤立。

活用：及动物词，一般用法。结党。

②马中锡《中山狼传》：且鄙人虽愚，独不知夫狼乎？性贪而

狠，~豺为虐。——党豺：与豺结党。

荡 dàng

本用：动词。摇动；动荡，动摇。

①《左传·庄公四年》：（楚武王）将齐，入告夫人邓曼曰："余心~。"邓曼叹曰："王禄尽矣。盈而~，天之道也。"——齐：同"斋"，斋戒。心荡：犹言心跳，惴惴不安。

②《庄子·外物》：(大鱼）扬而奋鬐，白波若山，海水震~。——鬐：同"鳍"。

活用：使动用法。使……摇荡。

③《左传·僖公三年》：齐侯与蔡姬乘舟于囿，~公。公惧，变色；禁之，不可。——荡公：使齐侯摇摆晃动。

④《荀子·劝学》：是故权利不能倾也，群众不能移也，天下不能~也。——这样，权利再大也不能使他屈服，人再多也不能使他改变意志，任何事情也不能使他动摇。"倾、移、荡"后面均省略了宾语"之"，指代君子。

⑤《史记·礼书》：耳乐钟磬，为之调谐八音以~其心。——荡其心：使其心摇荡。钟磬：古代乐器，此指钟磬之声，指代音乐。

悼 dào

本用：动词。悲伤。

①《诗经·卫风·氓》：静言思之，躬自~矣。——躬自：自己，独自。

活用：及物动词，为动用法。为……而悼（悲伤）。

②《三国志·魏书·邓艾传》：（邓）艾心怀至忠而荷反逆之名，平定巴蜀而受夷灭之诛，臣窃~之。——悼之：为此而难过。荷：负荷，承受。

道 dào

本用：名词。道路；学说。

①《诗经·小雅·大东》：周~如砥，其直如矢。——砥：磨刀石。

②《左传·僖公五年》：晋侯复假~于虞以伐虢。——假：借。

③《论语·公冶长》：子曰："~不行，乘桴浮于海。"——孔子说："我的学说不能实行，只好乘着木筏在海上漂浮。"

活用：

一、及物动词，一般用法。实行；取道。

④《荀子·劝学》：不~礼宪，以《诗》《书》为之，譬之犹以指测河也。——不实行礼法，而用《诗》《书》去办事，就好像用手指去测量河水一样。

⑤《荀子·王霸》：国者，天下之大器也，重任也，不可不善为择所而后错之，错险则危；不可不善为择道然后~之，涂薉（huì）则塞；危塞则亡。——道之：实行正确的治国方法。大器：最重要的器物。重任：重担。择所：选择处所。这里指选择治国的人。错：通"措"，安置。错险：安置在危险的地方，这里比喻把国家重任委托给危险的人。险：险处。涂：同"途"，道路，这里指治国的方法、方针。薉：同"秽"，杂草丛生。这里指方法混乱、错误。塞：行不通。

⑥《韩非子·五蠹》：舍必不亡之术，而~必灭之事，治国者之过也。——放弃一定不会亡国的办法，而去做必定亡国的事情，这是治理国家的人的过失。

⑦《战国策·西周》：楚请道于二周之间以临韩、魏，周君患之。苏秦谓周君曰："除道属之于河，韩、魏必恶之。齐、秦恐楚之取九鼎也，必救韩、魏而攻楚。楚不能守方城之外，安能~二周之间？"——道二周之间：在东周、西周之间开通道路。临：迫近，威

胁。除道属之于河：开通道路与黄河连接。方城：方城山，楚国边塞。

⑧《战国策·魏策三》：若~河内，倍邺、朝歌，绝漳、滏之水，而以与赵兵决胜于邯郸之郊，是受智伯之祸也，秦又不敢。伐楚，~涉谷行三千里，而攻黾隘之塞，所行者甚远，而所攻者甚难，秦又弗为也。若~河外，背大梁，而右上蔡、召陵，以与楚兵决于陈郊，秦又不敢也。——道河内、道涉谷、道河外：经过河内（涉谷、河外）。倍：同“背”，越过，绕过。绝：渡过。智伯之祸：智伯，名瑶，晋国六卿之一，后为赵国所灭。此处指代被赵国灭亡的结果。右：陈（今河南淮阳县）当时为楚都，上蔡、召陵在陈之西，“右”在方位上即是东（上北下南，左西右东）。“右上蔡、召陵”意为经过上蔡、召陵的东部。

⑨《史记·商君列传》：虞舜有言曰：“自卑也尚矣。”君不若~虞舜之道，无为问仆矣。——道虞舜之道：实行虞舜的学说。

二、及物动词，意动用法。以……为道。

⑩韩愈《原道》：其所谓道，~其所~，非吾所谓道也。——他（老子）所说的道，是把他认为是道的东西当作道，并不是我所说的道。

三、作状语。在道上……

⑪《左传·襄公三十六年》：大夫逆于竟者，执其手而与之言，~逆者，自车揖之。逆于门者，颔之而已。——道逆者：在大路上迎接时。竟：同“境”，边境。自车揖之：从车上向他们作揖。颔之：对他们点点头。

⑫《山海经·海外北经》：河、渭不足，北饮大泽。未至，~渴而死。——道渴而死：在半路上渴死了。北饮大泽：到北方去喝大湖的水。

⑬《吕氏春秋·疑似》：梁北有黎丘部，有奇鬼焉，善效人之子侄昆弟之状。邑丈人有之市而醉归者，黎丘之鬼效其子之状，扶而~苦之。——道苦之：在路上让他受苦。梁：大梁，魏国都城。效：

学，模仿。昆弟：兄弟。之市：到市里去。

⑭《史记·高祖本纪》：高祖以亭长为县送徒郦山。徒多~亡。——道亡：在半路上逃跑。

⑮《三国志·魏书·袁术传》：（袁术）欲至青州从袁谭，发病，~死。——道死：在途中死了。

⑯《三国志·魏书·方技传》：（朱）建平又善相马。文帝将出，取马外入，建平~遇之，语曰："此马之相，今日死矣。"——道遇之：在半路上遇到他。

德 dé

本用：名词。道德，品德；恩德，恩惠。

①《周易·乾》：君子进~修业。

②《尚书·盘庚》：汝克黜乃心，施实~于民。——你们能除去私心，把真实的恩德给予人民。克：能够。黜：除去。心：指私心。

③《左传·成公三年》：臣不任受怨，君也不任受~，无怨无~，不知所报。——我担当不起受怨，您也担当不起受德，既无怨恨又无恩德，我不知道报答什么。

活用：

一、不及物动词。有德；施德。

④《左传·襄公四年》：诸侯新服，陈新来和，将观于我，我~则睦；否，则携贰。——我德则睦：我有德（陈国）则与我亲睦。携贰：怀有背叛之心；背离。

⑤《战国策·秦策二》：大王苟能闭关绝齐，臣请使秦王献商於之地，方六百里。若此，齐必弱，齐弱则必为王役矣。则是北弱齐，西~于秦，而私商於之地以为利也。——北弱齐，西德于秦：北面削弱了齐国，西面又施德于秦。绝齐：同齐国绝交。商於：秦地，今陕西省商县至河南省西峡县一带。私商於之地：独自占有商於之地。

二、及物动词，使动用法。使……得到恩德；施予恩德；使……感恩。

⑥《孟子·滕文公上》：劳之来之，匡之直之，辅之翼之，使自得之，又从而振~之。——振德之：救济人民，施予人民恩德。振，同“赈”，救济。劳之来之：使人民勤劳。劳、来：皆辛勤劳苦之意。匡之直之：纠正他们，使他们正直。辅之翼之：辅佐帮助他们。使自得之：让他们自己懂得道理。

⑦《战国策·魏策二》：魏王之年长矣，今有疾，不如归太子以~之。——魏王的年纪大了，现在又生病，不如让太子回到魏国，以此来施予魏国恩德。

⑧《战国策·宋卫》：胡衍曰：“公释蒲勿攻，臣请为公入戒蒲守，以~卫君。”——德卫君：使卫君（对您）感恩。公：此指秦将樗里疾。释：放弃。戒：告知。蒲：卫国城邑。守：郡邑长官。

⑨《史记·樗里子甘茂列传》：公奚不以秦为韩求颍川于楚？此韩之寄地也。公求而得之，是令行于楚而以其地~韩也。——德韩：施给韩国恩德。奚：何，为什么。

⑩《三国志·魏书·刘表传》：故为将军计者，不若举州以附曹公，曹公必重~将军。——重德将军：重重地向将军施恩。

⑪《三国志·魏书·吕布传》：（吕）布自以杀（董）卓为（袁）术报仇，欲以~之。术恶其反复，拒而不受。——欲以德之：想以此向袁术施惠。

三、及物动词，意动用法。以……为德。

⑫韩愈《原道》：其所谓德，~其所~，非吾所谓德也。——他（老子）所说的德，是把他所认为是德的东西当作德，并不是我所说的德。其：指老子。

四、及物动词，为动用法。对……感恩。

⑬《左传·成公三年》：王曰：“然则~我乎？”——德我：对我感恩。

⑭《韩非子·外储说左下》：以功受赏，臣不~君。——因为功

劳而受到赏赐，臣下不用对君王感恩。

⑮《战国策·东周》：景翠得城于秦，受宝于韩，而~东周。——德东周：对东周感恩。景翠：楚将。

⑯《战国策·齐策一》：田忌，亡人也，而得封，必~王。——德王：对王感恩。

⑰《史记·魏世家》：今卫已迫亡，将西请事于秦，与其以秦释卫，不如以魏释卫。卫之~魏必终无穷。——德魏：对魏国感恩。迫亡：将要灭亡。释：解救。

⑱《史记·樗里子甘茂列传》：苏代谓齐湣王曰："夫甘茂，贤人也。今秦赐之上卿，以相印迎之。甘茂~王之赐，好为王臣，故辞而不往。"——德王之赐：对大王的封赐感恩。

⑲《史记·魏公子列传》：赵孝成王~公子之矫夺晋鄙兵而存赵，乃与平原君计，以五城封公子。——德公子之矫夺晋鄙兵而存赵：（赵孝成王）对魏公子矫旨夺取晋鄙的部队而使赵国得以保存这件事十分感激。

⑳《史记·樊郦滕灌列传》：孝惠帝及高后~（夏侯）婴之脱孝惠、鲁元于下邑之间也，乃赐婴县北第第一。——德夏（侯婴）之脱孝惠、鲁元于下邑之间：孝惠帝和吕太后由于夏侯婴在下邑之间使孝惠帝、鲁元公主脱身而对他感恩。

㉑《史记·张丞相列传》：张苍~王陵。王陵者，安国侯也。及苍贵，常父事王陵。——德王陵：对王陵感恩。父事王陵：像对待父亲那样侍奉王陵。

登 dēng

本用：动词。升高。

①《左传·庄公十年》：（曹）刿曰："未可。"下，视其辙；~，轼而望之，曰："可矣。"遂逐齐师。——轼：名词，车前横木。此处意为"扶轼"。

活用：使动用法。使……登上。

②《史记·郑世家》：（解扬）过郑，郑与楚亲，乃执解扬而献楚。楚王厚赐与约，使反其言，令宋趣降，三要乃许。于是楚~解扬楼车，令呼宋。——登解扬楼车：让解扬登上楼车。楼车，云梯。趣降：赶快投降。

等　děng

本用：名词。等级。

①《左传·隐公五年》：昭文章，明贵贱，辨~列，顺少长。——昭、明：形容词，用如及物动词，使动用法。文章：文彩，此指车服旌旗而言。辨：分别。等列：等级序列。顺：顺序。顺少长：使长幼出入有顺序。

②《孟子·万章下》：天子一位，公一位，侯一位，伯一位，子、男同一位，凡五~也。——位：级。天子一位：天子为一级。

③《商君书·赏刑》：所谓壹刑者，刑无~级。——壹：一致。

活用：及物动词，使动用法。使……有等级差别。

④《孟子·公孙丑上》：见其礼而知其政，闻其乐而知其德，由百世之后，~百世之王，莫之能违也。——等百世之王：使百代的君王分出贤与不贤的等级，即评价百代君王之意。"见其礼"二句：见到一国的礼制，就知道了它的政治；听到一国的音乐，就知道了它的德教。由百世之后：在百世以后。莫之能违也：没有哪一个能违离孔子之道。

⑤《荀子·君子》：故尚贤使能，~贵贱，分亲疏，序长幼，此先王之道也。——等贵贱：使贵者、贱者有等级差别。尚贤使能：推崇和任用贤者、有才能的人。分亲疏：分别亲近的人和疏远的人。序长幼：使长幼有序；排列长幼的顺序。

⑥《荀子·王制》：王者之法，~赋，政事，财万物，所以养万民也。——等赋：使赋税有等级的差别；按等级征收赋税。政事：使

民事平正；处理好民事。政，通“正”，平正。财万物：财，通“裁”，裁制万物，利用万物。

帝 dì

本用：名词。皇帝，君主。

①《左传·僖公二十五年》：今之王，古之~也。

②《孟子·公孙丑上》：（舜）自耕稼、陶、渔以至为~，无非取于人者。——舜从种庄稼、做陶器、捕鱼一直到做天子，（他的优点）没有一处不是从别人那里吸取来的。

活用：

一、不及物动词。为帝，称帝。

③《战国策·楚策一》：故从合则楚王，横成则秦~。——秦帝：秦国称帝。从：同“纵”，指合纵之策。横：指连横之策。王：此处意为“称王”，用法同“帝”。

④《战国策·赵策二》：且秦无已而~，则且变易诸侯之大臣。——无已而帝：逞欲不止而终于称帝。变易：更换，撤换。

⑤柳宗元《封建论》：继汉而~者，虽百代可知也。——继汉而帝者，虽百代可知也：语出《论语·为政》：“其或继周者，虽百世可知也。”因避唐太宗李世民名讳，改“世”为“代”。意为：继承汉代而称帝的朝代，即使在百世之后，它的制度也是可以根据汉制而推知的。

二、及物动词，使动用法。使（让）……为帝。

⑥《战国策·赵策三》：魏王使将军辛垣衍令赵~秦。——帝秦：尊秦为帝。

⑦《战国策·赵策三》：今秦万乘之国，梁亦万乘之国。俱据万乘之国，交有称王之名，睹其一战而胜：欲从而~之。——从而帝之：顺从它（秦国）并且尊之为帝。

电 diàn

本用：名词。闪电。

①《周易·噬嗑》："刚柔分动而明，雷～合而章。"——章：彰明。

活用：作状语。像闪电一样……

②《后汉书·臧宫传》：（吴汉）谓（臧）宫曰："将军向者经虏城下，震扬威灵，风行～照，然穷寇难量，还营愿从它道矣。"——风行电照：像风一样畅行，像闪电一样照耀。喻军队盛壮。

③《三国志·吴书·陆逊传》：若敌泛舟顺流，舳舻千里，星奔～迈，俄然而至，非可恃援他部以救倒悬也。——星奔电迈：像流星一样奔进，像闪电一样行进。舳舻：船尾称舳，船头称舻，这里指首尾相接的大队船只。俄然：很快。倒悬：此处喻指危险的局势。

④《晋书·谯王孙传》：足下若能卷甲～赴，犹或有济。——电赴：像闪电一样奔赴前往。有济：有救。

定 dìng

本用：形容词。稳定，安定。

①《周易·家人》：正家而天下～矣。——正：正常，正家，使家庭正常。

活用：及物动词，使动用法。使……安定、稳定。

②《墨子·尚同中》：今天下之王公大人士君子，请将欲富其国家，众其人民，治其刑政，～其社稷。——定其社稷：使其社稷安定。请：即"诚"，确实（王念孙说）。富：使……富裕。众：使……众多。

③《左传·成公二年》：韩厥俯～其右。——韩厥俯下身子，把

射倒的车右放稳。右：车右，古代战车上在右边负责保卫的有勇力之人。

④曹操《置屯田令》：夫～国之术，在于强兵足食。——使国家安定的办法，在于使兵强粮足。

东 dōng

本用：名词。日出的方向。

①《诗经·豳风·东山》：我来自～。——来：归来。

②《墨子·节用中》：古者尧治天下，南抚交趾，北降幽都，～西至日所出入，莫不宾服。——抚：安抚。交趾：古代地区名，泛指五岭以南地区。幽都：即幽州，今河北省、辽宁省一带。

活用：

一、不及物动词。向东，东去。

③《左传·僖公三十二年》：秦师遂～。——秦国的军队就向东进发了。

④《战国策·赵策三》：公子牟游于秦，且～。——且东：将要东去（归魏）。

⑤《史记·高祖本纪》：（汉王）去辄烧绝栈道，以备诸侯盗兵袭之，亦示项羽无～意。——东意：向东去之意。

⑥《史记·田敬仲完世家》：秦兵不用而得三川；伐楚韩以窘魏，魏氏不敢～，是孤齐也。——窘魏：使魏国困窘。孤齐：使齐国孤立。

⑦《水经注·江水》：江水又～，迳巫峡。——长江水又向东流，经过巫峡。

二、及物动词，使动用法。使……向东。

⑧《左传·成公二年》：宾媚人致赂，晋人不可，曰："必以萧同叔子为质，而使齐之封内尽～其亩。"——东其亩：把齐国境内的田垄改为东向。亩，农田间高畦，即田垄。宾媚人：当时主持齐国国

政之人。按晋国在齐国西面，如果齐国境内的田垄多为南北向，则沟渠、道路也多为南北向，这样晋国往东向齐进军时，地形道路就有所不利，所以晋国以此作为同齐国媾和的条件之一。

⑨《左传·襄公元年》：晋韩厥、荀偃帅诸侯之师伐郑，入其郛，败其徒兵于洧上。于是~诸侯之师次于鄫，以待晋师。——东诸侯之师：命令诸侯的部队向东。郛：城郭。徒兵：步兵。洧：水名，在郑国。次于鄫：驻扎在鄫。鄫：郑地，今河南省睢县东南四十里。

⑩《左传·襄公十九年》：（齐灵公）遂~太子光。使高厚傅牙，以为大子。——东太子光：让太子光迁移到东部边境。高厚：人名。牙：公子牙，齐灵公之妾戎子之子。

⑪《左传·定公九年》：齐侯执阳虎，将~之。阳虎愿东，乃囚诸西鄙。——东之：把阳虎囚禁在齐国东部边境。

⑫《韩非子·外储说右上》：（晋文公）伐卫，~其亩。

⑬《战国策·魏策一》：故王不如复~苏秦，秦必疑齐而不听也。——东苏秦：让苏秦东去（到齐国）。

⑭韩愈《进学解》：障百川而~之，回狂澜于既倒。——东之：使百川向东（流入大海）。

动 dòng

本用：动词。活动，行动，运动。

①《周易·艮》：~静不失其时，其道光明。

②《论语·雍也》：知者~，仁者静。——知：同“智”，聪明。

③宋玉《高唐赋》：使人心~，无故自恐。

活用：使动用法。使……动。

④《孟子·梁惠王下》：天下固畏齐之强也，今又倍地而不行仁政，是~天下之兵也。——动天下之兵：使天下兴兵动武。倍地：使土地扩大一倍。

⑤《孟子·告子下》：所以~心忍性，曾益其所不能。——动

心：使心惊动（而警惕）。忍性：使性格坚强。忍：坚忍，坚强。曾：同“增”。其所不能：他们不能达到的方面。

⑥《庄子·秋水》：今予～吾天机，而不知其所以然。——予动吾天机：我让我的自然的本能运行。天机，自然的本能。

⑦宋玉《风赋》：夫庶人之风，……～沙堁，吹死灰。——动沙堁：吹动沙土。堁，尘土。死灰：熄灭的灰。

⑧《三国志·魏书·杜畿传》：夫欲为非常之事，不可～众心。今大发兵，众必扰。——动众心：使民众之心骚动。

⑨《三国志·蜀书·法正传》：吾闻拒敌以安民，未闻～民以避敌也。——动民：使人民动乱。安民：使人民安定。

洞 dòng

本用：名词。洞穴。

①《聊斋志异·贾儿》：（贾儿）诘其居里，（长鬣人）答言：“北村。”亦询儿，儿伪云：“山～。”——居里：住处。

活用：及物动词，一般用法。挖洞。

②《聊斋志异·狼三则》：一狼～其中，意将隧入以攻其后也。——洞其中：在柴堆中挖洞。隧入：从隧洞中钻进去。隧：名词，山中或地下凿成的通路。

都 dū

本用：名词。国都。

①《尚书·说命中》：建邦设～。——孔颖达疏：“立国谓立王国及邦国，设都谓设帝都及诸侯国都。”

②《史记·秦始皇本纪》：丰镐之间，帝王之～也。——丰、镐：皆周朝国都。

活用：及物动词，一般用法。建都，设都。

③《史记·秦始皇本纪》：吾闻周文王~丰，武王~镐。——都丰：在丰地建都。都镐：在镐地建都。

④《史记·殷本纪》：帝盘庚之时，殷已~河北。——都河北：在河北建都。

⑤《史记·高祖本纪》：项羽出逐义帝彭城，自~之。——都之：在彭城建都。

⑥《史记·刘敬叔孙通列传》：陛下入关而~之，山东虽乱，秦之故地可全而有也。——都之：在关中建都。

⑦《三国志·魏书·武帝纪》：（董）卓闻兵起，乃徙天子~长安。——都长安：在长安建都。

独 dú

本用：名词。失去儿女的老人。

①《孟子·梁惠王下》：老而无妻曰鳏，老而无夫曰寡，老而无子曰~，幼而无父曰孤。此四者，天下之穷民而无告者。——老年人失去妻室的叫鳏夫，老年人失去丈夫的叫寡妇，老年人失去儿女的叫孤独者，幼年失去父亲的叫孤儿。这四种人是社会上穷苦无靠的人。

活用：及物动词，使动用法。使……成为孤独者。

②刘恒《赐南粤王赵佗书》：寡人之妻，孤人之子，~人父母，得一亡十。朕不忍为也。——使人家的妻子成为寡妇，使人家的子女成为孤儿，使人家的父母成为孤独者，得到一个而失去十个。我不忍心这样做。寡、孤：用法同“独”。

椟 dú

本用：名词。匣子，柜子。

①《韩非子·外储说左上》：楚人有卖其珠于郑者，为木兰之

柜，薰以桂椒，缀以珠玉，饰以玫瑰，辑以羽翠。郑人买其~而还其珠。此可谓善卖~矣，末可谓善鬻珠也。——木兰：香木。桂椒：香料。羽翠：翠鸟的羽毛。辑：集，覆盖。此处指装饰。

活用：及物动词，一般用法。用椟盛放。

②《史记·周本纪》：昔自夏后氏之衰也，有二神龙止于夏帝庭，……夏帝卜杀之与去之与止之，莫吉；卜请其漦（lí）而藏之，乃吉。于是布币而策告之，龙亡而漦在，~而去之。——椟而去之：用椟盛起龙漦，让龙离开了。“椟”后面省略了宾语“之”，指龙漦。龙漦：龙涎。卜：卜卦。止之：让龙留下来。布币：陈列币帛，古时祭祀时的一种仪式。策：简策。

笃 dǔ

本用：形容词。忠厚，纯厚。

①《论语·泰伯》：君子~于亲，则民兴于仁。

活用：及物动词，使动用法。使……纯厚。

②《礼记·礼运》：礼义以为纪，以正君臣，以~父子，以睦兄弟，以和夫妇。——笃父子：使父子关系纯厚。礼义以为纪：以礼义为纲纪。正君臣：使君臣关系正常。睦兄弟、和夫妇：使兄弟和睦，使夫妇和谐。正、睦、和：用法同“笃”。

敦 dūn

本用：形容词。敦厚，敦固。

①《孟子·万章下》：故闻柳下惠之风者，鄙夫宽，薄夫~。——所以，听到柳下惠风节的人，心胸狭窄的也宽容起来了，刻薄的也厚道起来了。鄙：鄙陋，此指心胸狭窄，风节低下。

活用：及物动词，使动用法。使……敦厚。

②《三国志·魏书·陈思王曹植传》：今令诸国兄弟，情理简

怠，妃妾之家，膏沐疏略，朕纵不能～而睦之，王援古喻义备悉矣，何言精诚不足以感通哉？——敦而睦之：使他们敦厚和睦。

③《三国志·魏书·杨阜传》：百工不～其器，而竟作奇巧，以合上欲，此伤本之甚者也。——敦其器：使他们的器物敦固。

④《三国志·吴书·三嗣主传》：一岁课试，差其品第，加以位赏。使见之者乐其荣，闻之者羡其誉。以～王化，以隆风俗。——以敦王化，以隆风俗：借此来使王化敦厚，使风俗隆盛。隆：用法同“敦”。差：等级。此处意为分出等级。

多　duō

本用：形容词。数量大。

①《诗经·小雅·小旻》：谋夫孔～，是用不集。——谋夫：出主意筹划事情的人。孔：很。是用：因此。用：以，因为。集：成就，成功。

②《孟子·梁惠王上》：察邻国之政，无如寡人之用心者。邻国之民不加少，寡人之民不加～，何也？——加：更加。

活用：

一、及物动词，使动用法。使……多；使……增多。

③《左传·定公六年》：天将～阳虎之罪以毙之，君姑待之。——多阳虎之罪：让阳虎的罪恶增多。姑：姑且，暂且。

④《韩非子·五蠹》：尽其地力以～其积，致其民死以坚其城守；天下得其地则其利少，攻其国则伤大，万乘之国莫敢自顿于坚城之下。——多其积：使他们的积蓄增多。尽其地力：充分利用土地的能力。致：招致，诱导。坚：坚固，用法同“多”，使城守坚固。顿：困顿，疲顿。

⑤《战国策·韩策二》：今杀人之相，相又国君之亲，此其势不可以～人，～人不能无生得失，生得失则语泄。——多人：使人员过多。相：此指韩相韩傀。此其势：这种情况下。无生得失：不出差

错。语泄：事情泄漏出去。

⑥《战国策·魏策一》：郢中不善公者，欲公之去也，必劝王~公之车。——多公之车：增加你的车辆。郢：楚国国都。善公：对你友善。公，指当时的策士陈轸。去：离开（楚国）。

⑦曹操《让县自明本志令》：是时合兵能多得耳，然常自损，不欲~之。——多之：使军队增多。损：减少。

⑧《三国志·魏书·国渊传》：破贼文书，旧以一为十，及（国）渊上首级，如其实数。太祖问其故，渊曰："夫征讨外寇，~其斩获之数者，欲以大武功。"——多其斩获之数：增多斩获的数量。欲以大武功：想借此来夸大武功。

二、及物动词，意动用法。以……为多。

⑨《史记·老子韩非列传》：径省其辞，则不知而屈之；泛滥博文，则~而久之。——如果说者说话直接简略，那么君主就以为他不聪明，认为他拙笨；如果说话广博无边，那么君主就觉得他说得太多太长。径：直截了当。省：简单。不知：不聪明，知，同"智"。屈：通"拙"，笨。按《韩非子·说难》原文作"径省其说，则以为不智而拙之；米盐博辩，则以为多而久之。"

恶 è

本用：形容词。坏；粗陋；丑陋；丑恶。

①《论语·里仁》：子曰："士志于道，而耻~衣~食者，未足与议也。"——孔子说："读书人有志于真理，但又以自己吃粗粮穿破衣为耻辱，这种人不值得跟他商议了。"

②《论语·乡党》：色~，不食；臭~，不食。——食物的颜色难看，不吃；气味难闻，不吃。

③《孟子·离娄下》：虽有~人，斋戒沐浴，则可以祀上帝。——即使是面貌丑陋的人，如果他斋戒沐浴，也可以祭祀上帝。

活用：

一、及物动词，使动用法。使……恶。

④《左传·昭公二十六年》：子西怒曰："是乱国而～君王也。"——子西发怒说："这是搞乱国家，使国君丢丑啊。"

二、及物动词，意动用法。以……为恶。

⑤《庄子·山木》：其美者自美，吾不知其美也；其恶者自～，吾不知其恶也。——自恶：自己认为自己丑陋。自美：自己认为自己漂亮。

⑥《史记·太史公自序》：夫《春秋》，上明三王之道，下辨人事之纪，别嫌疑，明是非，定犹豫，善善～恶，贤贤贱不肖。——恶恶：把丑恶的看成丑恶的。善善：把美好的看成美好的。贤贤：把贤能的看成贤能的。贱不肖：把不贤的人视为低贱的。

饿 è

本用：形容词。饥饿。

①《左传·宣公二年》：见灵辄～，问其病。——灵辄：人名。

活用：及物动词，使动用法。使……饿。

②《孟子·告子下》：必先苦其心志，劳其筋骨，～其体肤，空乏其身。——定要使他的意志受苦，使他的筋骨受劳累，使他的身体受饥饿，使他的身子空虚疲乏。苦、劳、空：用法同"饿"。

尔 ěr

本用：代词。你。

①《诗经·卫风·氓》：以～车来，以我贿迁。——把你的车子驾来，把我的嫁妆运走。贿：财物，这里指嫁妆。

②《左传·宣公十五年》：我无～诈，～无我虞。——我不欺诈你，你也不要算计我。

活用：

一、不及物动词。用“尔”称呼。

③黄宗羲《柳敬亭传》：其市井小人昔与敬亭～汝者，从道旁私语：“此故吾侪同说书者也，今富贵若此。”——尔汝：用尔汝称呼。

二、及物动词，一般用法。用“尔”称呼。

④《魏书·陈奇传》：尝众辱之，或～汝之，或指为小人。——尔汝之：用尔汝称呼他。众：名词用作状语，当众。

饵　ěr

本用：名词。糕饼；钓饵。

①《急就篇·卷二》：饼～麦饭甘豆羹。

②《庄子·外物》：任公子为大钩、巨缁，五十犗以为～。——任国的公子做了一个巨大钓钩，一条大黑绳，用五十头犍牛的肉做钓饵。

活用：及物动词，一般用法。用糕饼充塞；设饵，设饵引诱。

③《战国策·秦策三》：伍子胥橐载而出昭关，夜行昼伏，至于蓤水，无以～其口。——饵其口：用粗糕饼填嘴。橐：口袋，名词用作状语，用口袋（装载）。

④《三国志·魏书·武帝纪》：诸将以为敌骑多，不如还保营。荀攸曰：“此所以～敌，如何去之？”——饵敌：设饵诱敌。

⑤刘知几《史通·叙事》：盖～巨鱼者，垂其千钓，而得之在于一筌。——设饵捕大鱼的人，布下许多钓钩，而钓到鱼的只有一个钓钩。筌：捕鱼的笼形竹器。此例中的“钓”、“筌”互文，泛指捕鱼器具。

贰 èr

本用：形容词。不专一。

①《荀子·解蔽》：故曰：心枝，则无知；倾，则不精；~，则疑惑。以赞稽之，万物可兼知也。——所以说：心分歧了，就不能认识事物；心偏颇了，就不能专精；三心二意，就会发生疑惑；以积极的态度去考察，万物都是可以认识的。枝：枝蔓，分歧。

活用：及物动词，使动用法。使……不专一。

②《韩非子·五蠹》：是故乱国之俗，其学者称先王之道以籍仁义，盛容服而饰辩说，以疑当世之法，而~人主之心。——贰人主之心：使人主之心不专一。籍仁义：凭借仁义（进行说教）。盛容服：讲究容貌服饰。饰辩说：修饰辞令。疑：惑乱，使动用法。

乏 fá

本用：形容词。不足。

①《左传·僖公三十年》：若舍郑以为东道主，行李之往来，共其~困，君亦无所害。——乏困：行而无资叫乏，居而无食叫困，这里指使者往来时馆舍资粮的不足。舍：放过（郑国，不灭掉）。东道主：东方道上的主人（郑国在秦国的东面）。行李：外交使节。共：同“供”，供应。

活用：及物动词，使动用法。使……不足。

②《盐铁论·本议》：今议者欲罢之，内空府库之藏，外~执备之用，使备塞乘城之士饥寒于边，将何以赡之？——内空府库之藏，外乏执备之用：对内使府库的储备空虚，对外使防备资用不足。罢：停止。之：此处指代盐铁、酒类由国家专卖的做法。备塞乘城：防边守城。乘，登。赡：供给。

法 fǎ

本用：名词。法则，准则；法令，法律，制度。

①《墨子·法仪》：百工从事者，亦皆有~。——从事于各种行业的工人，也都有一定的法则。

②《韩非子·定法》：臣无~则乱于下。——臣下没有法令，就会在下面闹乱子。

活用：

一、不及物动词。合法。

③《荀子·荣辱》：政令~，举措时，听断公，上则能顺天子之命，下则能保百姓，是诸侯之所以取国家也。——政令合法，措施及时，处理政事公正，在上能顺从天子的命令，在下能保护百姓的安全，这便是诸侯所能取得国家的道理。

二、及物动词，一般用法。依法惩治。

④《史记·秦本纪》：初，（秦）缪公亡善马，岐下野人共得，而食之者三百余人。吏逐得，欲~之。——欲法之：打算依法惩治他们。亡：丢失。岐下：地名。

⑤《史记·商君列传》：于是太子犯法。卫鞅曰："法之不行，自上犯之。"将~太子。——将法太子：将要依法惩治太子。

三、及物动词，使动用法。使……成为法则。

⑥《墨子·非儒下》：夫为弟子后生其师，必修其言，~其行。——做学生和青年的老师的，必定要使自己的语言完美，使自己的行为成为榜样。第一个"其"义同"之"。

四、及物动词，意动用法。以……为法则。

⑦《墨子·法仪》：天下之为父母者众，而仁者寡。若皆~其父母，此~不仁也。~不仁，不可以为法。——天下做父母的人很多，而仁者很少。若都以其父母作为法则，这就是以不仁作为法则。以不仁为法则，不可以作为真正的法则。

⑧《墨子·法仪》：天下之为君者众，而仁者寡。若皆~其君，此~不仁也。~不仁，不可以为法。

⑨《荀子·解蔽》：故学者，以圣王为师，案以圣王之制为法，~其法以求其统类，以务象效其人。——所以，学习就要以圣王为师，并以圣王的制度作为法则，以圣王的法则作为自己的法则，并寻求它的大纲，努力仿效他的为人。案：语助词。统类：大纲。象效：仿效。

⑩《吕氏春秋·察今》：上胡不~先王之法？——国君为什么不以古代帝王的法令制度为法则呢？

五、作状语。按法……

⑪《史记·陈涉世家》：会天大雨，道不通，度已失期。失期，~皆斩。——法皆斩：按法律都要杀掉。会：逢，遇上。度：估计。失期：误期。

⑫方苞《狱中杂记》：有某姓兄弟，以把持公仓，~应立决。——法应立决：按法应立即处决。以：因为。

烦 fán

本用：形容词。烦劳，烦苦。

①《孟子·滕文公上》：何为纷纷然与百工交易？何许子之不惮~？——为什么许子要这样那样一件件地和各种工匠做买卖？为什么许子这样不怕烦劳？惮：畏惧，害怕。

活用：及物动词，使动用法。使……烦劳。

②《战国策·秦策一》：当此之时，天下之大，万民之众，王侯之威，谋臣之权，皆欲决苏秦之策。不费斗粮，未~一兵，未战一士，未绝一弦，未折一矢，诸侯相亲，贤于兄弟。——未烦一兵：没有使一个士兵烦劳。决苏秦之策：由苏秦之策略所决定。未战一士：没有使一个士兵作战。战：动词，使动用法。

③《史记·孝文本纪》：治霸陵皆以瓦器，不得以金银铜锡为

饰，不治坟，欲为省，毋~民。——毋烦民：不使百姓烦劳。治：建造。霸陵：汉文帝陵。在陕西省长安县东。

蕃 fán

本用：形容词。众多。

①《汉书·食货志》：今办事弃捐，而采铜者日~。——日蕃：一天比一天多。

活用：及物动词，使动用法。使……增多。

②《盐铁论·本议》：用度不足，故兴盐铁，设酒榷，置均输。~货长财，以佐助边费。——蕃货长财：使财货增加。用度：费用，开支。盐铁：指食盐和铁器由国家专卖。酒榷：酒类由国家专卖征税。榷，原为水上的横木，用来摆渡的，后来转为独占或专利的意思。均输：在各地设均输官，负责收购天下货物，并掌管运输，调剂各地需要的物品，使商贾不能取大利。边费：边防费用。

③柳宗元《种树郭橐驼传》：故吾不害其长而已，非有能硕茂之也，不抑耗其实而已，非有能蚤而~之也。——蚤而蕃之：使它们（指果实）结得早，结得多。蚤：通“早”。硕茂之：使它们（指树）长得高大、茂盛。

繁 fán

本用：形容词。多；繁盛。

①《荀子·议兵》：刳比干，囚箕子，为炮烙刑，杀戮无时，臣下懔然莫必其命，然而周师至而令不行乎下，不能用其民。是岂令不严刑不~也哉？其所以统之者非其道故也。——令不严刑不繁：政令不严厉，刑罚不繁多。刳：剖开。比干、箕子都是纣王的叔父。炮烙：相传是纣王所使用的一种酷刑。莫必其命：不知道是否一定能保全自己的生命。

活用：及物动词，使动用法。使……繁。

②贾谊《过秦论中》：（秦二世）~刑严诛，吏治刻深；赏罚无当，赋敛无度。——繁刑严诛：使刑罚更多，诛杀更严。刻深：刻薄严酷。

返（反） fǎn

本用：动词。返回。反：同“返”。

①《孙子·行军》：粟马肉食，军无悬缶，不~其舍者，穷寇也。

②《韩非子·说林上》：春往冬~（反）。

活用：使动用法。使……返回。

③《左传·襄公二十六年》：雍子发命于军曰：“归老幼，~（反）孤疾，明日将战。”——归老幼，反孤疾：让年老的和年幼的都回去，让孤儿和有病的也都回去。归：动词，使动用法。

④《左传·襄公二十八年》：使诸亡人得贼者，以告而~（反）之。——（庆封）让逃亡在外而知道崔氏余党的人，如果前来报告就允许他回来。贼：作乱的人，这里指崔氏余党。亡：逃亡。

⑤《谷梁传·宣公二年》：赵穿弑公而后~（反）赵盾。——赵穿杀掉晋灵公之后让赵盾返回。

⑥《战国策·秦策一》：张仪欲假秦兵以救魏，左成谓甘茂曰：“子其予之。魏不（反）秦兵，张子不敢反秦。魏若~（反）秦兵，张子得志于魏，不反于秦矣。”——张仪希望借秦国军队来救魏国，左成对甘茂说：“你就借给他。如果魏国不能让秦国军队回来（指秦军覆没），张仪就不敢返回秦国了。如果魏国能让秦国军队回来（指秦军打胜了），张仪就会在魏国得志，他就不愿返回秦国了。”

⑦《史记·鲁周公世家》：及成王用事，人或谮周公，周公奔楚。成王发府，见周公祷书，乃泣，~（反）周公。——反周公：让周公回来了。用事：当权。周成王少时由其叔父周公摄政，待他长

大以后周公把政权还给了他。谮：诬陷，中伤。奔：逃亡。发：打开。

⑧《史记·太史公自序》：拨乱世～（反）之正，莫近于《春秋》。——反之正：使之恢复正常安定。

⑨《资治通鉴·晋孝武帝太元七年》：陛下～中国士民，使复其桑梓，然后回舆东巡，告成岱宗，此千载一时也。——返中国士民，使复其桑梓：让中原的士民回去，让他们回到他们的家乡。复：回。桑梓：古人在住宅墙下种桑树和梓树留给子孙。后来以“桑梓”为故乡。舆：车子。告成岱宗，此千载一时也：祭祀泰山的神，报告成功，这是千载难逢的好机会。岱宗：泰山。国家举行大典告祭泰山，这是古代的一种典礼。

饭 fàn

本用：动词。吃饭，吃。

①《论语·述而》：～疏食饮水，曲肱而枕之，乐亦在其中矣。——疏食：粗粮。古代以稻粱为细粮，以稷为粗粮。水：指冷水。肱：胳膊。

活用：使动用法。让……吃（饭）。

②《史记·外戚世家》：姊去我西时，与我决于传舍中，丐沐沐我，请食～我，乃去。——饭我：给我吃。去：离开。决：告别。传舍：供旅客暂宿的房屋。丐沐沐我：乞讨米汁为我洗发。丐：乞求。第一个“沐”，米汁。“沐我”的“沐”，动词为动用法。

③《史记·淮阴侯列传》：（韩）信钓于城下，诸母漂，有一母见信饥，～信，竟漂数十日。——饭信：给韩信饭吃。母：当时对年老妇女的通称。漂：在水中拍洗绵絮。竟漂数十日：一共漂洗几十天直到漂絮工作完毕，都给韩信饭吃。

防 fáng

本用：名词。堤坝。

①《周礼·地官·稻人》：以～止水。

活用：及物动词，一般用法。筑堤。

②《左传·昭公三十年》：遂伐徐，～山以水之。——（吴王）于是就攻打徐国，在山上筑堤（蓄水）再放水淹徐国。

飞（蜚） fēi

本用：动词。飞翔。引申指物体在空中飘浮游动。蜚：通“飞”。

①《诗经·邶风·燕燕》：燕燕于～，差池其羽。——燕燕：燕子。差池：不一致，交替。

②刘邦《大风歌》：大风起兮云～扬。

活用：使动用法。使……飞。

③《墨子·鲁问》：公输子削竹木以为鹊，成而～之，三日不下。——成而飞之：做成了使它飞起来。公输子：即鲁盘（“盘”或作“般”、“班”），“公输”为其号，他是鲁国的巧匠。

④《庄子·秋水》：风曰：“……夫折大木，～（蜚）大屋者，唯我能也。”——风说：“……那折断大树，掀起大屋的事，只有我能做到。”

非 fēi

本用：形容词。不对的，错误的。

①《孟子·公孙丑下》：今日之受是，则前日之不受～。——如果今天的接受是正确的，那么过去的不接受便错了。

②《荀子·王制》：是～不乱，则国家治。——治：安定，太平。

活用：及物动词，意动用法。以……为非。

③《墨子·尚同上》：是以人是其义，以～人之义。——所以，各人都以为自己的意见正确，认为别人的意见不正确。

④《墨子·尚同上》：上之所是，必皆是之；所～，必皆～之。——上头认为对的东西，（下面）必定都认为是对的；上面认为错的东西，（下面）必定都认为是错的。

⑤《墨子·尚同下》：国之为家数也甚多，此皆是其家而～人之家。——国中之家为数甚多，这许多家都认为自己的家是对的，而认为别人的家是错的。

⑥《墨子·耕柱》：巫马子谓子墨子曰："兼爱天下，未云利也；我不爱天下，未云贼也。功皆未至，子何独自是而～我哉?"——巫马子对墨子说："你兼爱天下之人，也没有什么好处；我不爱天下之人，也没有什么害处。功效都没有收到，你为什么偏偏认为自己对却认为我不对呢?"云：有。贼：害，伤害。功：功效。独：偏偏。

⑦《墨子·耕柱》：子墨子曰："今有燎者于此，一人奉水将灌之，一人掺火将益之，功皆未至，子何贵于二人?"巫马子曰："我是彼奉水者之意，而～夫掺火者之意。"子墨子曰："吾亦是吾意，而～子之意也。"——我是彼奉水者之意，而非夫掺火者之意：我认为那个捧水的人的意图是对的，而认为那个拿着火的人的意图是错的。奉：捧。夫：那个。掺：操，拿着。吾亦是吾意，而非子之意也：我也是认为我"兼爱天下"的心意是正确的，而认为你"不爱天下"的心意是错误的。燎：放火。子何贵于二人：这两个人当中你认为哪一个可贵呢?

⑧《庄子·齐物论》：道隐于小成，言隐于荣华。故有儒墨之是非，以是其所～而～其所是。——"道"（有真伪，只是因为）被微小的局部的成就隐蔽住了，言论（有是非是因为）被华丽的辞藻隐蔽住了。这样，所以才有儒家、墨家的是非之争，而他们总是以别人

认为错误的东西为正确，以别人认为正确的东西为错误。荣华：指华丽的辞藻。

⑨《庄子·秋水》：以趣观之，因其所然而然之，则万物莫不然；因其所~而~之，则万物莫不非。——从对待事物的趋向来看，如果只就自己所认为正确的方面便以它为正确，那万物就没有什么不正确的了；如果只就自己所认为错误的方面便以它为错误，那万物就没有什么不错误的了。趣：同“趋”，趋向。

⑩《荀子·修身》：是是、~非谓之知；~是、是非谓之愚。——以是为是、以非为非就叫作明智；以是为非、以非为是就叫作愚蠢。

⑪《韩非子·难三》：燕子哙贤子之而~孙卿，故身死为僇；夫差智太宰嚭而愚子胥，故灭于越。——燕王哙认为子之贤良而认为孙卿错误，所以（后来）身死被杀；吴王夫差认为太宰嚭聪明而认为伍子胥愚蠢，所以（后来）被越国灭掉。燕子哙：即燕王哙，公元前320—前314年在位。子之：燕王哙的相。孙卿：即荀况，赵国人，杰出的思想家。

⑫《韩非子·显学》：是而不用，~而不息，乱亡之道也。——认为对而不加以采用，认为错而不使它息止，这是导致乱亡的道路。“是”、“非”后均省略宾语“之”。

⑬《韩非子·显学》：夫是墨子之俭，将~孔子之侈也；是孔子之孝，将~墨子之戾也。——肯定了墨子的节俭，就否定了孔子的奢侈；肯定了孔子的孝道，就否定了墨子的不孝。戾：乖戾，违反人情。这里指不孝。

⑭柳宗元《答韦中立论师道书》：天下不以~郑尹而快孙子，何哉？——非郑尹：以郑尹的话为非。郑尹：郑姓京兆尹。京兆尹是京城所在地区的行政长官。快孙子：以孙子的行冠礼为快。孙子：指孙昌胤。

肥 féi

本用：形容词。肥，胖。引申为富足，富强。

①《国语·楚语上》：夫国君者，将民之与处，民实瘠矣，君安得～？——民实瘠矣，君安得肥：如果百姓真的贫穷了，国君哪能富足呢？

②《庄子·田子方》：百里奚爵禄不入于心，故饭牛而牛～。——百里奚不把爵禄放在心上，所以喂牛而牛肥。

活用：

一、及物动词，使动用法。使……富足，使……富强。

③《左传·襄公二十九年》：何必瘠鲁以～？——何必削弱鲁国以增强杞国呢？

④《荀子·王制》：故我聚之以亡，敌得之以强。聚敛者，召寇、～敌、亡国、危身之道也，故明君不蹈也。——所以，自己聚敛财富，因而危亡；敌人得到我所聚敛的财富，因而富强。聚敛的行为，是招致敌寇、增强敌人、灭亡国家、危害自身的道路。所以，明君是不走（这条道路）的。蹈：踩，践踏。

⑤《战国策·秦策三》：所以然者，以其伐楚而～韩魏也。——之所以会这样，是因为其攻伐楚国而增强了韩国、魏国。然：这样。

⑥《战国策·燕策一》：燕赵破宋～齐，尊齐而为之下者，燕赵非利之也。——燕国、赵国打败宋国，增强了齐国，以齐国为上而愿在它的下面，燕赵两国并没有从中得到好处。

⑦《史记·楚世家》：西周之地，绝长补短，不过百里。名为天下共主，裂其地不足以～国，得其众不足以劲兵。——西周之地，平均计算起来，不过方圆百里。（周王）名义上是天下共同的君主，分掉他的土地不足以使国家富足，得到他的人众不足以使军队强大。绝长补短：截断长的补上短的，即平均计算的意思。

⑧《史记·春申君列传》：王若能持功守威，绌攻取之心而～仁

义之地，使无后患，三王不足四，五伯不足六也。——绌攻取之心而肥仁义之地：少想一点攻取的心思，而多施行一点仁义。绌：此处意为“使……不足”，减少。三王不足四，五伯不足六：三王不能（与你）并列为四，五霸不能（与你）并列为六。意为超过三王五霸。伯：同“霸”，春秋时诸侯的盟主。

⑨唐甄《室语》：（百姓）暴骨未收，哭声未绝，目眦未干，于是（天子）乃服衮冕，乘法驾，坐前殿，受朝贺，高宫室，广苑囿，以贵其妻妾，以～其子孙，彼诚何心而忍享之？——高宫室，广苑囿，以贵其妻妾，以肥其子孙：把宫室筑得高高的，把苑囿建得大大的，以便使他的妻妾显贵，以便使他的子孙富足。高、广、贵：用法同“肥”。服衮冕：穿上衮服，戴上冕旒。衮是天子的礼服，冕旒是天子的礼帽。法驾：天子用的车驾。

二、名词。肥马。

⑩晁错《论贵粟疏》：千里游敖，冠盖相望，乘坚策～，履丝曳缟。——乘坚策肥：乘着坚固的车子，赶着肥马。敖：古“遨”字。游敖：行游各地。冠：指官服。盖：车盖。古代仕宦始有车，这里是说商人坐着车子，穿着考究的服装，一批批地往来于道上。履丝曳缟：穿着丝织的鞋，拖着丝织白绢。古衣裾长拖地，故云曳缟。

丰　fēng

本用：形容词。体态丰满；茂盛、茂密；丰收，丰富、丰厚、富足。

①《诗经·郑风·丰》：子之～兮，俟我乎巷兮。——子：您。俟：等，等待。

②《诗经·小雅·湛露》：湛湛露斯，在彼～草。

③《战国策·赵策一》：甘露降，风雨时至，农夫登，年谷～盈。

活用：及物动词，使动用法。使……丰。

④《墨子·修身》：是故置本不安者，无务～末。——所以，根本立得不牢的，不要去追求让枝梢茂盛。置：同“植”，立的意思。本：草木的根。无：通“毋”，不要。务：致力；追求。末：树梢。

⑤《左传·宣公十二年》：何以～财？

⑥《左传·哀公元年》：今吴不如过，而越大于少康，或将～之，不亦难乎？——现在吴国比不上过国，而越国强于少康，（上天）也许将会使越国壮大，（如果允许媾和）不也是太难了吗？过：古国名，为少康（人名）所灭。

⑦曹植《求自试表》：如微才弗试，没世无闻，徒荣其驱而～其体。——徒荣其驱而丰其体：徒然让自己的躯体高大丰满。

⑧《三国志·魏书·高堂隆传》：盛林莽之秽，～鹿兔之薮。——使林莽中的杂草茂盛，使鹿兔出没的泽地草木丰茂。

⑨司马光《训俭示康》：君子寡欲则不役于物，可以直道而行；小人寡欲则能谨身节用，远罪～家。——远罪丰家：避免犯罪，使家庭富裕。

风　fēng

本用：名词。空气流动为风。

①《墨子·节用下》：～雨节而五谷孰。——孰：古“熟”字。

②《庄子·齐物论》：大块噫气，其名为～。——大块：大地。噫气：吐发出来声气。

活用：

一、不及物动词。吹风；遇风；刮风。

③《论语·先进》：莫春者，春服既成，冠者五六人，童子六七人，浴乎沂，～乎舞雩，咏而归。——风乎舞雩：在舞雩台上吹吹风。莫：同“暮”。春服：春天的衣服。冠者：指成年人。古代男子20岁行成人礼，结发戴冠。童子：尚未成年的孩子，19岁以下的小

青年。沂：水名。咏：唱歌。

④《左传·僖公二十八年》：城濮之战，晋中军~于泽。——在城濮战役中，晋军的中军在沼泽地遇到大风。

⑤《孟子·公孙丑下》：寡人如就见者也，有寒疾，不可以~。——我本应该来看你的，无奈感冒了，不能吹风。如：应当。

⑥苏轼《教战守策》：今王公贵人处于重屋之下，出则乘舆，~则袭裘，雨则御盖。——风则袭裘：刮风就加穿皮衣。袭：衣上加衣。裘：皮衣。重屋：重檐之屋，指高大深邃的房屋。舆：车子。御：使用。盖：障雨的用具，指车篷、雨伞等。

二、及物动词，一般用法。吹拂。

⑦《说苑·贵德》：吾不能以春风~人，吾不能以夏雨雨人，吾穷必矣！——我不能用春天的和风吹拂人，我不能用夏天的雨水滋润人，我穷困是必然的啊！

三、作状语。像风一样地……

⑧《史记·淮阴侯列传》：因民之欲，西向为百姓请命，则天下~走而响应矣，孰敢不听！——顺应百姓的愿望，向西（出兵）为百姓祈求保全生命，那么天下之人就会像风一样地跟着您跑，像回声一样地应从您，哪个敢不听您的！

服 fú

本用：动词。服从，顺从；佩服，信服。

①《论语·为政》：哀公问曰："何为则民~？"——鲁哀公问道："要做些什么，老百姓才能服从呢？"

②《孟子·公孙丑上》：以力服人者，非心~也，力不赡也；以德服人者，中心悦而诚~也，如七十子之~孔子也。——倚仗实力来使人服从的，并不是人家心中信服，只是因为人家实力不足（不得不服从）罢了；凭借道德来使人服从的，人家才会心悦诚服，如同孔子的七十多位大弟子敬服孔子一样。服人：使人服从。服：使动用法。

活用：使动用法。使……服。

③《左传·昭公二十年》：唯有德者能以宽～民，其次莫如猛。——只有有盛德的人才能用宽大使百姓服从，其次就莫如严厉。

④《孟子·离娄下》：以善～人者，未有能～人者也；以善养人，然后能～天下。——以善服人：拿自己的长处来使人佩服。以善养人：拿自己的长处来教育别人（使别人也能获得这些长处）。天下：指天下之人。

⑤《荀子·非十二子》：兼～天下之心：高上尊贵不以骄人，聪明圣智不以穷人，齐给速通不以先人，刚毅勇敢不以伤人。——使天下人民都心悦诚服的方法是：自己职位高上身份尊贵但不因此而傲视别人，自己聪明圣智但不因此而使人难堪，自己口才流利、反应敏捷但不因此而与人争先，自己刚毅勇敢但不因此而伤害别人。兼：尽，完全。

⑥《史记·伍子胥列传》：吴以伍子胥、孙武之谋，西破强楚，北威齐晋，南～越人。——吴国采用伍子胥、孙武的谋略，西边攻破了强大的楚国，北边威震齐国、晋国，南边使越国人臣服。

⑦《史记·平津侯主父列传》：然后处尊安之实，扬名广誉于当世，亲天下而～四夷。——服四夷：使四夷归服。广誉：扩大声誉。广：形容词，使动用法。

⑧《三国志·魏书·荀彧传》：奉主上以从民望，大顺也；秉至公以～雄杰，大略也。——尊奉君主以顺应百姓的愿望，这是大顺；主持最大的公道以折服英雄豪杰，这是大略。

⑨《三国志·魏书·刘晔传》：广武君为韩信画策，谓其威名足以先声后实而～邻国也。——服邻国：使邻国服从。画策：谋划。先声后实：先树声威，挫折敌方士气，然后交战。

⑩《三国志·魏书·蒋济传》：勾践养胎以待用，昭王恤病以雪仇，故能以弱燕～强齐，羸越灭劲吴。——服强齐：使强大的齐国服从。养胎：指越王勾践鼓励百姓生殖。昭王：燕昭王。恤病：体恤病人。羸：弱。

浮 fú

本用：动词。在水上泛行；漂浮。

①《论语·公冶长》：道不行，乘桴～于海。——道：主张。桴：古代把竹子或者木头编排，以当船用，大的叫筏，小的叫桴。

活用：使动用法。使……漂浮。

②《庄子·至乐》：夫以鸟养养鸟者，宜栖之深林，游之坛陆，～之江湖，食之鳅鲦，随行列而止，委蛇而处。——浮之江湖：让它在江湖中浮游。以鸟养养鸟者：按照养鸟的方法来养鸟的人。宜：应当。栖之深林：让它在深林里栖息。游之坛陆：让它在沙渚上遨游。食之鳅鲦：让它吃泥鳅、小鱼之类的东西。鲦：同“鲦”，鲦鱼，一种小鱼。栖、游、食：动词，使动用法。委蛇而处：自由自在地生活。委蛇：也作“委移”、“逶迤”等；雍容自得。

③《史记·滑稽列传》：当其时，巫行视小家女好者，云“是当为河伯妇”，即娉取。……共粉饰之，如嫁女床席，令女居其上，～之河中。始浮，行数十里乃没。——浮之河中：让她漂浮在河中。

幅 fú

本用：名词。布帛的宽度。

①《左传·襄公二十八年》：且夫富，如布帛之有～焉，为之制度，使无迁也。——而且富有，就像布帛有一定的宽度一样，要给它制定限度，让它不能改变。

活用：及物动词，一般用法。限制。

②《左传·襄公二十八年》：夫民，生厚而用利，于是乎正德以～之，使无黜嫚，谓之～利。——正德以幅之：端正道德来限制它。谓之幅利：这叫作限制私利。民：百姓。生厚：生活享受丰厚。用利：器物财货富饶。黜：不足，不够。嫚：过分。

辐 fú

本用：名词。车的辐条，即车轮中连接车毂和轮圈的直条。

①《老子》：三十～共一毂（gū）。——毂：车轮中心有圆孔的圆木，里边贯轴，外边承辐。

活用：作状语。像辐条聚向轴心那样……

②《史记·货殖列传》：于是太公劝其女功，极技巧，通鱼盐，则人物归之，繦至而～凑。——繦至而辐凑：像钱串子那样成群地到来，像辐条聚向轴心那样会集。繦，穿钱的绳子，此处指代钱串。女功：指纺织、缝制等工艺。

③柳宗元《封建论》：周有天下，裂土田而瓜分之；设五等，邦群后。布履星罗，四周于天下，轮运而～集。——轮运而辐集：像车轮一样（始终围绕着中心）运转，像辐条（聚向轴心那样）集中。比喻周初诸侯团结在周王的周围，服从统帅指挥。五等：周朝把诸侯分为公、侯、伯、子、男五等，按爵位来定封地的大小。邦：国。邦群后：让众多的诸侯建立了国家。邦：名词，使动用法。后：君主，指诸侯。布履：分布足迹，指诸侯管辖的疆域。星罗：像星星一样地罗列着（比喻其多）。四周于天下：四面遍布在大地上。

福 fú

本用：名词。幸福，福祉，与"祸"相对。

①《墨子·法仪》：爱人利人以得～者，禹汤文武是也。

②《老子》：祸兮～所倚，～兮祸所伏。——倚：依托。伏：隐藏。

活用：

一、不及物动词。得福，受福。

③《战国策·齐策五》：小国道此，则不祠而～矣，不贷而足

矣。——道此：实行这种方法。

二、及物动词，使动用法。使……得福。

④《墨子·法仪》：昔之圣王禹汤文武，兼爱天下之百姓，率以尊天事鬼，其利人多，故天~之，使立为天子，天下诸侯皆宾事之。——故天福之：所以上天让他们得福。率：带领，指带领天下百姓。其利人多：他们使许多人得到好处。宾：敬。

⑤《墨子·法仪》：爱人利人者，天必~之；恶人贼人者，天必祸之。——天必祸之：上天一定使他们遭祸。祸，用法同“福”。

⑥《左传·庄公十年》：小信未孚，神弗~也。——（对神不说谎话）这是小信，还不能使神相信，神灵不会使你得福的。孚：诚信感人。

⑦《左传·成公五年》：婴梦天使谓己：“祭余，余~女”。——赵婴梦见天使对自己说：“祭祀我，我使你得福。”婴：赵婴，人名。女：通“汝”，你。

⑧《左传·成公五年》：神~仁而祸淫。——神灵让仁爱的人得福，而让淫乱的人受祸。

府 fǔ

本用：名词。国家储藏财物或文书的地方。

①《商君书·去强》：金粟两生，仓~两实，国强。——金：金钱。粟：指粮食。仓：粮仓。

活用：及物动词，一般用法。囊括。

②《庄子·德充符》：将求名而能自要者而犹若是，而况宫天地，~万物，直寓六骸，象耳目，一知之所知，而心未尝死者乎！——想要追求名位而邀功自好的人，尚且如此，何况那些能够主宰天地沉浮、囊括万物消长，简直认为六骸是寓所、耳目是象征，用齐一观点看待天赋智慧所能知道的一切，而且心灵不曾有死亡变化的人呢？要：通“邀”，邀功自好。直：特，简直。六骸：指躯干、头

和四肢。一：齐一。此处意为“认为一，皆为齐一”。第一个“知”通“智”。

脯 fǔ

本用：名词。肉干。

①《礼记·内则》：牛脩鹿~。——脩：干肉，腊肉。

活用：及物动词，使动用法。把……做成肉干。

②《战国策·赵策三》：昔者鬼侯、鄂侯、文王，纣之三公也。鬼侯有子而好，故入之于纣。纣以为恶，醢鬼侯。鄂侯争之急，辨之疾，故~鄂侯。——故脯鄂侯：所以把鄂侯做成肉干。鬼侯、鄂侯、文王：都是商纣王时的诸侯。文王就是周文王。公：这里指诸侯。子：指女儿。在上古时代，子本是男女的通称。好：貌美。入：进献。恶：丑。醢鬼侯：把鬼侯剁成肉酱。醢，用法同“脯”。

父 fù

本用：名词。父亲。

①《诗经·小雅·蓼莪》：~兮生我，母兮鞠我。——鞠：养育，抚养。

②《论语·学而》：事~母，能竭其力。——事：侍奉。

活用：

一、不及物动词。行父道。

③《论语·颜渊》：父~，子子。——父亲要行父道，子女要行子道。

④欧阳修《五代史记一行传序》：五代之乱，君不君，臣不臣，父不~，子不子，至于兄弟夫妇，人伦之际，无不大坏，而天理几乎其灭矣。

二、及物动词，意动用法。以……为父。

⑤《三国志·吴书·步骘传》：天子～天母地。——天子把天看作父亲，把地看作母亲。

⑥韩愈《原道》：今也欲治其心而外天下国家者，灭其天常，子焉而不～其父，臣焉而不君其君，民焉而不事其事。——不父其父：不把他的父亲当作父亲。外天下国家：置天下国家大事于度外，意即不关心天下国家大事。天常：天伦。不君其君：不把他的君主当作君主。不事其事：不把他的工作当作他自己的工作。

三、作状语。像对待父亲一样……

⑦《国语·晋语四》：（晋公子）～事狐偃，师事赵衰，而长事贾佗。——晋公子（后为晋文公）像对待父亲一样地侍奉狐偃，像对待老师一样地侍奉赵衰，像对待兄长一样地侍奉贾佗。

⑧《史记·张耳陈余列传》：余年少，～事张耳，两人相与为刎颈交。——父事张耳：像对待父亲一样侍奉张耳。余：陈余。刎颈交：指友谊深挚，可以同生死共患难的朋友。

⑨《史记·张丞相列传》：王陵者，安国侯也。及苍贵，常～事王陵。——苍：张苍。

负 fù

本用：动词。背；引申为担负，承担。

①《孟子·梁惠王上》：颁白者不～戴于道路矣。——须发花白的人就不会在路上背着、顶着重东西（行走）了。颁白：也作“斑白”，须发花白。戴：顶在头上。

活用：使动用法。使……负。

②《左传·昭公四年》：王弗听，～之斧钺，以徇于诸侯。——楚王没有听从（进谏），让他（指庆封）背上斧钺，在诸侯军队中巡行示众。钺：古代兵器，状如大斧。徇：巡示。

③《史记·廉颇蔺相如列传》：相如曰：“秦以城求璧而赵不许，

曲在赵。赵予璧而秦不予赵城，曲在秦。均之二策，宁许以～秦曲。”——均之二策，宁许以负秦曲：衡量予璧不予璧两个计策，宁可答应秦的要求，使秦承担理屈的责任。均：衡量。

④《史记·黥布列传》：夫楚兵虽强，天下～之以不义之名，以其背盟约而杀义帝也。——天下负之以不义之名：天下之人让他背上了不义的名誉。楚：指西楚霸王项羽。

附 fù

本用：动词。归附，依附。

①《史记·孔子世家》：鲁小弱，～于楚，则晋怒，～于晋则楚来伐。

活用：使动用法。使……附。

②贾谊《论积贮疏》：夫积贮者，天下之大命也。苟粟多而财有余，何为而不成？以攻则取，以守则固，以战则胜。怀敌～远，何招而不至？——怀敌附远：使敌人归顺，使远方之人归附。何招而不至：招哪个来哪个不来？命：命脉。以：凭借，后面省略介词宾语“之”。

③《史记·孔子世家》：孔子自蔡如叶。叶公问政，孔子曰：“政在来远～迩”。——来远附迩：使远方的来（归顺），使近处的来依附。蔡、叶：古代国名。如：到……去。

④《史记·司马穰苴列传》：晏婴乃荐田穰苴曰：“穰苴虽田氏庶孽，然其人文能～众，武能威敌，愿君试之。”——附众：使大家亲附。荐：推荐，推举。庶孽：古时称妾婢所生的孩子为庶子，也叫庶孽。按照封建宗法制度，妾婢所生的孩子比嫡妻所生的孩子地位卑贱。威敌：威慑敌人。

阜 fù

本用：形容词。盛多，丰富。

①《诗经·小雅·頍弁》：尔酒既旨，尔殽既～。——既：已经。旨：味美。殽：同“肴”。

②《后汉书·刘陶传》：夫欲民殷财～，要在止役禁夺。——殷：富足，富裕。要：关键。役：劳役，兵役。夺：强取。

活用：及物动词，使动用法。使……盛多。

③《史记·周本纪》：先王之于民也，茂正其德而厚其性，～其财求而利其器用。——先王对于百姓，（总是设法）使他们品德美好端正，情性纯厚，使他们财物盛多，物用便利。茂、厚、利：用法同“阜”。

④扬雄《法言·孝至》：君人者，务在殷民～财。——殷民阜财：使百姓富裕，使财物富足。

复 fù

本用：动词。回，还；恢复，复原。

①《左传·僖公四年》：昭王南征而不～。

②《史记·平原君虞卿列传》：平原君相赵惠文王及孝成王，三去相，三～位，封于东武城。——去相：离开相位。

活用：使动用法。使……复。

③《左传·襄公十年》：王叔陈生与伯舆争政。王右伯舆，王叔陈生怒而出奔。及河，王～之。——及河，王复之：到达黄河，周天子让他官复原位。王叔陈生、伯舆：人名。争政：争夺权力。右：古代以右为尊。王右伯舆：周天子让伯舆居上位。

④《左传·襄公二十六年》：声子曰：“子行也！吾必～子。”——吾必复子：我一定让您回去。声子：人名。

⑤龚自珍《病梅馆记》：以五年为期，必~之全之。——以五年为期限，必定让它们（指病梅）复原、完好。全：形容词，使动用法。

富 fù

本用：形容词。财产多，富裕，富足。

①《论语·学而》：贫而无谄，~而无骄。——贫穷却不巴结奉承，富裕却不骄傲自大。无：通“毋”，不。

②《荀子·富国》：下~则上~。

活用：及物动词，使动用法。使……富。

③《论语·子路》：冉有曰：“既庶矣，又何加焉?”（孔子）曰：“~之。”——冉有说：“人口已经很多了，又该做些什么呢?”（孔子）说：“使他们富裕起来。”冉有：孔子的学生。庶：众多。

④《墨子·尚贤上》：譬若欲众其国之善射御之士者，必将~之、贵之、敬之、誉之，然后国之善射御之士，将可得而众也。——富之、贵之：使他们富裕，使他们显贵。贵：用法同“富”。众其国之善射御之士：让其国善于射箭、驾车的人多起来。众：形容词，使动用法。誉：称扬，赞美。

⑤《墨子·尚贤上》：是故古者圣王之为政也，言曰：“不义不~，不义不贵，不义不亲，不义不近。”——不义不富，不义不贵：不义的人不让他们富裕，不义的人不让他们显贵。

⑥《墨子·尚贤中》：贤者举而上之，~而贵之，以为官长。——有道德有才能的人把他们选拔上来使他们处于高的职位，使他们富贵，让他们当官长。

⑦《墨子·节葬下》：亲贫，则从事乎~之；人民寡，则从事乎众之。——父母贫穷，则做事设法让他们富起来；人民少，则做事设法让他们多起来。亲：指父母亲。从事：办事。

⑧《左传·襄公十五年》：子罕置诸其里，使玉人为之攻之，~

而后使复其所。——子罕把它（指美玉）放在自己的乡里，让玉工为他雕琢，（卖出去）使献玉的人富有以后让他回到家里。玉人：琢玉工人。

⑨《左传·襄公二十八年》：天殆~淫人，庆封又富矣。——上天大概是要让邪恶之人富有吧，庆封又富起来了。殆：大概，恐怕。淫：邪恶。庆封：人名。

⑩《孟子·离娄上》：由此观之，君不行仁政而~之，皆弃于孔子者也，况于为之强战？——从这里看来，君主不实行仁政，反而去帮助他使他富有，（这些人）都是被孔子所唾弃的，何况替那不仁的君主努力作战的人呢？

⑪《孟子·万章上》：（舜）封之有庳，~贵之也。——（舜）把有庳国封给他，正是为了使他又富有又尊贵。之：称代舜的弟弟象。

⑫《孟子·告子下》：君不乡道，不志于仁，而求~之，是~桀也。——君主不向往道德，又无心行仁政，你却力求使他富足，这就等于使夏桀富足。乡：同“向”。

⑬《荀子·王制》：故王者~民，霸者~士，仅存之国~大夫，亡国~筐箧、实府库。——所以，王者使人民富足，霸者使武士富足，勉强存在的国家使大夫富足，危亡的国家使国君的私囊富足、使府库充实。王者：荀况理想中能够统一天下的君主。箧：小箱子。筐箧：泛指盛东西的器具，这里指国君的私囊。

⑭《韩非子·五蠹》：~国以农，距敌恃卒，而贵文学之士。——使国家富足要依靠农业，抵御敌人要依仗士卒，却崇尚文学之士。距：通“拒”，抵御。

⑮《战国策·东周》：今不下水，所以~东周也。——现在不向下游放水，这样会使东周富足。东周：战国时国名（公元前367—前249年）。

⑯《战国策·秦策三》：君之为主，正乱、批患、折难，广地殖谷，富国、足家、强主，威盖海内，功章万里之外，不过商君、吴

起、大夫种；而君之禄位贵盛，私家之~过于三子，而身不退，窃为君危之。——君：这里是蔡泽对应侯的称呼。主：国君，指秦昭王。正乱：拨乱反正。批患折难：排除患难。广地：使国土广大。足家：使家丰足。强主：使国君威强。广、足、强：用法同“富”。章：同“彰”，显著。

⑰《淮南子·主术训》：先王之所以应时修备：~国利民，实旷来远者，其道备矣。

⑱《史记·秦始皇本纪》：贱者贵之，贫者~之，远者近之，则上下集而国安矣。——集：和顺。

⑲《史记·河渠书》：西门豹引漳水溉邺，以~魏之河内。——富魏之河内：使魏国黄河以北的地方富足。

覆 fù

本用：动词。倾覆，覆灭，覆没。

①《左传·隐公十一年》：吾子孙其~亡之不暇，而况能禋祀许乎？——我的子孙连挽救倾覆灭亡还来不及，哪里还能替许国敬祀祖先呢？

活用：使动用法。使……覆。

②《论语·阳货》：子曰：“恶紫之夺朱也，恶郑声之乱雅乐也，恶利口之~邦家者。”——孔子说：“我憎恶紫色夺去了大红色的光彩，憎恶郑国的乐曲破坏了典雅的乐曲，憎恶那些巧嘴利舌使得国与家覆亡的人。”

③《左传·成公十六年》：楚师还，及瑕，王使谓子反曰：“先大夫之~师徒者，君不在无以为过，不穀之罪也。”——楚军回去，到达瑕地，楚王派人对子反说：“先大夫使军队覆没，当时国君不在军中。现在您不要（把打败仗）看成是自己的过错，这是不穀的罪过。”瑕：地名。子反：人名。不穀：不善。诸侯自称的谦辞。

④《战国策·齐策二》：昭阳为楚伐魏，~军杀将，得八

城。——覆军：使敌军覆没。昭阳：楚国大夫。

⑤仲长统《昌言》：信天道而背人事者，是昏乱迷惑之主，～国亡家之臣也。——覆国亡家之臣：让国与家覆亡的臣子。背人事：违背人间事理。

⑥《三国志·魏书·毛玠传》：近者袁绍以嫡庶不分，～宗灭国。——覆宗灭国：使宗室与国家灭亡。

干 gān

本用：形容词。干枯，枯竭；空虚。

①《山海经·北山经》：是水冬～而夏流。

活用：及物动词，使动用法。使……干。

②《淮南子·说山训》：上求鱼，臣～谷。——干谷：使溪谷枯竭。

甘 gān

本用：形容词。（味道）甜美。

①《诗经·邶风·谷风》：谁谓荼苦？其～如荠。——荼：菜名，味苦。荠：菜名，味甜。

②《荀子·荣辱》：目辨白黑美恶，耳辨音声清浊，口辨酸咸～苦，鼻辨芬芳腥臊。

活用：

一、及物动词，使动用法。使……甘美。

③《韩非子·扬权》：夫香美脆味，厚酒肥肉，～口而疾形。——美好香脆的味道，醇酒肥肉，使人口中甘美，却能使人得病。疾，生病。形，形体，身体。

二、及物动词，意动用法。以……为甘美。

④《孟子·尽心上》：饥者～食，渴者～饮，是未得饮食之正

也，饥渴害之也。——饥饿的人觉得任何食物都是美的，干渴的人觉得任何饮料都是甜的，这并没有尝出饮食的正常滋味，而是饥渴伤害他们的缘故。

⑤《文子·微明》：人之将疾，必先不~粱肉之味。——不甘粱肉之味：不觉得粱肉味道鲜美。粱肉：泛指精美的食物。

⑥《庄子·齐物论》：民食刍豢，麋鹿食荐，蝍蛆（jíjū）~带，鸱鸦耆鼠。——蝍蛆甘带：蜈蚣爱吃蛇。蝍蛆：蜈蚣。带，指蛇。刍豢：刍指牛羊，豢指犬豕，泛指家畜。荐：鲜嫩的草。鸱：鹞鹰。鸦：乌鸦。耆：同“嗜”，爱好。

⑦《韩非子·十过》：子反之为人也，嗜酒而~之，弗能绝于口，而醉。——子反这个人，喜爱喝酒，觉得酒味甜美，喝个不停，结果醉了。子反：楚公子侧的字。绝：停止。

⑧贾谊《过秦论中》：夫寒者利裋（shù）褐而饥者~糟糠。——寒冷的人把粗衣短袄也看作好东西，饥饿的人觉得糟糠也是甜美的。裋：短袄。褐：粗毛或麻织衣料。

⑨司马迁《报任安书》：后数日，（李）陵败书闻，主上为之食不~味，听朝不怡。——食不甘味：吃东西也不觉得味道鲜美。听朝：上朝听政。怡：愉快。

⑩《三国志·吴书·吴主五子传》：夫良药苦口，惟疾者能~之；忠言逆耳，惟达者能受之。——惟疾者能甘之：只有病人才会认为它甘美。苦口：使口中苦涩。

⑪范缜《神灭论》：小人~其垄亩，君子保其恬素。——甘其垄亩：觉得农家生活很美好。垄亩：此指农业劳动。小人：犹言小民。恬素：恬静朴素，指不慕名利。

竿 gān

本用：名词。竹竿，竹棍。

①贾谊《过秦论上》：斩木为兵，揭~为旗。——揭：举起。

活用：及物动词，一般用法。用竹竿挑起、挂起。

②胡铨《戊午上高宗封事》：区区之心，愿斩三人头，~之藁街。——竿之藁街：用高竿把三人的头悬挂在藁街上。藁街，汉朝长安的一条街，是边疆各族人和外国人的居住区。这是比喻说法，意思是通告国内外通敌辱国之臣已受刑戮。三人：指秦桧、王伦、孙近。

③宋荦《游姑苏台记》：吾友汪钝翁记称："方石中穿，传为吴王用以~旌者。"——我的朋友汪钝翁记述说："有一块四方石头中间穿通，相传是吴王用来插竿悬旗的地方。"

④邵长蘅《阎典史传》：会城中矢少，（阎）应元乘月黑，束藁为人，人~一灯，立陴堄间；匝城兵士伏垣内，击鼓叫噪，若将缒城斫营者。大军惊；矢发如雨，比晓，获矢无算。——人竿一灯：每个草人用竹竿挑着一盏灯。陴堄：城墙上的小墙。匝：围绕。比晓：等到早晨。

高 gāo

本用：形容词。高大；高尚；高贵；崇高。

①《诗经·周颂·天作》：天作~山。——高山：此指岐山。

②《老子》：长短相形，~下相倾。

③《墨子·尚贤上》：爵位不~，则民弗敬。

④《孟子·离娄上》：是以惟仁者宜在~位。不仁而在~位，是播其恶于众也。

活用：

一、不及物动词。高飞。

⑤《墨子·公孟》：鸟闻热旱之忧则~，鱼闻热旱之忧则下。——高：高飞。下：下潜。

⑥《韩非子·外储说右下》：临渊而摇木，鸟惊而~，鱼恐而下。

二、及物动词，使动用法。使……高。

⑦《墨子·尚同中》：则此语古者上帝鬼神之建设国都立正长也，非～其爵，厚其禄，富贵游佚而错之也。——这是说，古时候上帝鬼神建国设都立君长，并不是为了提高他们的封爵，加厚他们的俸禄，让他们富贵逸乐而设置的。错，通“措”，设置。

⑧《左传·襄公三十一年》：是以令吏人完客所馆，～其闬闳（hànhóng），厚其墙垣，以无忧客使。——因此，命令吏人修缮好宾客所居住的馆舍，加高大门，加厚墙壁，以不使客人担忧。完、厚、忧：用法同“高”。闬闳：大门和里巷之门。

⑨《国语·楚语下》：吾闻之，唯仁者可好也，可恶也，可～也，可下也。好之不逼，恶之不怨，～之不骄，下之不惧。不仁者则不然。人好之则逼，恶之则怨，～之则骄，下之则惧。——可高：后面省略了宾语“之”。高之，使之高贵。好之不逼，恶之不怨：对他好他并不亲近你，对他不好他也不怨恨你。逼，逼近，亲近。下之：使之卑下。

⑩《战国策·赵策二》：故循法之功，不足以～世；法古之学，不足以制今。——高世：使世俗高洁。循法：遵循古代的法典。法古之学：取法古代的学说。制：控制，管理。

⑪《史记·高祖本纪》：郎中郑忠乃说止汉王，使～垒深堑，勿与战。——高垒深堑：加高营垒，挖深壕堑。深，用法同“高”。

⑫《史记·齐太公世家》：景公曰：“彗星出东北，当齐分野，寡人以为忧。”晏子曰：“君～台深池，赋敛如弗得，刑罚恐弗胜，茀（fú）星将出，彗星何惧乎？”——高台深池：筑高台榭，挖深池沼。分野：按照一定的方位，同天上的星宿相联系的地理区域。赋敛如弗得，刑罚恐弗胜：收敛赋税好像怕收不足，施用刑罚唯恐用不尽。茀：彗星的一种。古人认为茀星出现预示着将出现更大的灾难。

⑬《史记·苏秦列传》：夫衡人者，皆欲割诸侯之地予秦。秦成，则～台榭，美宫室。——高台榭：筑高台榭。美宫室：使宫室华美。

⑭《史记·张仪列传》：夫从人饰辩虚辞，~主之节，言其利不言其害。——高主之节：抬高君主的节行。从人：倡导合纵之说的人，如苏秦。从，同“纵”。饰辩虚辞：花言巧语，夸大其词。

三、及物动词，意动用法。以……为高。

⑮《庄子·盗跖》：世之所~，莫若黄帝。——世之所高：世上所认为最高尚的人。

⑯《荀子·强国》：如是，百姓贵之如帝，~之如天，亲之如父母，畏之如神明。——高之如天：觉得他像天一样高大。贵之如帝：觉得他像天帝一样尊贵。

⑰《韩非子·奸劫弑臣》：是虽有残刑杀身以为人主之名，而实无益于智伯若秋毫之末。此吾之所下也，而世主以为忠而~之。——高之：认为他高尚。是：代词，指豫让刺杀赵襄子为智伯报仇之事。吾之所下：我认为低下的。下，用法同“高”。

⑱《韩非子·五蠹》：以其不收也外之，而~其轻世也。——因为他不愿意被录用而把他排斥在外，却又认为他轻视世间荣辱的行为很高尚。

⑲《韩非子·五蠹》：斩敌者受赏，而~慈惠之行。——高慈惠之行：认为慈惠之行高尚。

⑳《韩非子·显学》：今有人于此，义不入危城，不处军旅，不以天下大利易其胫一毛，世主必从而礼之，贵其智而~其行，以为轻物重生之士也。——贵其智而高其行：认为他的才智很可贵，认为他的行为很高尚。义：作状语，意为“按照义……”。危城：危险的城市，指有战事的城市。不以天下大利易其胫一毛：不肯为了天下的大利而牺牲他小腿上的一根汗毛。易，交换。礼：礼遇，以礼相待。轻物重生：轻视物质利益，看重自己的生命。贵、轻、重：用法同“高”。

㉑贾谊《过秦论中》：夫兼并者，~诈力。——企图吞并别人的人，崇尚诈术与威力。

㉒《史记·日者列传》：今夫子所贤者何也？所~者谁也？——你

认为贤明的是什么呢？你认为高尚的是谁呢？贤：用法同“高”。

四、活用：名词。高处；高物。

㉓《国语·吴语》：今王既变鲧、禹之功，而高～下下，以罢民于姑苏。——高高下下：筑高台榭，挖深污池。前面的“高、下”均为形容词，用如及物动词，使动用法。后面的“高、下”均为形容词，用如名词，意为“高处、低处”，此处指台榭、污池。变鲧、禹之功：传说中鲧、禹父子治水，禹继承父亲的未竟之业，终于治好洪水。此处喻指吴王夫差不能继承其父之志和完成未竟之业（消灭越国）。

㉔《荀子·劝学》：吾尝跂而望矣，不如登～之博见也。——登高：登上高处。跂：提起脚跟。

根 gēn

本用：名词。根部；根基。

①《左传·文公七年》：公族，公室之枝叶也，若去之，则本～无所庇荫矣。——公族：统治家族的子弟。公室：诸侯的家族，也指诸侯国的政权。本：树木的根。

活用：

一、不及物动词。扎根。

②《孟子·尽心上》：仁义礼智～于心，其生色也睟（zuì）然。——仁义礼智扎根在心中，表现出来的神色是清和温润。睟然：平和润泽的样子。

③姜宸英《奇零草序》：独士大夫家或颇畏藏其书，以为不祥。不知君臣父子之性，～于人心，而征于事业，发于文章，虽历变患，逾不可磨灭。——独：只有。君臣父子之性：指忠君、孝亲之类的品德。征：表征，表现。发：流露出，表明。变患：变乱灾祸。逾：通“愈”，更加。

二、及物动词，意动用法。以……为根。

④《三国志·魏书·王昶传》：夫虚伪之人，言不~道，行不顾言。——言不根道：说话不以道为根本。

⑤白居易《与元九书》：诗者，~情，苗言，华声，实义。——诗以情为根，以言为苗，以声律为花，以义为果实。

功 gōng

本用：名词。功劳，功绩；功效。

①《周礼·夏官·司勋》：王~曰勋，国~曰~。

②《史记·项羽本纪》：劳苦而~高如此，未有封侯之赏。

活用：

一、不及物动词。成功；产生功效。

③《庄子·天道》：天不产而万物化，地不长而万物育，帝王无为而天下~。——天不出产而万物自然变化，地不生长而万物自然生育，帝王无为而天下的事业自然成功。

④《荀子·富国》：君子以德，小人以力。力者，德之役也。百姓之力，待之而后~。——百姓之力，待之而后功：百姓的能力，只有等待君子的德教化后才能产生功效。之，指君子之德。以：用，凭借。德之役：（力）要靠德的役使。

⑤《荀子·富国》：故儒术诚行；则天下大而富，佚而~。——如果儒术真正实行，那么天下就安乐而富足，人们安逸而成功。大：同“泰”。

⑥《荀子·君道》：故天子不视而见，不听而聪，不虑而知，不动而~。——不动而功：不做而成就功业。

二、及物动词，意动用法。以……为功。

⑦《史记·魏公子列传》：夺晋鄙兵以救赵，于赵则有功矣，于魏则未有忠臣也。公子乃自骄而~之，窃为公子不取也。——功之：把这件事看作自己的功劳。

沟 gōu

本用：名词。人工地面挖掘的槽形通道。

①《周礼·考工记·匠人》：九夫为井，井间广四尺，深四尺，谓之～。

活用：

一、不及物动词。挖沟。

②《左传·定公元年》：季孙使役如阚公氏，将～焉。——季孙派人到鲁国诸公的墓地，想在那里挖沟（断绝鲁昭与诸位先君的墓地）。季孙，指季孙氏，当时鲁国最有权势的贵族，这里指季康子。阚公氏：阚，鲁国诸公的墓地名，因为是公墓地，所以称为阚公氏。季孙氏因怨恨鲁昭公，所以想把昭公的墓地与先君的墓地隔开。

③《左传·定公元年》：秋七月癸巳，葬昭公于墓道南。孔子之为司寇也，～而合诸墓。——沟而合诸墓：在昭公墓外挖沟使昭公的墓和先公墓合在一个墓区。诸："之于"的合音。

二、及物动词，一般用法。挖沟；沟通。

④《左传·僖公十九年》：梁伯好土功，亟城而弗处。民罢而弗堪，则曰："某寇将至。"乃～公宫。曰："秦将袭我。"民惧而溃，秦遂取梁。——沟公宫：在梁伯宫外挖沟堑。梁伯：指梁惠王。土功：犹言土木工程。亟：屡次，多次。城：筑城。处：居住。罢：通"疲"，疲劳。堪：忍受，承受。

⑤柳宗元《永州韦使君新堂记》：将为穹谷嵁岩渊池于郊邑之中，则必辇山石，～涧壑，陵绝险阻，疲极人力，乃可以有为也。——沟涧壑：沟通涧壑。穹谷：深谷。嵁岩：高深的山岩。渊池：深池。郊邑：邑外谓之郊，郊邑合称则泛指城市。辇：用车搬运；名词，用如及物动词，一般用法。陵：登上。绝：越过。险阻：指险阻之处。疲极人力：使人力疲劳耗尽。

苟 gǒu

本用：形容词。随便，马虎；苟且。

①《论语·子路》：君子于其言，无所～而已矣。——君子对自己的话，不能有什么随便马虎的地方。

②《礼记·曲礼》：不～訾（zǐ），不～笑。——訾：骂。

活用：及物动词，使动用法。让……马虎苟且。

③柳宗元《封建论》：守宰者，～其心，思迁其秩而已。——苟其心：让自己的心里马虎苟且。守宰：指地方官吏。迁：升迁。秩：官的品级。

孤$_1$ gū

本用：形容词。孤立，孤单。

①《战国策·秦策四》：景鲤使人说秦王曰：“臣之来使也，闻齐、魏皆且割地以事秦，所以然者，以秦与楚为昆弟国。今大王留臣，是示天下无楚也。齐、魏有何重于～国也？”——齐、魏有何重于孤国也：齐国、魏国又怎么还尊重你这孤立的国家呢？有，通“又”。重：尊重。

②《韩非子·外储说左下》：朋党相和，臣下得欲，则人主～。

活用：及物动词，使动用法。使……孤立。

③《史记·苏秦列传》：楚强则秦弱，秦强则楚弱，其势不两立。故为大王计，莫如从亲以～秦。——莫如从亲以孤秦：不如纵国友好以使秦国孤立。从，同“纵”，此指主张或同意约纵策略的国家。

孤$_2$ gū

本用：名词。孤儿；古代王侯的称号。

①《孟子·梁惠王下》：幼而无父曰～。

②《庄子·盗跖》：凡人有此一德者，足以南面称～矣。

活用：

一、及物动词，一般用法。称孤。

③《战国策·齐策一》：（秦）举齐，属之海，南面而～楚、韩、梁，北向而～燕、赵。——秦国如果占领了齐国的土地，疆土连接到大海，那么向南可以向楚、韩、梁称孤，向北可以向燕、赵称孤。

二、及物动词，使动用法。使……成为孤儿。

④《史记·张耳陈余列传》：（蒯通）对曰："秦法重，足下为范阳令十年矣，杀人之父，～人之子，断人之足，黥人之首，不可胜数。"——孤人之子：让人家的儿子成为孤儿。范阳令：范阳县令，此指徐公。

谷$_1$ gǔ

本用：名词。山谷。

①《诗经·小雅·十月之交》：高岸为～，深～为陵。——高崖变成山谷，深谷变成了山陵。

活用：作状语。在山谷……

②《韩非子·五蠹》：夫山居而～汲者，膢腊而相遗以水。——谷汲：在山谷里汲水。山居：在山上住。膢腊：楚国人二月祭祀饮食神的节日叫膢，冬十月祭祀百神的节日叫腊。这里泛指节日。

③《史记·龟策列传》：天出五色，以辨白黑；地生五谷，以知善恶。人民莫知辨也，与禽兽相若。～居而穴处，不知田作。——谷居而穴处：住在山谷和洞穴里。

谷$_2$ gǔ

本用：名词。谷物，粮食。

①《诗经·豳风·七月》：其始播百～。

活用：不及物动词。吃粮（特指军粮）。

②《左传·僖公二十八年》：晋师三日馆～，及癸酉而还。——馆谷：住敌人的军营，吃敌人的军粮。

③《左传·成公十六年》：晋入楚军，三日～。——三日谷：吃楚军的军粮三天。

鼓 gǔ

本用：动词。击鼓；敲击。

①《左传·庄公十年》：战于长勺，公将～之。——长勺：鲁国地名。公：指鲁庄公。

活用：为动用法。为……击鼓。

②《墨子·兼爱中》：昔越王勾践好士之勇……焚舟失火，试其士曰："越国之宝尽在此。"越王亲自～其士而进之。士闻鼓音，破碎乱行，蹈火而死者，左右百人有余。越王击金而退之。——鼓其士而进之：为他的士臣击鼓使他们前进。焚舟："舟"当为"内"字之误。内，指寝室（孙诒让说）。破碎乱行："碎"似为"阵"字之误。破阵乱行，打乱了队伍行列。退之：让他们退下来。

固 gù

本用：形容词。坚固，稳固；固执。

①《论语·季氏》：今夫颛臾，而近于费。今不取，后世必为子孙忧。——颛臾：鲁国的附庸国。费：地名，今山东省费县，是鲁国

君主分封给季氏的土地。

②《荀子·王制》：兵劲城～。

③《列子·汤问》：汝心之～，～不可彻。

活用：

一、及物动词，一般用法。固守，安守。

④《论语·卫灵公》：君子～穷，小人穷斯滥矣。——君子安守穷困，小人穷困就胡作非为了。斯：就。滥：泛滥，此指违法越规。

⑤《韩非子·五蠹》：故明主之道，一法而不求智，～术而不慕信，故法不败而群官无奸诈矣。——所以，英明君主的治国原则，专一地用法而不追求智能，坚定地用术而不慕求诚信，因此法治不败，官吏也没有奸诈了。一：专。

⑥《三国志·魏书·程昱传》：君必～范，我守东阿，则田单之功可立也。——固范：固守范地。必：一定。东阿：地名。田单：战国时齐国将领，曾坚守即墨，抵抗燕将乐毅的进攻；后用火牛阵击败燕军，一举收复七十余城，复兴齐国。

⑦魏征《十渐不克终疏》：陛下初登大位，高居深视。事惟清静，心无嗜欲。……数载之后，不能～志。——固志：固守其志。

二、及物动词，使动用法。使……坚固、稳固。

⑧《左传·文公十二年》：秦不能久，请深垒～军以待之。——深垒固军：挖深垒沟，加固军营。

⑨《左传·成公十六年》：楚师轻窕，～垒而待之，三日必退。——固垒：加固营垒。

⑩《国语·晋语二》：夫～国者，在亲众而善邻，在因民而顺之。——使国家安定的办法，在于对士民亲睦，对邻国友好；在于依靠人民，顺从人民的意志。因，凭借，依靠。顺，顺从。

⑪《孟子·公孙丑下》：域民不以封疆之界，～国不以山溪之险，威天下不以兵革之利。——固国：使国防坚固。域：疆域，此处意义为“以疆界限制”。威：威慑。兵革：兵器和甲胄，此指武力。

⑫《庄子·胠箧》：将为胠箧探囊发匮之盗而为守备，则必摄缄

縢，~扃鐍，此世俗之所谓知也。——固扃鐍：使扃鐍牢固。扃：门窗、箱柜上的开关。鐍，箱子上上锁的锁钮。胠箧：开箱子。发匮：开柜子。摄：结，捆。缄縢：绳子。知：同“智”。

⑬《韩非子·存韩》：韩叛，则魏应之，赵据齐以为原，如此，则以韩、魏资赵假齐以~其从，而以与争强，赵之福而秦之祸也。——韩国背叛（秦国），魏国就会响应，赵国又依靠齐国作为后盾，如果这样，那就等于用韩、魏两国的力量帮助赵国，而赵国又凭借着齐国使合纵稳固，并以此同秦国争强。这是赵国之福、秦国之祸呀。原，高而平的地区，引申为后方、后盾。

⑭《韩非子·解老》：柢固，则生长；根深，则视久，故曰：“深其根；~其柢，长生久视之道也。”——固其柢：使主根牢固。柢，主根（同蔓根相对）。深其根：使其根深。深：形容词，使动用法。长生：活得长远。视久：生存得长久。视：生存。

⑮《战国策·秦策三》：臣闻善为国者，内~其威，而外重其权。——固其威：使其威信稳固。重其权：加重他的权势。重：形容词，使动用法。

⑯《战国策·赵策一》：张孟谈既~赵宗，广封疆。——固赵宗：使赵氏宗族稳固。广封疆：扩大（赵氏）疆土。广：形容词，使动用法。张孟谈：赵之谋臣，他帮助赵襄子灭掉了知伯。

⑰《战国策·韩策一》：楚昭献相韩。秦且攻韩，韩废昭献。昭献令人谓公叔曰：“不如贵昭献以~楚，秦必曰楚、韩合矣。”——贵昭献以固楚：让昭献尊贵，借此使楚国坚定。相韩：在韩国做相。

⑱《史记·留侯世家》：（张）良因说汉王曰：“王何不烧绝所过栈道，示天下无还心，以~项王意？”——固项王意：让项王心中安稳。

三、及物动词，意动用法。以……为固。

⑲《史记·李斯列传》：二世怒曰：“吾常多闲日，丞相不来。吾方燕私，丞相辄来请事。丞相岂少我哉？且~我哉？”——固我：认为我固陋。少我：认为我幼小。

寡　guǎ

本用：形容词。少；弱。

①《论语·季氏》：不患~而患不均，不患贫而患不安。

②《左传·僖公二十二年》：彼众我~，及其未既济也，请击之。——及：等到，趁着。未既济：还没有完全渡过（泓水）。既：尽。

活用：

一、及物动词，使动用法。使……少、减少。

③《论语·宪问》：夫子欲~其过而未能也。——寡其过：减少他的过错。

④《墨子·节用上》：且大人惟毋兴师以攻伐邻国，久者终年，速者数月，男女久不相见，此所以~人之道也。——此所以寡人之道也：这就是使得人口减少的原因。道，缘由，原因。大人：指王公诸侯。惟毋：语助词。终年：整年。

⑤《老子》：小国~民，使有什伯之器而不用，使民重死而不远徙。——小国寡民：使国家变小，使人口减少。什伯之器：效率十倍百倍的器具。伯，通“佰”，佰倍。重死：把死看得重。

⑥《孟子·尽心下》：养心莫善于~欲。——修养心性的方法最好是减少物质欲望。

二、及物动词，意动用法。以……为寡。

⑦《左传·成公十三年》：文公即世，穆为不吊，蔑死我君，~我襄公。——寡我襄公：认为襄公寡弱。襄公，指晋襄公（晋文公之子）。即世：去世。穆：指秦穆公。不吊：不善，此处意为不善之事。

三、名词。寡者。

⑧《左传·僖公二十一年》：崇明祀，保小~，周礼也。——保小寡：保护微小寡弱之国。崇明祀：尊崇神明之祀。

⑨贾谊《过秦论中》：诸侯力政，强侵弱，众暴～。——诸侯以武力相征伐，强者侵凌弱者，人多的摧残人少的。政：通“征”。

怪 guài

本用：形容词。奇怪，怪异。

①《荀子·天论》：夫日月之有蚀，风雨之不时，～星之党见，是无世而不常有之。——蚀：亏缺，指日食、月食。不时：不合时节。党：通“傥”，偶然。见：出现。常：通“尝”，曾经。

活用：及物动词，意动用法。认为……奇怪，对……感到奇怪。

②《荀子·天论》：星队，木鸣，国人皆恐。曰：是何也？曰：无何也，是天地之变，阴阳之化，物之罕至者也。～之可也，而畏之非也。——流星坠落，树木鸣响，都城里的人都很惊恐。这是为什么呢？这没有什么，这是天地、阴阳的变化，事物中很少出现的罢了。认为它奇怪是可以的，害怕它就不对了。队：古“坠”字。

③《战国策·齐策四》：孟尝君～其疾也，衣冠而见之。——孟尝君对冯谖这么快就回来感到很奇怪，穿好衣服戴上帽子接见他。

④《战国策·燕策三》：秦武阳色变振恐，群臣～之。——怪之：对秦武阳这副样子觉得很奇怪。

⑤《史记·陈涉世家》：卒买鱼烹食，得鱼腹中书，固以～之矣。——怪之：对这事觉得奇怪。以：同“已”，已经。

⑥《史记·张丞相列传》：（张）苍坐法当斩，解衣伏质，身长大，肥白如瓠，时王陵见而～其美士，乃言沛公，赦勿斩。——怪其美士：对张苍是如此一个美男子而感到奇怪。质：杀人时做垫用的砧板。

⑦《史记·田叔列传》：会者数百人，任少卿曰：“某子甲何为不来乎？”诸人皆～其见之疾也。——怪其见之疾也：对任少卿看得这么快、这么清而感到惊讶。

⑧《三国志·蜀书·先主传》：（先主）舍东南角篱上有桑树生，高五丈余，遥望见童童如小车盖，往来者皆~此树非凡，或谓当出贵人。——怪此树非凡：对这棵树与众不同感到奇怪。

⑨韩愈《送王含秀才序》：吾少时读《醉乡记》，私~隐居者无所累于世。——怪隐居者无所累于世：对于隐居者没有为世俗所牵累这一点觉得很奇怪。《醉乡记》：唐人王绩所作。

⑩欧阳修《苏氏文集序》：予尝考前世文章政理之盛衰，而~唐太宗致治，几乎三王之盛，而文章不能革五代之余习。——怪唐太宗致治……之余习：对于唐太宗能够达到天下大治，并且几乎达到古代三王（夏禹、商汤、周文）那样的昌盛，而文章却不能革除五代余留的习气这一点觉得很奇怪。

⑪苏洵《权书·项籍》：项籍有百战百胜之才，而死于垓下，无惑也。吾于其战钜鹿也，见其虑之不长，量之不大，未尝不~其死于垓下之晚也。——怪其死于垓下之晚：对于项羽这么晚才死于垓下感到很奇怪。

官 guān

本用：名词。官职，官爵。

①《尚书·咸有一德》：任~惟贤材。

②《左传·成公二年》：臣辱戎士，敢告不敏，摄~承乏。——摄官承乏：我只是代任官职，凑数而已。摄：代替。承：承当。乏：空乏，此指空缺的官职。

③《荀子·正论》：量能而授~。

活用：

一、及物动词，一般用法。任用；主宰。

④《尚书·皋陶谟》：知人则哲，能~人。——官人：任用人。哲：聪明。

⑤《左传·襄公十五年》：~人，国之急也。能~人，则民无觎

心。——覦心：觊觎之心，非分的想法。

⑥《庄子·在宥》：吾又欲~阴阳，以遂群生。——我又想主宰阴阳，以顺应万物。

⑦《荀子·君道》：然后，明分职，序事业，材技~能，莫不治理，则公道达而私门塞矣，公义明而私事息矣。——材技官能：任用有技艺、有能力者。材，通“裁”，利用，任用。明分职：使名分职位明确。明：形容词，使动用法。序事业：安排事情的先后顺序。

二、及物动词，使动用法。使……得到官职；授给官职。

⑧《国语·晋语一》：夫太子，君之贰也，恭以俟嗣，何官之有？今君分之土而~之，是左之也。——官之：授给他官职。贰：副，此指副君。俟嗣：等待着继承（王位）。左之：降低他（太子）的身份。古代以左为下，以左为卑。

⑨《礼记·王制》：论定，然后~之。——论：通“伦”，顺序，次序。

⑩《荀子·王制》：王者之论，无德不贵，无能不~，无功不赏，无罪不罚。——无能不官：没有才能就不授予官职。论：方法，方针。无德不贵：没有道德就不能让他尊贵。贵：形容词，使动用法。

⑪《史记·李斯列传》：~斗士，尊功臣，盛其爵禄。——让勇斗之士得到官职，使有功之臣尊贵，大大提高他们的爵禄。尊、盛：形容词，使动用法。

⑫《史记·汲郑列传》：上以（汲）黯故，~其弟汲仁至九卿、子汲偃至诸侯相。——皇上因为汲黯的缘故，让他的弟弟汲仁做官做到九卿，让他的儿子汲偃做官做到诸侯相。

棺 guān

本用：名词。棺材。

①《墨子·节葬下》：昔者尧北教乎八狄，道死，葬蛩山之阴。

衣衾三领，榖木之~。——道死：死在路上。蛩山：山名，在今山东省濮县。三领：三件。榖木之棺：榖木为桑科落叶乔木，木质不能耐朽。按礼，天子棺用梓、栝等优质耐朽木材，此用榖木，是尚俭。

活用：及物动词，一般用法。以棺殓尸。

②《左传·僖公二十八年》：曹人凶惧，为其所得者，~而出之。——棺而出之：用棺材盛殓起来并且抬出城池。凶惧：非常恐惧。其所得者：指曹国人所得到的晋军将士的尸体。

③《史记·齐太公世家》：桓公病，五公子各树党争立。及桓公卒，遂相攻，以故宫中空，莫敢~。——莫敢棺：没有人敢来盛殓（齐桓公的）尸体。

馆 guǎn

本用：名词。宾馆，客舍；房舍。

①《左传·襄公三十一年》：侨闻文公之为盟主也，宫室卑庳，无观台榭，以崇大诸侯之~。——侨：郑国大夫子产的名（公孙侨）。文公：指晋文公重耳。卑庳：矮小。观：楼台之类的高大建筑。台：用土堆成的高而平的供人眺望的建筑物。榭：在台上修建的敞屋。

活用：

一、不及物动词。止宿，寓居。

②《左传·僖公五年》：师还，~于虞。——馆于虞：止宿在虞国（宾馆里）。师：军队，此指晋军。

③《孟子·尽心下》：孟子之滕，~于上宫。——孟子到达滕国，住在上等馆舍。之：到，去。上宫：上等馆舍。

二、及物动词，一般用法。到宾馆省问、看望。

④《周礼·秋官·司仪》：君~客，客辟。——注：“君馆客者，客将去，就省之，尽殷勤也。”

⑤《礼记·儒行》：孔子至舍，哀公~之。——馆之：到宾馆去

看望他。

⑥《吕氏春秋·期贤》：于是君请相之，段干木不肯受，则君乃致禄百万，而时往～之。——馆之：看望他（段干木）。

⑦《战国策·燕策一》：武安君从齐来，而燕王不～也。——不馆：不到宾馆去看望（苏秦）。武安君：指苏秦。

⑧《史记·张仪列传》：楚怀王闻张仪来，虚上舍而自～之。——虚上舍而自馆之：空出上等宾馆（让他住进去），并且亲自到宾馆省问他。

三、及物动词，使动用法。让……住宾馆。

⑨《左传·僖公十五年》：（秦伯）改～晋侯，馈七牢焉。——馆晋侯：让晋侯住到宾馆里去。

四、及物动词，为动用法。为……筑馆。

⑩韩愈《柳州罗池庙碑》：（柳侯）尝与其部将魏忠、谢宁、欧阳翼饮酒驿亭，谓曰："吾弃于时，而寄于此，与若等好也。明年吾将死，死而为神，后三年，为庙祀我。"及期而死。三年孟秋辛卯，侯降于州之后堂，欧阳翼等见而拜之。其夕，梦翼而告曰："～我于罗池。"其月景辰庙成，大祭。——馆我于罗池：为我在罗池筑庙馆。柳侯：指柳宗元。若等：你们这些人。梦翼：托梦给欧阳翼。

广 guǎng

本用：形容词。广大，宽广。

①《诗经·周南·汉广》：汉之～矣，不可泳思。——汉：汉水。泳：游泳，渡过。

②《孟子·滕文公下》：居天下之～居，立天下之正位，行天下之大道。——（大丈夫）应该住在天下最宽广的住宅（仁）里，站在天下最正确的位置（礼）上，走天下最光明的大路（义）。

③《荀子·修身》：君子贫穷而志～。

活用：及物动词，使动用法。使……广远；使……广大；使……宽广。

④《战国策·赵策二》：故尊主～地强兵之计，臣得陈忠于前矣。——尊主广地强兵：使主上尊贵，使土地广大，使军队强大。尊、强：用法同“广”。

⑤《战国策·燕策二》：因其强而强之，乃可折也；因其广而～之，乃可缺也。——顺着事物的刚强进一步使它刚强，可以折断它；顺着事物的广大进一步使它广大，可以使它亏缺。

⑥《史记·仲尼弟子列传》：今君破鲁以～齐，战胜以骄主，破国以尊臣，而君之功不与焉。——广齐：扩大齐国的领土。骄主：对君主傲慢。不与：不抵，不相当。

⑦《史记·张仪列传》：夫蜀，西僻之国也，……得其地足以～国，取其财足以富民。——广国：扩大国家的领土。富民：使民富足。

⑧司马迁《报任安书》：适会召问，即以此指，推言陵之功，欲以～主上之意。——广主上之意：使主上的心怀宽广。适：恰好。会：赶上，遇上。以此指：按这个意思。指，通“旨”，旨意。推言：推论，论说。陵：指李陵，西汉名将李广之孙。

⑧《盐铁论·本议》：窃闻治人之道，防淫佚之原，～道德之端。——广道德之端：使符合道德的开头行为进一步光大。原：同“源”。

⑨《三国志·魏书·高柔传》：圣王之御世，莫不以～农为务，俭用为资。夫农广则谷积，用俭则财畜。——广农：扩大农业生产。御：驾驭，治理。务：事务。畜：通“蓄”，积蓄。

归 guī

本用：动词。回家；返回。

①《诗经·豳风·东山》：我徂东山，慆慆不～。——徂：往。东山：在鲁国东境，今山东省费县蒙山。慆慆：时间长久。

②《墨子·公输》：子墨子~，过宋，天雨，庇其闾中。——过：经过。雨：下雨。庇：蔽。闾：里巷大门。

③《孟子·公孙丑上》：宋人有闵其苗之不长而揠之者，芒芒然~。——闵：通“悯”，忧虑。揠：拔。芒芒然：疲倦的样子。

活用：使动用法。使……归。

④《左传·僖公十五年》：我毒秦，秦岂~君？——我们毒害了秦国，秦国岂能让国君回来？

⑤《左传·成公三年》：王曰：“晋未可与争。”重为之礼而~之。——楚王说：“晋国是不能与它争夺的。”于是对知罃重加礼遇而放他回去。知罃：晋国人，被楚国俘虏。

⑥《左传·成公十六年》：曹人复请于晋，晋侯谓子臧：“反！吾~而君。”——曹国人再次向晋国请求，晋侯对子臧说：“你回吧！我送你们的国君回去。”而：你的，你们的。

⑦《左传·襄公二十六年》：雍子发命于军曰：“~老幼，反孤疾，……明日将战。”——归老幼，反孤疾：让老幼回家，让孤儿和病者返回。

⑧《战国策·楚策二》：齐王~楚太子，太子归，即位为王。——齐闵王让楚太子回国，太子回国后，登上王位当了楚王。

⑨《史记·廉颇蔺相如列传》：（秦王）卒廷见相如，毕礼而~之。——归之：送他回国。廷见：在朝廷上接见。

⑩高启《书博鸡者事》：博鸡者遂谓曰：“若欲死而父，即前斗；否则阖门善俟。吾行市毕即~若父，无恙也。”——归若父：放你父亲回去。若欲死而父：你想让你父亲死。而：你的。阖门善俟：关门好好地等着。行市：游街示众。无恙：没有伤害。

龟 guī

本用：名词。乌龟。

①《史记·龟策列传》：江傍家人常畜~。——江傍：江边。

畜：养。

活用：作状语。像龟一样……

②马中锡《中山狼传》：（狼）猬缩蠖屈，蛇盘～息，以听命先生。——龟息：像乌龟那样呼吸调息，指呼吸很轻微。猬缩：像刺猬一样卷缩。蠖屈：像蠖虫一样卷屈。蛇盘：像蛇一样盘起来。

贵 guì

本用：形容词。价高；可贵；尊贵；宝贵；贵重。

①《论语·述而》：不义而富且～，于我如浮云。

②《墨子·贵义》：万事莫～于义。

③《左传·昭公三年》：国之诸市，屦贱踊～。——屦：古代的一种麻鞋。踊：假脚。

④《孟子·尽心下》：民为～，社稷次之，君为轻。

活用：

一、及物动词，一般用法。比……尊贵。

⑤《墨子·天志中》：今天下之人曰："当若天子之～诸侯，诸侯之～大夫，碻明知之。然吾未知天之贵且知于天子。"——贵诸侯：比诸侯尊贵。贵大夫：比大夫尊贵。碻明：明确，明白。知：同"智"，聪明。

二、及物动词，使动用法。使……尊贵。

⑥《孟子·告子上》：赵孟之所～，赵孟能贱之。——赵孟使之尊贵的人，赵孟也能使他低贱。

⑦《战国策·楚策四》：即楚王更立，彼亦各～其故所亲，君又安得长有宠乎？——贵其故所亲：使他们以前所亲近的人尊贵。

⑧《战国策·韩策一》：谚曰：～其所以贵者贵。——使人们认为尊贵的人尊贵，是可贵的。"所以贵"的"贵"是形容词，用如及物动词，意动用法。

⑨《史记·李斯列传》：且二世之治岂不乱哉！日者夷其兄弟而

自立也，杀忠臣而～贱人。——贵贱人：使贱人显贵。二世：指秦二世胡亥。日者：往日，过去。

三、及物动词，意动用法。认为……可贵，觉得……可贵。

⑩《墨子·尚贤下》：然昔吾所以～尧舜禹汤文武之道者，以何故哉？——贵尧舜禹汤文武之道：认为尧舜禹汤文武之道可贵。文武，指周文王、周武王。

⑪《墨子·耕柱》：子墨子曰："今有燎者于此，一人奉水将灌之，一人掺火将益之，功皆未至，子何～于二人？"——子何贵于二人：对这两个人你认为哪一个可贵呢？疑问代词宾语"何"在"贵"之前。燎者：放火的人。掺：持，操。功皆未至：都没有收到功效。

⑫《左传·襄公四年》：戎狄荐居，～货易土。——贵货易土：看重财货而轻视土地。易：轻易，不重要，意动用法。戎狄：我国古代西部、北部的民族。荐居：在水草之处居住，即逐水草而居。荐：草。

⑬《庄子·刻意》：众人重利，廉士重名，贤人尚志，圣人～精。——众人以私利为重，廉士以名誉为重，贤人以志节为上，圣人以精神为贵。

⑭《荀子·非十二子》：～贤，仁也；贱不肖，亦仁也。——看重贤者是仁，鄙视不肖者也是仁。贱：形容词，意动用法。

⑮《荀子·乐论》：礼乐废而邪音起者，危削侮辱之本也。故先王～礼乐而贱邪音。——贵礼乐而贱邪音：以礼乐为贵，以邪音为贱。危削：危亡削弱。

⑯《韩非子·初见秦》：夫断死与断生者不同，而民为之者，是～奋死也。——拼死和贪生是不一样的，而民众愿意拼死，这是以奋勇拼死为贵。断死：决死，必死。断生：必生，一定要活，即贪生。

⑰《韩非子·亡征》：～私行而贱公功者，可亡也。——认为谋私行为高尚而认为为国立功低贱，国家就可能灭亡了。

⑱《韩非子·解老》：人处疾则～医，有祸则畏鬼。——人们在

生病时就觉得医生可贵，有祸患时就害怕鬼神。

⑲《韩非子·诡使》：常～其所以乱，而贱其所以治，是故下之所欲，常与上之所以为治相诡也。——（君主）常常重视那些造成祸乱的措施，而轻视那些使国家安定的措施，因此下面的人所想的，常常和君主应该用来治国的方法相违背。诡：相反，违背。

⑳《韩非子·五蠹》：若夫贤贞信之行者，必将～不欺之士。——认为忠贞诚实的德行美好的话，一定会以不欺诈的人为可贵。

㉑《战国策·齐策六》：跖之狗吠尧，非～跖而贱尧也，狗固吠非其主也。——盗跖的狗对着尧大叫，并不是认为跖高贵、尧下贱也，狗本来就是只对着不是它的主人的人叫的。

㉒晁错《论贵粟疏》：是故明君～五谷而贱金玉。——因此明君看重五谷而轻视金玉。

㉓《史记·匈奴列传》：壮者食肥美，老者食其余。～壮健，贱老弱。——贵壮健：看重壮健者，指青壮年人。肥美：指肥美的食物。贱老弱：轻视老弱者。

㉔《史记·平津侯主父列传》：向使秦缓其刑罚，薄赋敛，省繇役，～仁义，贱权利，……则世世必安矣。——贵仁义，贱权利：看重仁义；轻视权利。向：过去，那时。使：假使。缓其刑罚：使刑罚宽缓。薄赋敛：减轻赋敛。

㉕《论衡·齐世》：述事者好高古而下今，～所闻而贱所见。——贵所闻而贱所见：重视听到的，而轻视亲眼见到的。高古而下今：抬高古代而贬低今天。

㉖《盐铁论·本议》：古者～以德而贱用兵。——贵以德而贱用兵：认为以德（服人）高尚，而用武力（服人）低下。

㉗白居易《与元九书》：夫～耳贱目，荣古陋今，人之大情也。——看重听到的而轻视看到的，认为古代昌荣而今天俗陋，这是人们的常情。

㉘唐顺之《竹溪记》：故京师人之～竹，与江南人之不～竹，其

为不知竹一也。——贵竹：把竹子看得很贵重。

四、名词。贵者。

㉙《墨子·兼爱中》：~必敖贱。——尊贵者一定傲视卑贱者。

㉚《左传·宣公十二年》：~有常尊，贱有等威，礼不逆矣。——尊贵者对他们有一定的礼节示以尊重，低贱者对他们有一定的等级示以威严，礼节就没有不顺的了。贱，用法同“贵”。

㉛《说苑·尊贤》：以~下贱，无不得也。——以贵下贱：以尊贵者的身份而对鄙贱者卑下谦恭，没有得不到的。

国 guó

本用：名词。国家。

①《论语·先进》：千乘之~，摄乎大~之间。——千乘之国：有一千辆兵车的国家。一车四马为一乘。摄：夹。

活用：

一、不及物动词。为国；建国。

②《左传·哀公十六年》：微二子者，楚不~矣。——没有他们二人，楚国就不成为国家了。二子：指子西（楚平王的妾所生之长子）、子期（楚昭王之兄）。微，没有。

③《史记·周本纪》：公刘卒，子庆节立，~于豳（Bīn）。——国于豳：建国于豳。豳，地名，今陕西省彬县。公刘：周部族的首领。

二、及物动词，使动用法。使……立国。

④《史记·齐太公世家》：（齐）顷公元年，楚庄王强，伐陈；二年，围郑，郑伯降，已复~郑伯。——已复国郑伯：随后又让郑伯重建国家。

⑤《史记·晋世家》：齐桓公合诸侯而~异姓。——国异姓：让异姓人立国。

醢 hǎi

本用：名词。肉酱。

①《诗经·大雅·行苇》：醓（tǎn）~以荐，或燔或炙。——醓：肉汁。燔：烧烤。

②《史记·黥布列传》：盛其~，遍赐诸侯。

活用：

一、及物动词，一般用法。做成肉酱。

③《韩非子·难言》：翼侯炙，鬼侯腊，比干剖心，梅伯~。——梅伯醢：梅伯被做成肉酱。鬼侯腊：鬼侯被做成干肉。腊：名词，用如及物动词，一般用法。

二、及物动词，使动用法。使……成为肉酱。

④《左传·庄公十二年》：宋人请孟获于卫……卫人归之。亦请南宫万于陈，以赂。陈人使妇人饮之酒，而以犀革裹之，比及宋，手足皆见。宋人皆~之。——宋国人到卫国请求归还孟获。……卫国人把孟获归还宋国。宋国又到陈国请求归还南宫万，并送上财礼。陈国人让妇人劝南宫万饮酒（灌醉了他），而用犀牛皮把他包起来。等到抵达宋国，南宫万的手脚已经挣破犀牛皮而露在外面了。宋国把这两个人都剁成肉酱。赂：此处意为赠送财物。见：显露出来。

⑤《左传·襄公十五年》：郑人~之，三人也。——醢之：把他们剁成肉酱。三人：指堵女父、尉翩、司齐。

⑥《战国策·赵策三》：纣以为恶，~鬼侯。——醢鬼侯：把鬼侯剁成肉酱。

⑦《史记·黥布列传》：夏，汉诛梁王彭越，~之。——醢之：把彭越剁成肉酱。

骇 hài

本用：动词。本义为马受惊，引申为惊扰。

①《左传·哀公二十三年》：知伯视齐师，马~，遂驱之。

②《左传·昭公十三年》：国每夜~曰："王入矣。"——国都里的人每夜都惊骇地说："国王进入国都了。"

③《吕氏春秋·审应》：凡鸟之举也，去~从不~。——去：离开，远离。骇：惊扰。举：飞。

活用：使动用法。使……骇。

④《墨子·杂守》：客众而勇，轻意见威，以~主人。——骇主人：使主人受到惊骇。

⑤《庄子·德充符》：寡人召而观之，果以恶~天下，与寡人处，不至以月数，而寡人有意乎其为人也。——我召他前来看了看，果然是面貌丑陋到足以使天下人惊骇。跟我相处不到1个月，可我就很赏识他的为人处世了。

寒 hán

本用：形容词。冷。

①《论语·子罕》：岁~，然后知松柏之后凋也。——天冷了，才晓得松柏树是最后落叶的。

②《荀子·劝学》：冰，水为之而~于水。

活用：及物动词，使动用法。使……寒。

③《孟子·告子上》：虽有天下易生之物也，一日暴之，十日~之，未有能生者也。——即使有一种最容易生长的植物，晒它一天，冷它十天，也没有能够再长的。寒之：使之受冷。

④《孟子·告子上》：吾见亦罕矣，吾退而~之者至矣，如有萌焉，何哉？——我拜见国王的次数也太少了，我退居在家，使他寒冷

的人又来了，即使有善良之心的萌芽，我对他能有什么帮助呢？寒之：使国王的向善态度冷淡下来。

汗 hàn

本用：名词。汗水。

①《晏子春秋·内篇杂下》：张袂成阴，挥~成雨。

活用：及物动词，使动用法。使……出汗。

②柳宗元《陆文通先生墓表》：其为书，处则充栋宇，出则~牛马。——汗牛马：使牛马出汗。这是说牛马运书时累得出汗。充栋宇：是说书籍堆满屋子，高及栋梁。

③袁枚《黄生借书说》：~牛塞屋，富贵家之书，然富贵人读书者有几？

合 hé

本用：动词。闭合，合拢，会合。

①《战国策·燕策二》：蚌方出曝，而鹬啄其肉，蚌~而拑其喙。——拑：夹住。

活用：使动用法。使……合。

②《荀子·议兵》：故赏庆、刑罚、势诈之为道者，佣徒粥卖之道也，不足以~大众，美国家。——所以，赏庆、刑罚、势诈这些办法，只是雇佣、收买的办法，并不足以使大众团结，国家和美。合大众：使人民团结。美国家：使国家和美。粥：同"鬻"，买。

③《战国策·秦策三》：昔者齐桓公九~诸侯，一匡天下，至蔡丘之会，有骄矜之色，畔者九国。——合诸侯：使诸侯合于己。骄矜之色：指脸上有骄傲、矜持的表情。畔：通"叛"，背叛。

和 hé

本用：形容词。和顺，谐和，和睦。

①《论语·学而》：礼之用，~为贵。

②《论语·季氏》：盖均无贫，~无寡，安无倾。——若是财富平均，便无所谓贫穷；境内和平团结，便不觉得人少；境内安定，便不会倾危。和：和睦，团结。

③《孟子·公孙丑下》：天时不如地利，地利不如人~。

活用：及物动词，使动用法。使……和。

④《墨子·节用下》：故圣人之为衣服，适身体，~肌肤而足矣。——和肌肤：使肌肤和顺、舒适。适身体：使身体舒适。

⑤《左传·隐公四年》：州吁未能~其民。——州吁没有能够使他的老百姓安定、团结。

⑥《荀子·非相》：听其言则辞辩而无统，用其身则多诈而无功，上不足以顺明王，下不足以~齐百姓。——听他的谈论，就会发现他的言辞虽华美，而没有系统；录用他这个人，就会发现他内藏奸诈，而没有成就；在上不足以顺从明王，在下不足以使老百姓和谐一致。

⑦《史记·乐书》：是故君子反情以~其志，比类以成其行。——和其志：使自己的心意谐和。反情：本情，保存自然天性。

涸 hé

本用：形容词。干涸，枯竭。

①《礼记·月令》：（仲秋之月）水始~。

活用：及物动词，使动用法。使……枯竭。

②《淮南子·主术训》：不~泽而渔，不焚林而猎。——涸泽：使湖沼水干涸，把湖沼里的水弄干。

恨 hèn

本用：动词。遗憾；悔恨。

①《史记·淮阴侯列传》：大王失职入汉中，秦民无不～者。——恨：遗憾。

②诸葛亮《出师表》：先帝在时，每与臣论此事，未尝不叹息痛～于桓、灵也。——痛恨：痛心遗憾。先帝：指刘备。桓、灵：指东汉末年桓帝刘志和灵帝刘宏。

活用：为动用法。为……而恨。

③《史记·伍子胥列传》：我知往终不能全父命。然～父召我以求生而不往，后不能雪耻，终为天下笑耳。——我知道前往也最终不能保全父亲的性命，但是我终因父亲召我去以求活下去可我不能前往而悔恨，后来又不能洗雪耻辱，最终被天下人耻笑罢了。全：形容词，使动用法。

④《史记·袁盎晁错列传》：于是景帝默然良久，曰："公言善，吾亦～之。"——恨之：对这件事（晁错被杀）感到悔恨。景帝：汉景帝。公：指邓公。

⑤韩愈《与汝州卢郎中论荐侯喜状》：愈常慕其才而～其屈，与之还往，岁月已多。——恨其屈：因其屈居不仕而感到遗憾。愈：韩愈自称。

⑥纪昀《与余存吾太史书》：昀于东原交不薄，尝自～当时不能与力争，失朋友规过之义。——恨当时不能与力争，失朋友规过之义：因当时不能跟他力争、有失朋友互相规劝改过的道义而感到遗憾。昀：纪昀自称。东原：戴东原，即戴震。

恒 héng

本用：形容词。恒久，长久；稳定不变。

①《孟子·梁惠王上》：若民，则无～产因无～心。——恒产：

固定的产业。恒心：长久不变的道德观念。

活用：及物动词，使动用法。使……恒久。

②《韩非子·解老》：日月得之以~其光。——见“常 cháng”例②。

宏 hóng

本用：形容词。大，宏大。

①《周礼·考工记·梓人》：其声大而~。

②颜之推《颜氏家训·文章》：君辈辞藻，譬若荣华，须臾之玩，非~材也。——宏材：大材，比喻大人才。

活用：及物动词，使动用法。使……宏大。

③《三国志·魏书·华歆传》：大魏承天受命，陛下以圣德当成康之隆，宜~一代之治，绍三王之迹。——宏一代之治：使一代的文治光大。成康之隆：周成王、周康王的功业隆盛。绍：继承。三王：谓夏、商、周三代开国之君，即夏禹、商汤、周文王。

④魏征《十渐不克终疏》：君子之怀，蹈仁义而~大德；小人之性，好谗佞以为身谋。——宏大德：使大德宏大。

侯 hóu

本用：名词。古爵位名，是五等爵位的第二等。秦汉以后仅次于王的爵位；王侯。

①《礼记·王制》：王者之制禄爵，公、~、伯、子、男凡五等。——凡：共。

②《史记·陈涉世家》：王~将相，宁有种乎？——宁：难道。

活用：

一、不及物动词。封侯。

③《战国策·赵策四》：赵主之子孙~者，其继有在者乎？——其

继：他们的继承人。

④《史记·绛侯周勃世家》：非刘氏不得王，非有功不得～。——王：此处意为封王。

⑤《史记·张耳陈余列传》：张耳与余功等也，今张耳王，余独～，此项羽不平。——余：陈余自称。等：等同。王：此处意为封王。

二、及物动词，使动用法。使……为侯。

⑥《史记·高祖本纪》：利几者，项氏之将。项氏败，利几为陈公，不随项羽，亡降高祖，高祖～之颍川。——侯之：封他为侯。利几：人名。

⑦《史记·吕太后本纪》：四月，太后欲～诸吕。——侯诸吕：封诸吕为侯。

⑧《史记·郦生陆贾列传》：（汉王）收天下之兵，立诸侯之后。降城即以～其将，得赂即以分其士，与天下同其利。——侯其将：封他的大将为侯。赂：财物。同其利：同享其利。

后 hòu

本用：方位名词。位置在后，与“前”相对；时间较晚，与“先”相对。

①《论语·子罕》：瞻之在前，忽焉在～。——看着似乎在前面，忽然又到后面去了。

②《论语·子罕》：天之将丧斯文也，～死者不得于斯文也。——天若是要消灭这种文化，那我也就不会掌握这些文化了。后死者：孔子自谓。

③《荀子·修身》：故学曰迟，彼止而待我，我行而就之，则亦或迟或速，或先或～，胡为乎其不可以同至也！——所以，学习如果迟缓，对方停顿下来等待着我，我行动着趋向对方，就也有或快或慢、或早或晚，为什么不能一同到达目的呢？曰：若，假若。

活用：

一、不及物动词。落在后面。

④《论语·先进》：三子者出，曾皙～。——子路、冉有、公西华三人都出来了，曾皙后走。曾皙：名，曾参的父亲，是孔子的学生。

⑤《论语·微子》：子路从而～，遇丈人。——子路跟随着孔子，却远落在后面，遇见一个老人。

⑥《韩非子·喻老》：赵襄主学御于王子期，俄而与子期逐；三易马而三～。——后：落在后面。御：驾车。王子期：又名王于期，善驾车。逐：追赶，这里指驾车赛马。

二、及物动词，一般用法。走在（放在）……后面。

⑦《左传·成公八年》：君～诸侯，是寡君不得事君也。——君王后于诸侯出兵，这样寡君就不能侍奉君王了。

⑧《左传·襄公七年》：诸侯之会，寡君未尝～卫君。——诸侯会盟的时候，寡君从来没有走在卫君后面。

⑨《庄子·德充符》：子而说子之执政，而～人者也！——您竟然津津乐道您的官爵地位，这就（在道德修养方面）落在别人后面啦！而：通“乃”，竟然。说：同“悦”，喜欢。

⑩《荀子·修身》：以治气养生，则身～彭祖；以修身自强，则名配尧、禹。——用善行来理气养生，那么寿命就可追随于彭祖之后；用善行来洁身自好，那么名声就可以比拟唐尧、夏禹。

⑪《战国策·齐策六》：田单之厚施，欲以取我国乎？不早图，恐～之。——后之：落在他后面。

⑫《战国策·赵策一》：今暮不击，必～之矣！——后之：落在他们后面。

⑬《史记·李将军列传》：军亡导，或失道，～大将军。——后大将军：落在大将军的后面。亡：通“无”。导：向导。

三、及物动词，使动用法。使……后。

⑭《左传·昭公二年》：辞不忘国，忠信也；先国～己，卑让

也。——言辞不忘记国家，这是忠信；先国家后自己，这是卑让。先国：把国家摆在前面。先：方位名词，使动用法。

⑮《论语·卫灵公》：事君，敬其事而~其食。——为君上做事，认真工作，把俸禄之事放在后面。

⑯《墨子·明鬼下》：故古圣王治天下也，故必先鬼神而~人者，此也。——后人：把人摆在后面。先鬼神：把鬼神放在前面。

⑰《荀子·荣辱》：先义而~利者荣，先利而~义者辱。——后利：把利放在后面。后义：把义放在后面。先义：把义放前面。先利：把利放在前面。

⑱《战国策·齐策六》：吾闻之，智者不倍时而弃利，勇士不怯死而灭名，忠臣不先身而~君。——后君：把国君摆在后面。倍：通“背”，违背。灭名：毁灭名声。先身：把自己摆在前面。

⑲《战国策·齐策四》：今不问王而问岁与民，岂先贱而~尊贵者乎？——后尊贵者：把尊贵者搁在后面。先贱：把卑贱者搁在前面。

⑳贾谊《过秦论中》：秦王怀贪鄙之心，行自奋之智，……先诈力而~仁义，以暴虐为天下始。——先诈力而后仁义：把诈力摆在前面，把仁义摆在后面。

㉑《史记·孝文本纪》：昔先王远施不求其报，望祀不祈其福，右贤左戚，先民~己，至明之极也。——后己：把自己放在后面。右贤左戚：尊重贤才，抑制亲戚。先民：把人民放在前面。左、右、先：用法同“左”。

㉒《史记·商君列传》：公叔痤召（商）鞅谢曰：“今者王问可以为相者，我言若，王色不许我。我方先君~臣，因谓王即弗用鞅，当杀之。王许我。汝可疾去矣，且见禽。”——先君后臣：把国君放在前面，把人臣摆在后面。我言若：犹言我举荐了你。色不许我：从表情上看不应许我。疾去：赶快离开。禽：同“擒”。见禽：被擒。

㉓《史记·鲁仲连邹阳列传》：愿大王孰察卞和、李斯之意，而~楚王、胡亥之听，无使臣为箕子、接舆所笑。——后楚王、胡亥

之听：把楚王、胡亥之听话（轻信谗言）摆在后面。卞和：楚人，因献玉璞遭误解，被楚王砍断两脚。李斯：楚国上蔡人；入秦任客卿，后为丞相，被赵高陷害而死。楚王：指楚武王、楚文王。胡亥：秦二世名。二世即位，荒淫无道，李斯上书谏诫，不听，反而轻信赵高谗言，把李斯杀了。箕子：名胥馀，商纣的叔伯，因封于箕，故称箕子。接舆：姓陆名通，字接舆，楚国的隐者。

厚 hòu

本用：形容词。深厚；宽厚；忠厚；丰厚。

①《论语·学而》：慎终，追远，民德归~矣。——谨慎地对待父母的死亡，追念远代祖先，自然会使老百姓归于忠厚老实。

②《孟子·滕文公上》：然而夷子葬其亲~，则是以所贱事亲也。——但是他自己埋葬他的父母却相当丰厚，那便是拿他所轻贱所否定的东西对待他的父母了。

③《庄子·逍遥游》：水之积也不~，则其负大舟也无力。——水积得不深，那么它负载大船也就无力。

④《韩非子·五蠹》：是以人之于让也，轻辞古之天子，难去今之县令者，薄~之实异也。——因此，人们对于让这种事，可以轻易地辞掉古代的天子，却难以舍弃今天的县官，这是因为利益厚薄的实际情况大不相同。

活用：

一、及物动词，一般用法。厚待。

⑤《墨子·非儒下》：为欲~所至私，轻所至重，岂非大奸也哉？——厚所至私：厚待最偏爱的人。轻所至重：慢待关系最亲厚的人。

⑥《荀子·礼论》：夫~其生而薄其死。——厚其生：厚待其生。

⑦《史记·卫将军骠骑列传》：自魏其、武安之~宾客，天子常

切齿。——厚宾客：厚待宾客。

⑧《三国志·魏书·贾诩传》：我去必喜，又望吾结大援于外，必~吾妻子。——厚吾妻子：厚待我妻子儿女。

⑨《三国志·魏书·邓艾传》：今宜~刘禅以致孙休，安士民以来远人。——厚刘禅：厚待刘禅。致孙休：使孙休前来（归降）。来远人：使远方人民来归顺。

⑩《三国志·吴书·吕蒙传》：（孙）权遂~（甘）宁，卒得其用。——厚宁：厚待甘宁。

⑪宗臣《报刘一丈书》：马上遇所交识，即扬鞭语曰："适自相公家来，相公~我，~我!"——厚我：厚待我。适：刚才。

二、及物动词，使动用法。使……厚。

⑫《左传·昭公四年》：楚王方侈，天或者欲逞其心，以~其毒而降之罚，未可知也。——楚王做事过分，上天也许是想让他满足愿望，以使百姓对他的痛恨加深，然后给他降下惩罚，这是说不定的。

⑬《左传·襄公三十一年》：晋侯见郑伯有加礼，~其宴好而归之。——厚其宴好：使对郑伯的款待丰厚，使晋郑的友好关系加深。归之：使之归，送他们回去。

⑭《荀子·富国》：今之世而不然：~刀布之敛以夺之财，重田野之税以夺之食，苛关市之征以难其事。——现在这个世界就不是这样。加重货币的聚敛来剥夺百姓的财物；加重土地的赋税来剥夺百姓的衣食；加重关税的征收给百姓制造困难。

⑮《韩非子·六反》：~其爵禄以尽贤能，重其刑罚以禁奸邪。——厚其爵禄：使其爵位高俸禄厚。重其刑罚：加重其刑罚。

⑯《史记·范雎蔡泽列传》：臣闻善~家者取之于国，善~国者取之于诸侯。——善厚家者：善于使家丰厚的人。善厚国者：善于使国丰厚的人。

⑰柳宗元《蝜蝂传》：今世之嗜取者，遇货不避，以~其室，不知为己累也，唯恐其不积。——厚其室：使他的家产加厚（充实）。嗜取者：贪得无厌的人。遇货不避：见到钱财就捞一把。

虎 hǔ

本用：名词。老虎。

①《庄子·盗跖》：疾走料～头，编～须，几不免～口哉！——料：通“撩”。

②《战国策·楚策一》：～求百兽而食之。

③《后汉书·班超传》：不入～穴，焉得～子。

活用：作状语。像老虎一样地……

④《史记·南越列传》：秦为无道，天下苦之，项羽、刘季、陈胜、吴广等州郡各共兴军聚众，～争天下。——刘季：刘邦。

⑤《三国志·魏书·武帝纪》：汉末，天下大乱，雄豪并起，而袁绍～视四州，强盛莫敌。——虎视：像老虎似的注视着。

⑥《三国志·魏书·常林传》：今主上幼，贼臣～据。——像老虎似的雄踞一方。

⑦《三国志·吴书·陆逊传》：方今天下云扰，群雄～争。——虎争：像老虎似的争斗。云扰：如云之纷扰。

⑧《世说新语·识鉴》：苻坚将问晋鼎，既已狼噬梁、岐，又～视淮阴矣。——虎视：像老虎一样地注视着。狼噬：像狼一样地吞噬。

户 hù

本用：名词。本义为单扇门；引申为出入口的通称；亦引申为人家。

①《诗经·豳风·七月》：穹室熏鼠，塞向墐～。——穹：指房顶，房子。室：堵塞。向：朝北开的窗子。墐：用泥涂抹。

②《论语·雍也》：谁能出不由～。——由：经过。

③《荀子·议兵》：中试则复其～，利其田宅。——中试：被选

中。复其户：回复其户籍，免除他家的劳役。利其田宅：（不征赋税）使其家庭得利。

活用：作状语。逐户，挨家挨户。

④《韩非子·难势》：无庆赏之劝，刑罚之威，释势委法，尧、舜~说而人辩之，不能治三家。——户说而人辩之：挨家挨户游说，逢人就辩白。人：用法同“户”。释势委法：放下势和法不用。

⑤《战国策·韩策三》：吴人入越而~抚之。——户抚之：挨家挨户安抚百姓。

⑥《史记·货殖列传序》：使俗之渐民久矣，虽~说以眇论，终不能化。——户说：挨家挨户游说。俗：习俗。渐：浸染。眇：同“妙”。

⑦韩愈《曹成王碑》：一吏轨民，使令家听~视，奸宄（jiān guǐ）无所宿。——家听户视：挨家听，逐户看。一吏：统一官吏行动。

花（华） huā

本用：名词。花朵。草之花曰花，木之花曰华。

①《诗经·周南·桃夭》：桃之夭夭，灼灼其~（华）。

活用：不及物动词。开花。

②《左传·文公五年》：且~（华）而不实，怨之所聚也。——而且（言过其行），如花开而不结实，这是怨恨集于（己身）的原因。

③《史记·秦本纪》：（秦献公）十六年，桃冬~。——桃冬花：桃树冬天开花。

④《汉书·惠帝纪》：五年冬十月，雷，桃李~，枣实。——桃李花：桃树李树开花。雷：打雷。实：结果实。

化 huà

本用：动词。变化，改变。

①《孟子·尽心上》：夫君子所过者～，所存者神，上下与天地同流，岂曰小补之哉？——圣人经过之处人们被感化，停留之处作用神奇，上下、天地协同运转，难道说只是小小的补益吗？

②《庄子·逍遥游》：北冥有鱼，其名为鲲，～而为鸟，其名为鹏。——北冥：北方的海。冥：通“溟”。

活用：及物动词，使动用法。使……化。

③陈子昂《谏用刑书》：臣闻古之御天下者，其政有三。王者～之，用仁义也。霸者威之，任权智也。强者胁之，务刑罚也。是以～之不足然后威之，威之不变然后刑之。——化之：使人民感化。威之：威慑人民。刑之：对人民用刑。

④陆贽《奉天请罢琼林大盈二库状》：以陛下天姿英圣，傥加之，见善必迁，是将～蓄怨为衔恩，反过差为至当。——化蓄怨：把积怨变化为感恩。傥：如果。过差：大错误。

坏 huài

本用：形容词。破败，衰败。

①《商君书·修权》：蠹众而木折，隙大而墙～。——坏：毁败。蠹：蛀虫。

②司马迁《报任安书》：略考其行事，综其始终，稽其成败兴～之纪。——详尽地考察他们的所作所为，综合这些人物或事件的始末，稽考他们成功失败兴起衰亡的规律。

活用：及物动词，使动用法。使……坏；破坏。

③《左传·成公十年》：晋侯梦大厉，被发及地。……～大门及寝门而入。公惧，入于室。又～户。公觉。——坏大门及寝门：把大

门及寝门都破坏。坏户：把门窗破坏。

④《左传·襄公三十一年》：子产使尽～其馆之垣而纳车马焉。——坏其馆之垣：把他们那个宾馆的围墙都毁坏。

⑤《韩非子·初见秦》：然则是赵举则韩亡，韩亡则荆、魏不能独立，荆、魏不能独立则是一举而～韩、蠹魏、拔荆。——坏韩：使韩衰败。蠹魏：蛀蚀魏国。拔：攻取。

⑥《史记·平津侯主父列传》：及至秦王，蚕食天下，并吞战国，称号曰皇帝，主海内之政，～诸侯之城。——坏诸侯之城：破坏诸侯的联盟之城。

缓 huǎn

本用：形容词。宽缓，迟缓。

①《古诗十九首·行行重行行》：相去日已远，衣带日已～。

②《韩非子·观行》：董安于之心～，故佩弦以自急。——董安于性子慢，所以佩带（绷紧的）弓弦使自己警觉。

活用：

一、及物动词，使动用法。使……缓。

③《左传·成公八年》：晋士燮来聘，言伐郯也，以其事吴故。公赂之，请～师。——晋国的士燮前来聘问，通知要攻打郯国，因为它侍奉吴国。成公送给他财礼，请求从缓发兵。缓师：使军队延缓进攻。赂：财物，此处意为赠送财物。

④《韩非子·五蠹》：使周、卫～其从衡之计，而严其境内之治，……此必不亡之术也。——假使周、卫两国将合纵或连横的计划延缓执行，使国内政治更加严明，……这是必定不会灭亡的办法。

⑤《韩非子·观行》：西门豹之性急，故佩韦以～己。——西门豹性子急，所以佩带柔韧的皮带使自己从容沉着。

⑥《战国策·魏策四》：晋人见楚人之急，带剑而～之，楚人恶其缓而急之。——缓之：使之迟缓。急之：使之迅急。

⑦《史记·平津侯主父列传》：向使秦～其刑罚，薄赋敛，省繇役……则世世必安矣。——缓其刑罚：使其刑罚宽缓。薄赋敛：使赋敛减轻。

⑧柳宗元《钴鉧潭记》：其上有居者，以予之亟游也，一旦款门来告曰："不胜官租私券之委积，既芟山而更居，愿以潭上田，贸财以～祸。"——缓祸：使灾祸缓降。

二、及物动词，为动用法。对……缓。

⑨《三国志·魏书·武帝纪》：彼素畏（袁）绍等，吾急之则并力，～之则自相图，其势然也。——缓之：对他放松。急之：对他逼得太紧。

患$_1$ huàn

本用：动词。担心；忧虑。

①《左传·隐公元年》：公何～焉？若阙地及泉，隧而相见，其谁曰不然？——您还担心什么呢？假如挖地到泉水，打隧道相见，谁能说个"不"字呢？阙：同"掘"。隧：此处意为"挖隧道"。

②贾谊《鹏鸟赋》：化为异物兮，又何足～！——化为异物：变成其他东西，指死。

活用：

一、使动用法。使……忧虑。

③《国语·楚语上》：叔段以京～庄公。——患庄公：使庄公忧虑。叔段：共叔段，郑庄公的弟弟。京：地名。

二、使动用法。为……忧患。

④《左传·宣公二年》：赵盾、士季见其手，问其故而～之。——赵盾、士季看到被杀的宰夫的手，询问此事的原因，并为此事忧虑。

⑤《韩非子·内储说上》：齐国好厚葬，布帛尽于衣衾，林木尽于棺椁，桓公～之。

⑥《史记 · 秦始皇本纪》：李斯因说秦王，请先取韩以恐他国，于是使斯下韩。韩王～之，与韩非谋弱秦。——恐他国：使别的国家恐惧。弱秦：使秦衰弱。

患$_2$ huàn

本用：名词。灾祸；患难。

①《左传 · 成公二年》：自今无有代其君任～者，有一于此，将为戮乎？——任患：承担患难。

活用：及物动词，使动用法。使……受到祸患。

②《国语 · 鲁语下》：若我往，晋必～我。——患我：使我受到祸患（即被逮捕）。

悔 huǐ

本用：动词。懊悔、悔恨。

①《诗经 · 召南 · 江有汜》：不我以，其后也～。——现在你既不要我，将来必然会后悔。以：用，需要。

②《左传 · 隐公元年》：公语之故，且告之～。——郑庄公告诉他缘故，并且告诉他很后悔。

活用：为动用法。为……而悔。

③《左传 · 隐公元年》：既而～之。——悔之：因为这件事而后悔。之：指代安置姜氏于城颍和发誓的事。

④《史记 · 夏本纪》：桀谓人曰："吾～不遂杀汤于夏台，使至此。"——悔不遂杀汤于夏台：因为不立即在夏台杀掉商汤而后悔。

⑤《三国志 · 魏书 · 方技传》：太祖叹曰："吾～杀华佗，令此儿强死也。"——悔杀华佗：为杀华佗而后悔。太祖：指曹操。此儿：指曹操爱子仓舒。强死：指活活地死去。

⑥王安石《游褒禅山记》：既其出，则或咎其欲出者，而予亦～

其随之而不得极夫游之乐也。——已经出来了，有人责备那个想出来的人，我也因自己跟随他出来没有尽情享受游玩的快乐而后悔。

惠$_1$ huì

本用：名词。恩惠。

①《左传·僖公二十八年》：公曰："若楚~何?"——楚惠：楚国的恩惠。公：晋文公。

②《国语·晋语四》：未报楚~而抗宋，我曲楚直。——我曲楚直：我国理亏，楚国理直。

活用：及物动词，使动用法。使……受惠；施惠给……

③《论语·尧曰》：因民之所利而利之，斯不亦~而不费乎？——就着人民能得到利益之处因而使他们获利，这不也是施恩惠给人民而自己却无所耗费吗?"所利"的"利"意为"获利"。

④《左传·闵公二年》：务材训农，通商~工，敬教劝学，授方任能。——努力生产，教导务农，便利商贩，施惠百工，重视教化，奖励求学，向臣下传授为官之道，任用有能力的人。

⑤《荀子·王制》：庶人骇政，则莫若~之。——老百姓因政治而惊骇，那么就不如施予他们恩惠。

⑥《三国志·魏书·高堂隆传》：昔汉文帝称为贤主，躬行约俭，~下养民。——惠下：施恩惠给下人。

惠$_2$ huì

本用：形容词。仁惠。

①《管子·小匡》：宽~而爱民。

活用：及物动词，为动用法。对……仁惠。

②《荀子·正论》：杀人者不死，伤人者不刑，是谓~暴而宽贼也，非恶恶也。——杀人的不被处死，伤人的不处罚，这就叫对凶暴

的人仁惠，对贼寇宽恕，而不是憎恨罪恶了。

活 huó

本用：动词。生存，与“死”相对。

①《墨子·非儒下》：暴乱之人也得～，天下害不除，是为君辟父母深残贼世也，不义莫在焉。——暴乱的人能活下去，天下的大害不根除，这是君主父母对社会的深深的残害，没有比这更大的不义了。辟：即君。

②《韩非子·解老》：以肠胃为根本，不食则不得～。

活用：使动用法。使……活。

③《左传·哀公十七年》：既入焉，而示之璧，曰：“～我，吾与女璧。”——活我：让我活下去。女：你。

④《庄子·至乐》：吾未知善之诚善耶？诚不善耶？若以为善矣，不足～身；以为不善矣，足以～人。——我不知道善确实好呢，还是确实不好？如果认为好呢，却不能让自身活下去；认为不好呢，却又能使别人活下去。

⑤《庄子·外物》：我，东海之波臣也。君岂有斗升之水而～我哉！——我是东海龙王的巡波小臣。您也许有升斗少量的水来使我活命吧！

⑥《战国策·燕策一》：故妾一僵而弃酒，上以～主父，下以存主母也。——活主父：使主父活下去。僵：倒下。

⑦《史记·项羽本纪》：项伯杀人，臣～之。——活之：使他活下去。

⑧《三国志·魏书·方技传》：（华）佗临死，出一卷书与狱吏，曰：“此可以～人。”吏畏法不受。——活人：使人活，即救活人。

⑨韩愈《赠太傅董公行状》：将卒呼曰：“天赐公～吾三军之命。”拜且泣，公亦泣。——活吾三军之命：救活我三军的性命。

⑩马中锡《中心狼传》：从井以救人，解衣以～友。——下到井

里去救人，解下衣服来救活朋友。

火 huǒ

本用：名词。物体燃烧时发出的光和热。

①《论语·卫灵公》：子曰："民之于仁也，甚于水~。"——孔子说："老百姓需要仁德，比需要水火更甚。"

②《孟子·梁惠王下》：岂有他哉？避水~也。——难道会有别的意思吗？是想避开那水深火热的苦日子啊。

活用：

一、不及物动词。发生大火，出现火灾。

③《左传·昭公六年》：火见，郑其~乎？——大火（星名）出现，郑国大概要发生火灾了吧？

④《左传·昭公十八年》：宋、卫、陈皆~。——宋国、卫国、陈国都发生了大火。

二、及物动词，一般用法。发生火灾；用火焚烧。

⑤《左传·昭公九年》：今火出而~陈，逐楚而建陈也。——现在大火（星名）出现而在陈国发生火灾，这是驱逐楚国而建立陈国。

⑥韩愈《原道》：人其人，~其书，庐其居。——使他们（僧尼）变成普通人，用火焚烧他们的书（佛经），使佛家居住的地方变成普通人居住的地方。

三、及物动词，使动用法。使……焚烧。

⑦《左传·宣公十六年》：成周宣榭火，人~之也。——成周的宣榭着了火，这是人放火烧的。

货 huò

本用：名词。财货、财物。

①《礼记·礼运》：~恶其弃于地也，不必藏于己。——人们憎

恶把财货扔在地上，（收拾起来）但不一定藏在自己家里。

活用：及物动词，一般用法。用财物收买。

②《孟子·公孙丑下》：若于齐，则未有处也，无处而馈之，是~之也。——至于在齐国，就没什么理由。没理由还要送我钱财，这等于用金钱收买我。

祸 huò

本用：名词。灾祸，灾难。

①《诗经·小雅·何人斯》：二人从行，谁为此~？——二人相随走过来，是谁造下这个祸？

②《左传·襄公二十三年》：~福无门，唯人所召。——祸福没有门路，都是人自取的。

③《荀子·劝学》：福莫长于无~。

活用：

一、及物动词，一般用法。受祸。

④《三国志·魏书·傅嘏传》：昔夫差陵齐胜晋，威行中国，终~姑苏。——陵齐：欺凌齐国。终祸姑苏：最终在姑苏遭受灾祸。

二、及物动词，使动用法。使……受祸。

⑤《左传·僖公二十八年》：天~卫国，君臣不协，以及此忧也。——上天降祸给卫国，君臣不和协，所以才遭到这样的忧患。祸卫国：使卫国受祸。

⑥《左传·文公元年》：孤实贪以~夫子，失子何罪？——我（秦穆公）太贪婪而使那人（指孟明）受祸，那个人有什么罪？

⑦《国语·周语上》：不禋于神，而求福焉，神必~之。——祸之：使之受祸。禋：古代祭天的典礼，这里用如动词，祭祀。

⑧《史记·袁盎晁错列传》：陛下所以为慎夫人，适所以~之。——祸之：使之受祸。慎夫人：汉文帝妾。

三、及物动词，意动用法。认为……是祸。

⑨《庄子·秋水》：明乎坦涂，故生而不说，死而不~，知始终之不可故也。——他明白从生到死是一条正常的道路，因此活着并不感到喜悦；死了也并不认为是灾祸。

惑 huò

本用：动词。迷惑。

①《论语·颜渊》：既欲其生，又欲其死，是~也。——既要他活着（长寿），又要他死（短命），这就迷惑了。

②《荀子·非相》：夫妄人曰："古今异情，其所以治乱者，异道，而众人~焉。"——妄诞的人这样说："古今的情形各不相同，之所以有治世和乱世，是由于道术不同，因此众人都迷惑了。"

活用：及物动词，为动用法。对……迷惑。

③《战国策·秦策五》：臣窃~王之轻齐易楚而卑畜韩也！——我私下里对大王轻视齐国楚国而谦养韩国感到迷惑。

④《史记·黥布列传》：今大王不与万金之汉而自托于危亡之楚，臣窃为大王~之。——惑之：对此感到迷惑。与：亲附。

⑤《三国志·魏书·王昶传》：而循覆车滋众，逐末弥甚，皆由~当时之誉，昧目前之利故也。——惑当时之誉：为当时之誉迷惑。昧目前之利：因眼前之利糊涂。

饥 jī

本用：形容词。饿。

①《韩非子·饰邪》：家有常业，虽~不饿。——常业：指固定的产业。饿：饥之甚。

活用：及物动词，使动用法。使……饥。

②《孟子·离娄下》：稷思天下有饥者，由己~之也。——稷心

想天下还有挨饿的人，好像自己使他们挨饿一样。稷：本为虞舜时农官名，当时由周的始祖弃担任，所以也称弃为稷。由：通“犹”，好像。

急 jí

本用：形容词。急迫；紧急；着急。

①《管子·正世》：故事莫~于当务，治莫贵于得齐。——故：所以。

②《孟子·滕文公下》：未尝闻仕如此其~。——不曾听说想做官有这样急迫的。

③《韩非子·十过》：昔者秦之攻宜阳，韩氏~。——急：危急。

活用：

一、及物动词，意动用法。以……为急。

④《孟子·尽心上》：知者无不知也，当务之为急；仁者无不爱也，~亲贤之为务。——智者无所不知，但应该把当前应做的事情作为最紧迫的事；仁者无所不爱，但应该把厚爱亲人和贤者作为最紧要的。第一个“知”同“智”。

⑤《孟子·尽心上》：尧舜之知而不遍物，~先务也；尧舜之仁不遍爱人，~亲贤也。——尧舜的智慧不可能知道一切事物，但知道首要任务最紧迫；尧舜的仁德不可能爱所有的人，但把爱亲人和贤者看得最紧要。

二、及物动词，为动用法。为……急。

⑥《左传·宣公元年》：晋欲求成于秦，赵穿曰：“我侵崇，秦~崇，必救之，吾以求成焉。”——晋国想向秦国求和，赵穿说：“我们侵袭崇国，秦国为崇国着急，一定救援崇国，我们就以此求和。”

⑦《史记·晋世家》：楚围宋，宋复告急晋。……先轸曰：“执

曹伯，分曹、卫地以与宋，楚～曹、卫，其势宜释宋。”——楚急曹、卫：楚国为曹国、卫国着急。先轸：晋国大夫。执：拘捕，捉拿。宜：应该，应当。释：放开。

⑧《史记·魏公子列传》：胜所以自附为婚姻者，以公子之高义，为能～人之困。今邯郸旦暮降秦而魏救不至，安在公子能～人之困也！——急人之困：为别人的危难而着急。胜：平原君赵胜。所以自附为婚姻者：平原君的夫人为魏公子无忌的姐姐，故有此语。以：因为。邯郸：战国时赵国都城。

⑨柳宗元《伊尹五就桀赞》：吾观圣人之～生人，莫若伊尹。——急生人：为人民着急。生人：即生民。唐人避太宗讳，避“民”字，常把“民”字改作“人”。生民即人民。伊尹：人名。

辑 jí

本用：形容词。和睦。

①《国语·鲁语上》：契为司徒而民～。——契：人名。司徒：官职名。

活用：及物动词，使动用法。使……和睦。

②柳宗元《封建论》：拜之可也，复其位可也，卧而委之以～一方可也。——授予他官职可以，恢复他的职位可以，让他躺着任命他以便使一个地方的官民和睦也可以。卧而委之：汲黯晚年，汉武帝要他出任淮阳郡（郡治在今河南省淮阳县）太守，他因病不肯，武帝一定要他去。

家 jiā

本用：名词。家，家庭。

①《墨子·尚同下》：治天下之国若治～，使天下之民若使一夫。

②《韩非子·显学》：儒者破～而葬，服丧三年。——儒家主张倾家荡产来送葬，守孝三年。

活用：

一、不及物动词。安家。

③《史记·郦生陆贾列传》：平原君为人辩有口，刻廉刚直，～于长安。——家于长安：在长安安了家。平原君：汉初人朱建。辩有口：善辩有口才。

④欧阳修《石曼卿墓表》：天子嘉其来，将禄之，不可，乃～于宋州之宋城。——嘉：称赞，赞美。将禄之：准备给他俸禄（即任以官职）。不可：不同意。

二、及物动词，一般用法。在……安家。

⑤《史记·高祖本纪》：单父人吕公善沛令，避仇从之客，因～沛焉。——因家沛焉：于是在沛县安了家。单父：古地名。善沛令：与沛县县令友善。

⑥《史记·孟子荀卿列传》：荀卿乃适楚，春申君以为兰陵令。春申君死而荀卿废，因～兰陵。——适楚：到楚国去。兰陵：地名。

三、作状语。在家……

⑦《史记·魏其武安侯列传》：窦太后大怒，乃罢逐赵绾、王臧等，而免丞相、太尉，……魏其、武安由此以侯～居。——以侯家居：以侯的身份在家闲居。丞相、太尉：当时魏其侯窦婴任丞相，武安侯田蚡任太尉。

甲（介） jiǎ

本用：名词。古代军人的革制护身衣。介：通“甲”。

①《左传·成公二年》：擐～执兵，固即死也。——身穿皮甲，手执武器，本来就是去死的。擐：披，穿。固：本来。即：往。

活用：

一、不及物动词。披甲。

②《左传·昭公七年》：铸刑书之岁二月，或梦伯有~而行。——或：有人。伯有：人名。甲而行：披甲而行。

③《左传·哀公十五年》：既食，孔伯姬杖戈而先，太子与五人~（介），舆豭从之。——吃完饭，孔伯姬拿着戈走在前面，太子和五个人身披皮甲，用车子装上公猪跟着。豭：公猪。

④柳宗元《段太尉逸事状》：太尉列卒取十七人，皆断头注槊上，植市门外。（郭）晞一营大噪，尽~。——尽甲：（兵士们）全都披上皮甲。列卒：布置士卒。取：捕捉。注槊上：（把人头）插在长矛上。植市门外：竖立在市门之外。晞：郭晞，为唐朝郭子仪之子。噪：喧闹。

⑤柳宗元《段太尉逸事状》：~者出，太尉笑且入曰："杀一老卒，何~也？吾戴吾头来矣。"——甲者：披甲的兵士。何甲也：还用得着披甲吗？

二、及物动词，为动用法。为……披甲。

⑥《左传·成公二年》：齐侯曰："余姑翦灭此而朝食！"不~（介）马而驰之。——齐侯说："我姑且消灭了这些人再吃早饭！"不给马披甲便驰向晋军。

⑦《左传·昭公二十五年》：季、郈之鸡斗。季氏~（介）其鸡，郈氏为之金距。——季氏、郈氏斗鸡。季氏给鸡套上皮甲，郈氏给鸡安上了金属爪子。距：鸡爪。

坚 jiān

本用：形容词。硬，牢固，坚固；坚决，坚定。

①《韩非子·难势》：誉其盾之~，物莫能陷也。——夸耀他的盾很坚固，什么东西也不能刺穿它。

②《韩非子·说林上》：臧孙子曰："宋小而齐大。夫救小宋而

恶于大齐，此人之所以忧也，而荆王说，必以坚我也。我 ~ 而齐敝，荆之所利也。”——臧孙子说：“宋国小而齐国大。救了弱小的宋国而得罪于强大的齐国，这是使人感到忧虑的事情，而楚王却高兴，必定使我们（抗齐的决心）坚定不移。我们坚定不移（抗齐），齐国就会疲惫，这是楚国获利的地方啊。”

活用：

一、及物动词，使动用法。使……坚。

③《韩非子·存韩》：以秦与赵敌衡，加以齐，今又背韩，而未有以 ~ 荆、魏之心。——以秦国和赵国抗衡，加上齐国为敌，现在又排斥韩国，而没有什么措施使楚、魏两国（同秦国联合的）决心坚定不移。

④《韩非子·五蠹》：~ 甲厉兵以备难，而美荐绅之饰。——坚甲：把皮甲搞坚固。厉兵：磨砺兵器。美：形容词，意动用法。

⑤《战国策·赵策四》：秦 ~ 燕赵之交以伐齐。——坚燕赵之交：巩固同燕国、赵国的关系。

⑥《史记·白起王翦列传》：王翦至，~ 壁而守之。——坚壁：把壁垒筑牢。

二、名词。坚固的东西。

⑦《史记·项羽本纪》：夫被 ~ 执锐，义不如公；坐而运策，公不如义。——被坚执锐：披着坚固的铠甲，拿着锐利的武器（去打仗）。被：同“披”。义：宋义。公：对项羽的尊称。运策：运用计策。

见 jiàn

本用：动词。看见；谒见，拜见。

①《诗经·王风·采葛》：一日不 ~，如三秋兮。

②《左传·庄公十年》：公将战，曹刿请 ~。——见：谒见。

活用：

一、使动用法。读 xiàn。使……见。

③《论语·阳货》：阳货欲~孔子，孔子不见。——阳货想要孔子来拜见他，孔子不去拜见。阳货：鲁国大夫。

④《论语·微子》：止子路宿，杀鸡为黍而食之，~其二子焉。——（他）便留子路在他家住宿，杀鸡做黄米饭给子路吃，又叫他两个儿子出来拜见子路。止：留。

⑤《墨子·公输》：子墨子曰："胡不~我于王?"——墨子说："为什么不让我去见楚王?"子墨子：前一"子"字是弟子尊其师的称谓，犹言夫子。

⑥《左传·成公十五年》：诸侯将~子臧于王而立之。——诸侯打算让子臧谒见周天子，而立他为国君。

⑦《战国策·赵策三》：平原君曰："胜请召而~之于先生。"平原君遂见辛垣衍，曰："东国有鲁连先生，其人在此。胜请为绍介而~之于将军。"——见之于先生：让他同先生相见。先生：对鲁仲连的称呼。见之于将军：让他同将军相见。将军：对辛垣衍的称呼。胜：平原君，名胜。东国：指齐国，齐国在赵国东。

⑧《史记·吴太伯世家》：于是伍员知光有他志，乃求勇士专诸，~之光。——见之光：让他去见公子光。公子光后派专诸刺杀吴王僚而自立为吴王。伍员：伍子胥，名员。他志：异心，指太子光想谋取吴国王位。

⑨《史记·越王勾践世家》：于是勾践乃以美女宝器令种间献吴太宰嚭。嚭受，乃~大夫种于吴王。——乃见大夫种于吴王：于是让越国大夫文种去见吴王。间：秘密地。

贱 jiàn

本用：形容词。价低；卑贱，卑微。

①《论语·里仁》：贫与~，是人之所恶也。——贫穷与卑贱，

是人人所厌恶的。

②《商君书·外内》：食～则农贫。——食贱：粮食价格低。

活用：

一、及物动词，使动用法。使……贱。

③《墨子·尚贤中》：不肖者抑而废之，贫而～之，以为徒役。——不称职的人把他们撤免掉，使他们贫穷卑贱，成为奴隶。贫、贱：都是使动用法。不肖者：没有才能的人，这里指不称职的人。抑：抑制。徒役：指受人役使的奴隶。

④《史记·平准书》：孝景时，上郡以西旱，亦复修卖爵令，而～其价以招民。——贱其价：降低其价格。孝景：汉孝景帝。上郡：郡名。

二、及物动词，意动用法。以……为贱。

⑤《左传·桓公七年》：七年春，谷伯、邓侯来朝。名，～之也。——桓公七年春，谷伯、邓侯前来朝见。《春秋》所以记载他们的名字，是由于贱视他们。贱之：以之为贱。

⑥《孟子·滕文公下》：不待父母之命、媒妁之言，钻穴隙相窥，逾墙相从，则父母国人皆～之。——不经过父母的许可、媒人的介绍，便钻洞扒门缝来互相偷看，爬墙头去私会，那么，父母和社会上的人士都会瞧不起他们。

⑦《荀子·不苟》：君子能则人荣学焉；不能则人乐告之。小人能则人～学焉；不能则人羞告之。——君子有才能，人们就以向他学习为光荣；没有才能，人们就乐于告诉他。小人有才能，人们就以向他学习为鄙贱；没有才能，人们就耻于告诉他。

⑧《战国策·齐策四》：左右以君～之也，食以草具。——孟尝君左右的人以为孟尝君瞧不起他，所以给他吃粗劣的食物。草：粗劣。具：饮食，食物。

⑨晁错《论贵粟疏》：故俗之所贵，主之所～也。——因此，一般人认为是高贵的东西，君主则认为是卑贱的。

⑩曹丕《典论·论文》：夫然，则古人～尺璧而重寸阴，惧乎时

之过已！——因为这种道理，所以古人贱视直径一尺的璧玉，而看重一寸光阴，怕时间白白地流逝了！璧：平而圆、中心有孔的玉。

⑪魏征《十渐不克终疏》：谈物产也，则重谷帛而~珍奇。——重谷帛：以谷帛为贵重。谷：粮食的总称。帛：丝织品的总称。

疆 jiāng

本用：名词。国界，边境。

①《左传·桓公十七年》：于是齐人侵鲁~。

②《孟子·滕文公下》：出~必载质。——质：通“贽”，古代初次拜见尊长时所送的礼物。

活用：及物动词，一般用法。划定……疆界。

③《左传·襄公八年》：莒人伐我东鄙，以~鄫田。——莒：古国名，在今山东省莒县一带。疆鄫田：划定鄫地田土的边界。

④《左传·襄公十九年》：遂次于泗上，~我田。——（诸侯的军队）就驻扎在泗水边上，划定我国的疆界。次：临时驻扎。

将 jiàng

本用：名词。将帅，将领。

①《孙子·谋攻》：~能而君不御者胜。

②《史记·陈涉世家》：王侯~相宁有种乎？——宁：难道。

活用：

一、不及物动词。为将。

③《战国策·燕策三》：齐、韩、魏共攻燕，燕使太子请救于楚，楚王使景阳~而救之。——使景阳将而救之：派景阳做大将去救援燕国。

④《史记·廉颇蔺相如列传》：及括将行，其母上书言于王曰：“括不可使~。”——括不可使将：赵括不可以让他做大将。

二、及物动词，使动用法。使……做大将。

⑤《韩非子·问田》：楚～宋觚而失其政，魏相冯离而亡其国。——楚国因任用宋觚为将而使政事败坏，魏国因任用冯离为相而使国家危亡。

⑥《战国策·赵策四》：君奚不～奢也？——将奢：任用赵奢为将。奚：为什么。

⑦《战国策·魏策二》：魏惠王起境内众，～太子申而攻齐。——将太子申：任用太子申为大将。起：发动。

⑧《史记·廉颇蔺相如列传》：使赵不～括即已，若必～之，破赵军者必括也。——假使赵国不任用赵括为将便罢了，如果一定要任他为将，那么使赵国军队战败的人必定是赵括。

郊 jiāo

本用：名词。上古时代国都城外百里以内称郊。泛指城外、野外。

①《孟子·梁惠王下》：臣闻～关之内有囿方四十里。——我听说齐国都城郊外有一个狩猎场，方圆四十里。

②《战国策·齐策一》：军于邯郸之～。——军：驻军，驻扎。

活用：

一、不及物动词。在郊外。

③《孟子·告子上》：牛山之木尝美矣，以其～于大国也，斧斤伐之，可以为美乎？——牛山上的树木曾经是很茂盛的，因为它生长在大都市的郊外，人们经常用斧子去砍伐它，还能够茂盛吗？牛山：在今山东省临淄县境内。大国：指临淄，临淄不但是齐国都城，也是当时的大都市之一。

二、作状语。在郊外……

④《左传·僖公三十三年》：秦伯素服～次，乡师而哭曰：“孤违蹇叔以辱二三子，孤之罪也。”——秦伯穿着丧服在郊外等待，面

对（被释放回来的）将士号哭说："孤违背蹇叔的话，使你们几位受到侮辱，这是孤的罪过。"乡：同"向"。孤：侯王的谦称。蹇叔：秦国的老臣。

⑤《国语·越语上》：是故败吴于囿，又败之于没，又~败之。——又郊败之：又在吴国都城的郊外打败了吴国。囿：笠泽，今太湖一带。没：吴国地名。

⑥《战国策·魏策二》：楚王闻之，因~迎惠施。

骄 jiāo

本用：形容词。高傲，傲慢。

①《论语·学而》：贫而无谄，富而无~。——贫穷却不巴结奉承，富有却不骄傲自大。

②《商君书·战法》：王者之兵，胜而不~，败而不怨。——怨：悔恨。

活用：

一、及物动词，使动用法。使……骄。

③《左传·文公十六年》：姑又与之遇以~之。彼骄我怒，而后可克。——姑且再跟他们接战来使他们骄傲。他们骄傲，我们奋发，然后就可以战胜。

④《孙子·计》：兵者，诡道也。……怒而挠之，卑而~之。——作战是一种诡诈的方法。……敌人暴躁易怒，就扰乱他们；敌人卑怯，就让他们傲慢。

⑤《战国策·魏策一》：君不如与之，以~知伯。——您不如给他（知伯）（索要的土地），以便让他傲慢起来。

⑥《史记·田儋列传》：太史公曰："甚矣蒯通之谋，乱齐~淮阴，其卒亡此两人！"——骄淮阴：使淮阴侯韩信骄傲。蒯通：人名。两人：指齐王田横和淮阴侯韩信。亡：使灭亡。

⑦《史记·袁盎晁错列传》：袁盎时为中郎将，乃谏曰："陛下素~

淮南王，弗稍禁，以至此。”——素骄淮南王：向来纵容淮南王。

⑧《史记·魏其武安侯列传》：武安遂怒曰：“此吾～灌夫罪。”——武安侯于是发怒说道：“这是我纵容灌夫的罪过。”

二、及物动词，为动用法。为……而骄傲，对……骄傲。

⑨《孟子·离娄下》：（其妻）与其妾讪其良人，而相泣于中庭，而良人未之知也，施施从外来，～其妻妾。——（他的妻）和妾一道在庭中咒骂丈夫，哭成一团，而丈夫还不知道，得意洋洋地从外面回来，向他两个女人摆威风。良人：丈夫。施施：得意洋洋的样子。

⑩《荀子·修身》：志意修则～富贵，道义重则轻王公。——骄富贵：傲视富贵。志意：志向。修：好，完美。轻王公：藐视王公贵族。

⑪《荀子·非十二子》：高上尊贵不以～人，聪明圣智不以穷人。——不因为自己尊贵而傲视别人，不因为自己聪明圣智而使别人难堪。

⑫《史记·魏世家》：子击因问曰：“富贵者～人乎？且贫贱者～人乎？”子方曰：“亦贫贱者～人耳。夫诸侯而～人则失其国，大夫而～人则失其家。”——骄人：对别人傲慢。子击、子方：人名。而：表假设，如果。

⑬《史记·魏公子列传》：公子为人仁而下士，士无贤不肖皆谦而礼交之，不敢以其富贵～士。——骄士：对士傲慢。下士：对士谦下。无：无论。不肖：不贤。

⑭《史记·袁盎晁错列传》：丞相如有～主色。——丞相好像有傲视主上的神色。丞相：指周勃。

焦 jiāo

本用：形容词。干枯，枯竭；焦忧。

①《墨子·非攻下》：日月不时，寒暑杂至，五谷～死。

②阮籍《咏怀》：终身履薄冰，谁知我心～！

活用：及物动词，使动用法。使……焦。

③《荀子·富国》：既以伐其本，竭其原，而～天下矣。——既然已破坏了根本，断绝了源泉，因而使整个天下的财物都枯竭了。以：同“已”。本：根本，指农业生产。原：同“源”。

④《史记·夏本纪》：禹伤先人父鲧功之不成受诛，乃劳身～思，居外十三年，过家门不敢入。——劳身焦思：让身体劳苦，心智焦忧。伤先人父鲧功之不成受诛：为先人父亲鲧治水之功不成被杀掉而悲伤。伤：形容词，为动用法。

⑤《史记·越王勾践世家》：越王勾践反国，乃苦身～思，置胆于坐，坐卧即仰胆，饮食亦尝胆也。——苦身焦思：让身体勤苦、心智焦忧。反：同“返”。

阶 jiē

本用：名词。台阶，阶梯。

①《荀子·乐论》：三揖至于～。——揖：拱手礼。

②《盐铁论·刑德》：犹释～而欲登高。——如同放下梯子而想登上高处。释：舍弃。

活用：

一、不及物动词。用阶梯。

③《论语·子张》：夫子之不可及也，犹天之不可～而升也。——他老人家不可以赶得上，犹如青天不可以用阶梯爬上去。

二、及物动词，使动用法。把……作为阶梯。

④《左传·隐公三年》：将立洲吁，乃定之矣，若犹未也，～之为祸。——如果准备立州吁为太子，那就定下来，如果还定不下来，（州吁）就会拿它作为阶梯而酿成祸乱。州吁：卫国公子。“阶之”的“之”：指受到卫庄公的宠爱。

三、及物动词，为动用法。为……准备阶梯。

⑤《国语·周语中》：今王外利矣，其无乃～祸乎？——现在大

王树利于外（指夷狄之族），恐怕会替祸乱准备阶梯吧？

⑥独孤及《吴季子札论》：（吴公子季札）独守纯白，不干义嗣，是洁己而遗国也。吴之覆亡，君实～祸。——洁己：使自己保持纯洁。洁：形容词使动用法。遗：抛弃。

洁 jié

本用：形容词。干净，纯洁，清白。

①《论语·述而》：人洁己以进，与其～也，不保其往也。——别人把自己弄得干干净净的而来，便应当赞许他的干净，不要死记住他那过去。与：赞成，赞许。保：守。

②《吕氏春秋·贵公》：清廉～直。

活用：及物动词，使动用法。使……洁。

③《论语·微子》：长幼之节，不可废也；君臣之义，如之何其废之？欲～其身，而乱大伦。——长幼之间的礼节，是不可能废弃的；君臣之间的恩义，怎么能废弃呢？你原想保持自身的纯洁，却搞乱了君臣之间的大伦。大伦：宋代朱熹说："伦，序也。人之大伦有五：父子有亲，君臣有义，夫妇有别，长幼有序，朋友有信。"这里指君臣之义。

④《庄子·让王》：今天下暗，周德衰，其并乎周以涂吾身也，不如避之以～吾行。——现在天下一片昏暗，周德也衰落了，与其依傍于周王朝使我们受到玷污，不如避开它而使我们自身保持纯洁。其：犹"与其"。涂：污。

⑤《荀子·不苟》：君子～其身而同焉者合矣，善其言而类焉者应矣。——君子能做到自身清白，那么与他志同道合的人就会来附和；能做到说话符合礼义法度，那么与他同样的人就会响应。

⑥《史记·乐毅列传》：臣闻古之君子，交绝不出恶声；忠臣去国，不～其名。——我听说古代的君子，交情断绝不说难听的话；忠臣离开自己的国家，不设法保持自己名声的高洁。

竭 jié

本用：形容词。穷尽。

①《庄子·天下》：一尺之捶，日取其半，万世不~。——捶：同“棰”，短木棍。

活用：及物动词，使动用法。使……竭。

②《三国志·魏书·高堂隆传》：岂可疲民之力，~民之财！——怎么能让民力疲惫、民财穷尽呢！

界 jiè

本用：名词。地域的界限，边界。

①《史记·秦始皇本纪》：发兵守其西~。

活用：

一、不及物动词。分界。

②《史记·匈奴列传》：十余年而蒙恬死，……于是匈奴得宽，复稍度河南与中国~于故塞。——与中国界于故塞：在故塞与中国分界。蒙恬：秦大将。

二、及物动词，使动用法。把……作为边界。

③《史记·商君列传》：魏居领厄之西，都安邑，与秦~河而独擅山东之利。——与秦界河：与秦国以黄河为界。领：通“岭”，指山岭。厄：险要之地。安邑：地名。擅：占有。山东：战国秦汉时称崤山或华山以东为山东。

谨 jǐn

本用：形容词。谨慎，小心。

①《史记·李斯列传》：~奉法令。

活用：

一、及物动词，一般用法。谨慎地对待。

②《孟子·梁惠王上》：~庠序之教，申之以孝悌之义，颁白者不负戴于道路矣。——认真地对待学校教育，反复地用孝顺父母尊敬兄长的道理来训导他们，（那么人人都会敬老尊长）须发花白的老人就不会头顶背负着重物在路上行走了。庠序：古代乡学，商朝叫序，周朝叫庠，这里泛指学校。申：重复，指反复说明。孝悌：善于奉侍父母叫孝，善于尊敬兄长叫悌。颁白：也写作“斑”，须发半白。负戴：负是背东西，戴是用头顶东西。

③权德舆《两汉辨亡论》：暨乎手持政柄，体国存亡，则~之于初，决之于始，以导善气，以遏乱源。——谨之于初：在开始就谨慎地对待它。暨：到，至。

④刘蕡《对贤良方正直言极谏策》：陛下既能~其始，又能~其终，懋而修之，勤而行之，则可以执契而居简，无为而不宰矣。——既能谨其始，又能谨其终：既能谨慎地对待事物的开始，又能谨慎地对待事物的终了。即做事能有始有终的意思。懋：勤勉。

二、及物动词，使动用法。使……谨慎。

⑤《墨子·尚贤中》：此言三圣人者，~其言，慎其行，精其思虑。——这是说三位圣人（指伯夷、禹、稷三人），能使自己的言行谨慎，使自己的思虑专一。

尽 jìn

本用：形容词。竭，完，全。

①《墨子·公输》：公输盘九设攻城之机变，子墨子九距之。公输盘之攻械~，子墨子之守圉有余。——距：通“拒”。守圉：防守抵御的战术。

②晁错《言守边备塞疏》：（胡人）美草甘水则止，草~水竭则移。

活用：及物动词，使动用法。使……尽。

③《墨子·非攻中》：然则土地者，所有余也；王民者，所不足也。今~士民之死，严下上之患，以争虚城，则是弃所不足而重所有余也。——尽士民之死：使士民全都战死。严下上之患：使上下的祸患更加危急。重所有余：使有余的更多。

④《左传·文公十四年》：公子商人骤施于国，而多聚士，~其家，贷于公、有司以继之。——公子商人（人名）屡次在国内施舍财物，蓄养了许多门客，把他的家产全部用完了，又从公室和官员那里借贷而继续施舍。有司：官吏。古代设官分职，事各有专司，故称有司。

⑤《庄子·养生主》：可以保身，可以全生，可以养亲，可以~年。——可以保住自身，可以全养性灵，可以颐养其新生之机，可以享尽天年。生：通“性”，性灵。亲：高亨说“当读为新”。

⑥《史记·张耳陈余列传》：夫秦为无道，破人国家，灭人社稷，绝人后世，罢百姓之力，~百姓之财。——尽百姓之财：耗尽百姓的财富。罢：通“疲”。罢百姓之力：使百姓之力疲惫。

⑦《史记·樊郦滕灌列传》：哙既饮酒，拔剑切肉食，~之。——尽之：把肉全部吃掉了。哙：樊哙，汉王刘邦的大将。

⑧《三国志·魏书·杜畿传》：古之帝王所以能辅世长民者，莫不远得百姓之欢心，近~群臣之智力。——近尽群臣之智力：近处能得到群臣全部的智慧和力量。

⑨孙樵《书褒城驿壁》：渔钓，则必枯泉汩泥~鱼而后止。——捉鱼，一定要把泉水搞干，把泥搅混，把鱼捉完，然后才停止。

进 jìn

本用：动词。就其所处的位置向前、向上皆称进。

①《孙子·军争》：勇者不得独~，怯者不得独退。

活用：使动用法。使……进。

②《论语·述而》：孔子退，揖巫马期而~之。——孔子走了出来，[陈司败（人名）] 便向巫马期作了揖，请他上前走近自己。巫马期：孔子学生。

③《论语·先进》：子曰："求也退，故~之；由也兼人，故退之。"——孔子说："冉求平日做事退缩，所以我让他大胆向前；仲由喜欢胜过别人，所以我要压压他。"兼人：指胜人。

④《墨子·兼爱中》：越王亲自鼓其士而~之。——见"鼓gǔ"例②。

⑤《荀子·富国》：守时力民，~事长功，和齐百姓，使人不偷，是将率之事也。——遵守农时，督促人民努力劳动，使农业发展，增长功利，使百姓和睦一致，使人不苟且，这是将帅的事。率：同"帅"。将率：即"将帅"。古时将帅兼管军民。

近 jìn

本用：形容词。空间或时间距离短。

①《论语·卫灵公》：人无远虑，必有~忧。

②《韩非子·说林上》：远水不救~火也。

活用：

一、及物动词，一般用法。接近。

③《三国志·魏书·董昭传》：夫戚族人而疏所生，内所寓而外王室，怀邪禄而叛知己，远福祚而~危亡，弃明义而收大耻，不亦可惜邪！——远福祚而近危亡：远离幸福而接近危亡。戚族人而疏所生：亲近同族之人而疏远生身之父。

二、及物动词，使动用法。使……亲近。

④《史记·李斯列传》：尽除去先帝之故臣，更置陛下之所亲信者~之。——把先帝（指秦始皇）的老臣全部除去，换上陛下所亲信的人让他们充当近臣。

劲 jìn

本用：形容词。强，坚强有力。

①《墨子·节葬下》：耳目不聪明，手足不～强，不可用也。——聪：听力好。明：视力好。

②《荀子·王制》：刑政平，百姓和，国俗节，则兵～城固。——刑政平：刑罚政令适当。国俗节：国家风俗有节制。

活用：及物动词，使动用法。使……劲。

③《荀子·王制》：权者重之，兵者～之，名声者美之，夫尧、舜者一天下也，不能加毫末于是矣！——重视政权，加强军事力量，努力提高名声威望，这就是尧舜统一天下的做法，不能对此再增加一丝一毫了。

④《战国策·东周》：周恐，必以国合于所与粟之国，则是～王之敌也。——则是劲王之敌也：那么这样就等于使大王的敌国强大了。

⑤《战国策·秦策一》：楚攻魏，张仪谓秦王曰："不如与魏以～之。"——不如与魏以劲之：不如援助魏国增强它的兵力（抵御楚国）。与：助。

⑥《战国策·秦策四》：肥韩魏于中国而～齐。

⑦《战国策·楚策二》：睢战胜秦，三国恶楚之强也，恐秦之变而听楚也，必深攻楚以～秦。——必深攻楚以劲秦：必定大肆进攻楚国以增强秦国伐楚的信心。睢：昭睢，楚国大将。三国：指齐国、韩国、魏国。这三个国家和秦国一道攻伐楚国。

惊 jīng

本用：形容词。惊惧，吃惊，震惊。

①《战国策·赵策一》：（赵）襄子至桥而马～。

②《史记 · 淮阴侯列传》：至拜大将，乃韩信也，一军皆～。

活用：

一、及物动词，使动用法。使……惊。

③《左传 · 隐公元年》：庄公寤生，～姜氏，故名曰“寤生”，遂恶之。——庄公是脚先头后生出来的，使姜氏感到惊恐，所以取名叫“寤生”，并因此讨厌他。寤：同“牾”，逆，倒着。寤生：胎儿脚先出来，等于说难产。姜氏：庄公之母。

④《庄子 · 天运》：蛰虫始作，吾～之以雷霆。——蛰虫开始活动了，我用雷霆使它们受到震惊。蛰虫：伏藏在土中过冬的昆虫。

⑤《史记 · 张释之冯唐列传》：文帝怒曰：“此人亲～吾马，吾马赖柔和，令他马，固不败伤我乎？”——此人亲惊吾马：这个人本人使我的马受惊。令：假令。

⑥《史记 · 司马相如列传》：今闻其乃发军兴制，～惧子弟，忧患长老，……皆非陛下之意也。——惊惧子弟，忧患长老：使后辈年轻人惊慌害怕，使长辈年纪大的人担忧。

二、及物动词，为动用法。为……而惊。

⑦《庄子 · 逍遥游》：吾～怖其言，犹河汉而无极也。——我对他的话感到震惊惶恐，（他的话）就像天上银河一样邈无边际。河汉：指天上银河。极：尽头。

⑧《史记 · 刺客列传》：酒酣，严仲子奉黄金百溢，前为聂政母寿。聂政～怪其厚，固谢严仲子。——惊怪其厚：对他送礼之重感到震惊和奇怪。溢：通“镒”，古代重量单位，二十两为一镒，一说二十四两为一镒。固：坚决。谢：谢绝。

静 jìng

本用：形容词。安静，平静；安定。

①《论语 · 雍也》：知者动，仁者～。

②《墨子 · 非攻下》：神民不违，天下乃～。——神与百姓都不

违背（禹），天下于是就安定了。

活用：及物动词，使动用法。使……静。

③《荀子·王制》："马骇舆，则莫如～之。"——马如果惊车，就不如使它安静下来。

④《史记·范雎蔡泽列传》：夫商君为秦孝公明法令，……以～生民之业而一其俗。——商鞅替秦孝公明确法令，……以便让百姓职业稳定并且统一他们的习俗。

⑤《三国志·魏书·三少帝纪》：昔圣帝明王，～乱济世。——静乱济世：使动乱安定下来救助天下。

窘 jiǒng

本用：形容词。困窘，窘迫。

①《列子·黄帝》：先～于饥寒。

活用：及物动词，使动用法。使……窘。

②《战国策·韩策三》：秦楚挟韩以～魏，魏氏不敢东。——窘魏：使魏国困窘。东：向东。

③《史记·季布栾布列传》：季布者，楚人也。……项籍使将兵，数～汉王。——数窘汉王：屡次使汉王刘邦陷入困境。

④《史记·季布栾布列传》：滕公曰："布数为项羽～上，上怨之，故必欲得之。"——布：季布。上：皇上，指汉高祖刘邦。

久 jiǔ

本用：形容词。时间长。

①《论语·述而》：～矣吾不复梦见周公！——我好长时间没再梦见周公了！

活用：

一、及物动词，使动用法。使……长久。

②王安石《上仁宗皇帝言事书》：贤者则其功可以至于成，不肖者则其罪可以至于著。故～其任而待之以考绩之法。——久其任：使他们任职的时间长一些。不肖者：不贤者。考绩：考察政绩。

二、及物动词，意动用法。以……为久。

③《韩非子·说难》：径省其说，则以为不智而拙之；米盐博辩，则以为多而～之。——进说者的话直截了当，君主就以为他不聪明，觉得他笨拙；进说者具体细致地广博谈论，君主就以为他废话连篇，嫌他说得太长。径：直接。米盐：形容具体细致。

惧 jù

本用：动词。恐惧，害怕。

①《论语·里仁》：父母之年，不可不知也。一则以喜，一则以～。——父母的年纪不能不时时记在心里。一方面因（其高寿）而喜欢，另一方面又因（其年龄大）而有所恐惧。

②《左传·哀公二年》：彼见吾貌，必有～心。——他们看到我的面貌，必然有恐惧之心。

③《史记·扁鹊仓公列传》：简子疾，五日不知人，大夫皆～。——不知人：指不省人事。

活用：

一、使动用法。使……惧。

④《老子》：民不畏死，奈何以死～之。——惧之：使他们害怕。

⑤《左传·庄公十九年》：吾～君以兵，罪莫大焉。——我用武器使国君害怕，没有比这再大的罪过了。

⑥《左传·庄公二十八年》：若使大子主曲沃，而重耳、夷吾主蒲与屈，则可以威民而～戎，且旌君伐。——如果让太子主管曲沃，

又让重耳、夷吾主管蒲地和屈地，就可以威慑百姓，使戎人害怕，而且可以彰显君王的功劳。曲沃、蒲、屈：都是地名。重耳、夷吾：晋国公子。伐：功劳，功业。

⑦《左传·宣公十七年》：使反者得辞，而害来者，以~诸侯，将焉用之？——让回去的人得到逃走的理由，而伤害前来的人，以使诸侯害怕，这有什么用？

⑧《左传·襄公二十五年》：一与一，谁能~我？——一个对一个，谁能让我们害怕？

⑨《左传·昭公十二年》：帅师围徐以~吴。——（楚王派人）率领军队包围徐国以使吴国害怕。

⑩《左传·哀公七年》：晋范鞅贪而弃礼，以大国~敝邑。——晋国的范鞅贪婪而抛弃礼仪，用大国的势力来使我国恐惧。敝邑：谦称，指“我国”。

二、为动用法。为……而惧。

⑪《左传·文公三年》：晋人~其无礼于公也，请改盟。——晋国人为他们曾经对鲁文公无礼而感到恐惧，请求改订盟约。

觉 jué

本用：动词。醒悟，觉悟。

①《孟子·万章上》：予，天民之先~者也。——我，是百姓中间首先觉悟的人。

活用：使动用法。使……觉。

②《孟子·万章上》：予将以斯道~斯民也。非予~之，而谁也？——我就用这个尧舜之道使现在的人觉悟。不是我使他们觉悟，还有谁呢？

③王安石《王深父墓志铭》：以明先王之道，~后世之民。——觉后世之民：使后代的百姓觉悟。明先王之道：使先王之道彰明。

爵 jué

本用：名词。爵位；君主国家所封的等级。

①《韩非子·定法》：官~之迁与斩首之功相称也。——迁：提升。斩首之功：杀敌的功劳。

活用：

一、及物动词，一般用法。升爵。

②《韩非子·定法》：斩一首者~一级，欲为官者为五十石之官；斩二首者~二级，欲为官者为百石之官。——斩获一个甲首的升爵一级，想做官的给年俸五十石的官；斩获两个甲首的升爵两级，想做官的给年俸一百石的官。

二、及物动词，使动用法。使……得到爵位。

③贾谊《治安策》：擅~人，赦死罪。——爵人：拿爵位给人。

④《史记·郑世家》：楚王诸弟皆谏王赦之，于是赦解扬使归。晋~之为上卿。——晋爵之为上卿：晋国授给他爵位做了上卿。

⑤《史记·樗里子甘茂列传》：秦惠王八年，~樗里子右更。——秦惠王八年，授给樗里子右更的爵位。樗里子：秦惠王之弟。右更：秦国爵位名，第十四级。

⑥《三国志·魏志·邓艾传》：可封禅为扶风王，锡其资财，供其左右。……~其子为公侯，食郡内县，以显归命之宠。——禅：刘禅。锡：赐给。归命：归顺。

军 jūn

本用：名词。军队。

①《左传·襄公十四年》：成国不过半天子之~。——大国不超过天子军队的一半。

②《史记·项羽本纪》：大破秦~。

活用：

一、不及物动词。指挥军队。

③《左传·桓公五年》：祝聃射王中肩，王亦能～。——祝聃射中周天子的肩膀，但周天子还可以指挥军队。

二、及物动词，一般用法。攻打。

④《左传·成公七年》：郑共仲、侯羽～楚师，囚郧公钟仪，献诸晋。——郑国的共仲、侯羽攻打楚军，囚禁郧公钟仪，把他献给晋国。

⑤《左传·襄公二十六年》：楚师轻窕，易震荡也。若多鼓钧声，以夜～之，楚师必遁。——楚军轻佻，容易被震动。如果同时敲击许多鼓发出大声，在夜里全军进攻，楚军必然逃走。窕：通“佻”。

均 jūn

本用：形容词。平均，均匀。

①《论语·季氏》：不患寡而患不～，不患贫而患不安。——不担心财富不多，而担心财富不均；不担心人少，而担心境内不安定。

活用：及物动词，使动用法。使……平均。

②《史记·夏本纪》：（禹）命后稷予众庶难得之食。食少，调有余相给，以～诸侯。——以均诸侯：用来使诸侯之食平均。后稷：周的祖先，为舜农官。众庶：庶民，百姓。

③刘蕡《对贤良方正直言极谏策》：臣愿陛下贯文武之道，～兵农之功。——均兵农之功：使军功、农功一样重要，即不重兵轻农。

君 jūn

本用：名词。国君，君主。

①《孟子·梁惠王上》：万乘之国，弑其君者，必千乘之

家。——家：拥有封邑的大夫。有封邑当然也有兵车。

②《荀子·非相》：彼后王者，天下之～也。——后王：近时的君主。

活用：

一、不及物动词。行君道。

③《左传·宣公二年》：晋灵公不～。——晋灵公不行君道。

④《国语·周语中》：为臣必臣，为君必～。——做臣下的，一定要像臣下；做国君的，一定要像国君。

二、及物动词，一般用法。做君主；君临。

⑤《左传·桓公二年》：～人者将昭德塞违，以临照百官，犹惧或失之。——做人君的，要使道德彰明并阻塞邪恶，以监视百官，还怕有所遗漏。

⑥《左传·襄公二十五年》：～民者，岂以陵民？——做百姓君主的人，难道是以他的地位来高居于百姓之上吗？

⑦《庄子·德充符》：始也吾以南面而～天下，执民之纪而忧其死，吾自以为至通矣。——先前我以君主的地位君临天下，掌握着教化人民的纲纪，忧虑着人民的生死存亡，我自认为相当通达完善了。南面：君主坐北朝南，因称居君位为南面。

⑧《荀子·富国》：故～国长民者，欲趋时遂功，则和调累解，速乎急疾。——所以，做国家的君主、做百姓的长官的人，打算迅速取得统治的功效，用调和宽缓的方法要比用急于求成的方法快。趋时：迅速。累解：宽缓。

⑨《史记·周本纪》：古公曰："……民欲以我故战，杀人父子而～之，予不忍为。"——君之：做他们的君主。古公：周之先祖。

⑩嵇康《与山巨源绝交书》：以此观之，故尧、舜之～世，许由之岩栖，子房之佐汉，接舆之行歌，其揆一也。——君世：君临人世。许由：尧时的隐士。岩栖：在岩洞中居住，指隐居。子房：张良，字子房，曾帮助汉高祖刘邦平定天下。接舆：春秋时楚国的隐士。揆：道。其揆一也：指以上这些人的处世之道是一致的，都是顺

乎本性。

三、及物动词，使动用法。使……为君。

⑪《孟子·公孙丑上》：得百里之地而～之，皆能以朝诸侯，有天下。——君之：让他们做君主。

四、及物动词，意动用法。以……为君。

⑫《韩非子·忠孝》：尧为人君而～其臣——君其臣：以其臣为君。

⑬韩愈《原道》：臣焉而不～其君。——不君其君：不把君主看作君主。

康 kāng

本用：形容词。昌盛；安乐。

①《诗经·唐风·蟋蟀》：无已大～，职思其居。——不要太安乐，要常想着自己所处的地位。无已：不要。大：太。职：常。居：所处的地位。

②《礼记·礼运》：如有不由此者，在执者去，众以为殃，是谓小～。——由此：由，用。此，指礼。执：同“势”，职位。去：罢免，黜退。

活用：及物动词，使动用法。使……安乐，使……昌盛。

③《尚书·蔡仲之命》：～济小民。——孔安国传：“当安小民之居，成小民之业。”意思是使人民生活安乐，使人民的产业有所成就。

④《后汉书·百官志》：程是师徒，宁民～国。——宁民康国：使人民安宁，使国家安定。程：规定名额，设置。师徒：此处指官员。

⑤宋濂《大言》：先生不鄙夷敝邑，不远千里，将～我楚邦。——康我楚邦：使我们楚国昌盛安乐。

苛 kē

本用：形容词。苛刻，繁重。

①《礼记·檀弓下》：小子识之，~政猛于虎也。——识：记住。

活用：及物动词，使动用法。使……苛刻；使……繁重。

②《荀子·富国》：~关市之征以难其事。——加重关税的征收给百姓制造困难。

可 kě

本用：动词。可以，行。

①《论语·公冶长》：季文子三思而后行，子闻之曰："再，斯~矣。"——再：两次。

活用：及物动词，意动用法。认为……可以。

②《庄子·天地》：夫子问于老聃曰："有人治道若相放，~不可，然不然。"——孔夫子问老聃道："有人研究道，好像是相互违逆似的，不可以的他认为可以，不对的他认为对。"放，通"反"。

③柳宗元《答韦中立论师道书》：吾子好道而~吾文，或者其于道不远矣。——可吾文：认为我的文章可以，还不错。吾子：对对方的亲切称呼。或者：或许，大概。

客 kè

本用：名词。客人，宾客。

①《周易·需》：有不速之~三人来。

②《论语·公冶长》：子曰："赤也，束带立于朝，可使与宾~言也，不知其仁也。"——孔子说："公西赤呀，穿着礼服立于朝廷

之中，可以让他与外宾交谈，但我不知道他有没有仁德。”带：衣带，此代称礼服。

③《战国策·齐策四》：孟尝君曰：“食之，比门下之~。”——食：供给饮食。比：同。

活用：

一、及物动词，一般用法。（以宾客之礼）招待。

④《墨子·耕柱》：子墨子游耕柱子于楚。二三子过之，食之三升，~之不厚。——子墨子让耕柱子到楚国出游求官。几个弟子去访问耕柱子，耕柱子每顿饭供食三升，招待他们不优厚。过：访问。

⑤《史记·孟尝君列传》：孟尝君过赵，赵平原君~之。——客之：以宾客之礼招待他。

二、及物动词，使动用法。让……为客。

⑥《战国策·齐策四》：（冯谖）过其友，曰：“孟尝君~我！”——客我：让我做了他的门客。

⑦《史记·吴太伯世家》：于是伍员知（公子）光有他志，乃求勇士专诸，见之光。光喜，乃~伍子胥。——客伍子胥：让伍子胥做了宾客。见之光：让他（专诸）拜见公子光。

三、作状语。作为宾客……

⑧《史记·齐太公世家》：晋大夫栾盈奔齐，庄公厚~待之。

⑨《史记·孙子吴起列传》：齐将田忌善而~待之。——善：好。认为（孙膑）很好。

空 kōng

本用：形容词。空虚。

①《孟子·尽心下》：不信仁贤则国~虚。

②《管子·五辅》：仓廪实而囹圄~。——囹圄：监狱。

活用：及物动词，使动用法。使……空虚。

③《孟子·告子下》：~乏其身。——见“饿 è”例②。

④《韩非子·内储说上·七术》：叔孙已死，竖牛因不发丧也，徙其府库重宝～之而奔齐。——空之：把府库搞空。

⑤《史记·仲尼弟子列传》：臣请东见越王，令出兵以从，此实～越，名从诸侯以伐也。——空越：使越国空虚。

⑥韩愈《送温处士赴河阳军序》：伯乐一过冀北之野，而马群遂空。夫冀北马多于天下，伯乐虽善知马，安能～其群邪？——空其群：选尽冀北马群（中的良马）。空：尽。

恐 kǒng

本用：动词。恐惧。

①《左传·僖公二十六年》：室如县磬，野无青草，何恃而不～？——房屋里像悬挂的磬一样（空无一物），田野里连青草都没有，依仗什么而不害怕？县：古“悬”字。

活用：使动用法。使……恐惧。

②枚乘《七发》：～虎豹，慴鸷鸟。——使虎豹恐惧，使鸷鸟惊怕。慴：畏惧。

③《史记·秦始皇本纪》：李斯因说秦王，请先取韩以～他国。——恐他国：使其他国家害怕。

④《史记·日者列传》：公见夫谈士辩人乎？虑事定计，必是人也。然不能以一言说人主意，故言必称先王，语必道上古；虑事定计，饰先王之成功，语其败害，以～喜人主之志，以求其欲。——恐喜人主之志：让人主心里害怕或高兴。说人主意：让君王心里高兴。说：同“悦”。

口 kǒu

本用：名词。嘴。

①《孟子·梁惠王上》：为肥甘不足于～与？——是因为肥美可

口的食物满足不了你的嘴吗？

活用：作状语。亲口；用口。

②《战国策·齐策六》：王至朝日，宜召田单而揖之于庭，~劳之。——口劳之：亲口慰劳他。揖之：对他作揖。揖：动词，为动用法。

③《史记·袁盎晁错列传》：人有告袁盎者，袁盎怒，夜见窦婴，为言吴所以反者，愿至上前~对状。——口对状：亲口陈述被诉状。对状：受审时陈述被诉状。

④《史记·匈奴列传》：郭吉既至匈奴，匈奴主客问所使，郭吉礼卑言好，曰："吾见单于而~言。"——口言：亲口（对单于）说。主客：负责对外接待的官员。

⑤《论衡·知实》：不目见~问，不能尽知也。——不亲眼见、亲口问，不能彻底了解。

⑥《汉书·艺文志》：仲尼思存前圣之业，……有所褒讳贬损，不可书见，~授弟子。——口授：以口传授；口头传授。存前圣之业：使前代圣贤之业保存下去。

哭 kū

本用：动词。哭泣。

①《论语·述而》：子于是日~，则不歌。——孔子如果在这一天哭过，那么就不再唱歌。

②《孟子·滕文公上》：昔者孔子没，三年之外，门人治任将归，人揖于子贡，相向而~，皆失声，然后归。——治任：收拾行李。

活用：为动用法。因……而哭；对着……哭。

③《左传·僖公三十二年》：蹇叔~之曰："孟子！吾见师之出而不见其入也！"——哭之：对着孟明他们哭。

④《左传·宣公十二年》：若为茅绖，~井则已。——哭井则

己：对着井哭的人就是我。若：你。为：动词，此处意为置放。茅经：草绳。若为茅经：你（在井口）放一根草绳。

⑤《孟子·尽心下》：~死而哀，非为生者也。——为死者痛哭而悲哀，并不是为了给活着的人看的。死：死者。

⑥蒋士铨《鸣机夜课图·记》：母愀然曰："呜呼！自为蒋氏妇，尝以不及奉舅姑盘匜（yí）为恨，而处忧患哀恸间数十年，凡~母，~父，~儿，~女夭折，今且~夫矣。未亡人欠一死耳，何乐为？"——哭母：为母亲逝世而哭。下面的"哭父，哭儿，哭女夭折"、"哭夫"中的"哭"都是动词，为动用法。愀然：容色动情的样子。奉舅姑盘匜：侍奉公婆。舅姑：丈夫的父母。盘匜：都是古代盥洗时盛水的器具。恨：遗憾。未亡人：旧时对丧夫后妇女的称呼。

苦 kǔ

本用：形容词。劳苦；困苦；痛苦。

①《墨子·七患》：故民~于外，府库单于内，上不厌其乐，下不堪其~。——单：通"殚"，尽，完。厌：满足。不厌其乐：对他们的安乐感到不满足。堪：忍受。

②《孟子·梁惠王上》：乐岁终身~，凶年不免于死亡。——乐岁：好年成。

③《商君书·外内》：故农之用力最~，而赢利少，不如商贾技巧之人。

活用：

一、及物动词，使动用法。使……困苦；使……劳苦。

④《墨子·七患》：当今之主，……~其役徒，以治宫室观乐。——现在的君主，……使那些役卒奴隶受尽劳苦，去建造宫室和观赏游乐的场所。观乐：观赏游乐，指观乐之所。

⑤《墨子·贵义》：今天下莫为义，子独自~而为义，子不若已。——自苦：让自己受苦。已：止，停止。

⑥《庄子·人间世》：夫柤梨橘柚，果蓏（luǒ）之属，实熟则剥，剥则辱；大枝折，小枝泄。此以其能～其生者也，故不终其天年而中道夭。——那些柤梨橘柚瓜果之类，果实熟了就被敲打下来，一敲打就受到摧折，大枝被折断了，小枝被去掉了。这就是由于它们的才能使自己的一生受苦，所以不能享尽它们的天年而中途夭折，剥：通“攴”，即“扑”，敲击。泄：去，除去。

⑦《庄子·在宥》：桀之治天下也，使天下瘁瘁焉，人～其性，是不愉也。——夏桀统治天下的时候，使天下人民愁苦不堪，人们让自己的本性受尽痛苦，这就是不宽愉。

⑧《庄子·庚桑楚》：吞舟之鱼，砀而失水，则蚁能～之。——苦之：使它受苦。砀而失水：流荡而脱离开水。

⑨《韩非子·初见秦》：不用一领甲，不～一士民，此皆秦有也。——不苦一士民：不让一个士民劳苦。

⑩《史记·高祖本纪》：当此时，彭越将兵居梁地，往来～楚兵，绝其粮食。——苦楚兵：使楚军困苦。绝其粮食：使楚军粮食断绝。绝：动词，使动用法。

⑪郑燮《范县署中寄舍弟墨第四书》：农夫上者种地百亩，其次七八十亩，其次五六十亩，皆～其身，勤其力，耕种收获，以养天下之人。——苦其身：使自身劳苦。勤其力：使自己的体力勤苦。

二、及物动词，意动用法。以……为苦。

⑫《史记·李将军列传》：是时汉边郡李广、程不识皆为名将，然匈奴畏李广之略，士卒亦多乐从李广而～程不识。——苦程不识：以跟随程不识为苦。乐从李广：以跟随李广为乐。

三、及物动词，为动用法。为……而苦。

⑬《韩非子·五蠹》：泽居～水者，买庸而决窦。——苦水：为水患所苦。泽居：在沼泽里住。买庸：雇工。庸，“佣”的本字，给人做工。决：开挖。窦：洞，这里指水道。

⑭《史记·高祖本纪》：楚汉久相持未决，丁壮～军旅，老弱罢转饷。——苦军旅：因战事而受苦。军旅：战事。罢转饷：因运粮而

疲劳。罢，通“疲”，形容词，为动用法。

⑮《史记·伍子胥列传》：（伍）奢闻子胥之亡也，曰：“楚国君臣且~兵矣。”——苦兵：为战争所苦。

⑯《史记·滑稽列传》：（西门）豹往到邺，会长老，问民之所疾苦。长者曰：“~为河伯娶妇，以故贫。”——苦为河伯娶妇：由于为河伯娶妇而受苦。

夸 kuā

本用：动词。夸大，夸耀。

①《诗经·大雅·板》：天之方懠，无为~毗。——上天正在发怒，不要说大话奉承。方：正。懠：愤怒。夸毗：夸，说大话；毗，附和，奉承。

②《吕氏春秋·下贤》：富有天下而不骋~。——骋夸：任意夸耀。

活用：为动用法。向……夸耀。

③《列子·杨朱》：而欲尊礼义以~人，矫情性以招名。——夸人：向人们夸耀。矫情性：改变本性。

④《史记·韩长孺列传》：驱驰国中，以~诸侯。——夸诸侯：向诸侯夸耀。

⑤曾巩《寄欧阳舍人书》：及世之衰，人之子孙者，一欲褒扬其亲而不本乎理。故虽恶人，皆务勒铭，以~后世。——夸后世：向后世夸耀。一：全部。亲：双亲，父母。勒铭：在山石、墓碑上刻写文字，以表彰、记功或记叙生平。

⑥司马光《训俭示康》：石崇以奢靡~人，卒以此死东市。——夸人：向人们炫耀。石崇：西晋富豪。东市：刑场。因汉代在长安东市处决犯人，后来就以东市指刑场。

⑦方孝孺《越巫》：（越巫）恒~人曰：“我善治鬼，鬼莫敢我抗。”——恒夸人：常常向人夸耀。莫敢我抗：莫敢抗我。

快 kuài

本用：形容词。愉快，痛快，畅快。

①《孟子·梁惠王上》：吾何～于是？——我为什么对此感到痛快呢？

②宋玉《风赋》：有风飒然而至，王乃披襟当之，曰："～哉此风！"——披襟：敞开衣襟。当之：对着风。

③《史记·魏公子列传》：公子行数里，心不～。

活用：

一、及物动词，使动用法。使……愉快，使……痛快。

④《左传·襄公二十八年》：君其往也！送葬而归，以～楚心。——快楚心：让楚国人心里愉快。

⑤李斯《谏逐客书》：夫击瓮叩缶，弹筝搏髀，而歌呼呜呜～耳目者，真秦之声也。——快耳目：使耳目感到舒服、痛快。瓮、缶：瓦器。叩：敲击。搏髀：拍大腿。

⑥《史记·老子韩非列传》：我宁游戏污渎之中自快，无为有国者所羁，终身不仕，以～吾志焉。——快吾志：让我自己心里痛快。污渎：小水沟。

⑦魏禧《大铁椎传》：贼能且众，吾欲护汝，则不～吾意。——不快吾意：使我心里不痛快。

二、及物动词，为动用法。对……感到高兴，痛快。

⑧《三国志·魏书·张郃传》：（张）郃～军败，出言不逊。——快军败：对我军失败而感到高兴。

⑨高启《书博鸡者事》：府佐～其所为，阴纵之，不问。——快其所为：对他（博鸡者）的所作所为感到很痛快。阴纵之：暗地里放任不管他。

宽 kuān

本用：形容词。宽松，舒缓；宽宏，宽厚。

①《论语·八佾》：子曰："居上不~，为礼不敬，临丧不哀，吾何以观之哉？"——孔子说："居于统治地位不宽宏大量，行礼不严肃认真，参加丧礼不悲哀，我怎么能看得下去呢？"

②《左传·昭公二十年》：政~则民慢，慢则纠之以猛。猛则民残，残则施之以~。~以济猛，猛以济~，政是以和。——政事宽大百姓就怠慢，怠慢就用严厉来纠正。严厉百姓就伤残，伤残就实施宽大。用宽大调剂严厉，用严厉调剂宽大，政事因此调和。

活用：

一、及物动词，使动用法。使……宽缓。

③《史记·卫将军骠骑列传》：（上）减陇西、北地、上郡戍卒之半，以~天下之徭。——宽天下之徭：减轻天下的徭役。

④《三国志·吴书·诸葛瑾传》：~刑罚。——见"薄 bó"例⑬。

二、及物动词，为动用法。对……宽厚。

⑤《墨子·非攻下》：督以正，义其名，必务~吾众，信吾师，以此授诸侯之师，则天下无敌矣。——宽吾众：对自己的民众宽厚。督以正：以正道率领。义其名：以义立名。信吾师：使自己的军队相信（自己）。授：当为"援"，援助。援诸侯之师，意思是说援盟小国以抵御大国，如墨子助宋御楚。

⑥《史记·吴太伯世家》：今不因此而灭之，又将~之，不亦难乎！且勾践为人能辛苦，今不灭，后必悔之。——宽之：对他宽容。悔之：为此感到后悔。

亏 kuī

本用：动词。欠缺，短少，亏损。

①《尚书·旅獒》：为山九仞，功~一篑。

②《诗经·鲁颂·閟宫》：不~不崩，不震不腾。——（鲁国像山一样）不减少不崩溃，（像水一样）不震荡不翻腾。此两句言鲁国稳定坚固。

③《管子·白心》：日极则仄，月满则~。——极：此处指正午。仄：偏斜。

活用：使动用法。使……亏损，使……受亏。

④《墨子·兼爱上》：子自爱不爱父，故~父而自利；弟自爱不爱兄，故~兄而自利；臣自爱不爱君，故~君而自利，此所谓乱也。——亏父而自利：让父亲受亏而使自己得利。

⑤《左传·襄公二年》：礼无所逆。妇，养姑者也，~姑以成妇，逆莫大焉。——礼不应有所不顺。媳妇是奉养婆婆的人，让婆婆亏损以成全媳妇，不顺没有比这更大的了。

⑥魏征《十渐不克终疏》：积而不已，将~圣德。——亏圣德：使圣德受到亏损。

愧 kuì

本用：形容词。惭愧，羞愧。

①《左传·昭公二十年》：若有德之君，外内不废，上下无怨，动无违事，其祝史荐信，无~心矣。——如果是有德行的君主，国家和宫里的事都没有荒废，上下没有怨恨，行动没有违逆之事，那么他的祝、史向鬼神陈说实际情况，就没有惭愧之心了。

②《孟子·尽心上》：仰不~于天，俯不怍于人。——怍：惭愧。

③《庄子·让王》：子贡逡巡而有~色。——子贡：孔子弟子。逡巡：徘徊不前；进也不是，退也不是。

活用：

一、及物动词，使动用法。使……惭愧。

④《史记·孝文本纪》：群臣如张武等受赂遗金钱，觉，上乃发御府金钱赐之，以~其心，弗下吏。——愧其心：让他们心里惭愧。

⑤《史记·刺客列传》：豫让曰："……且吾所为者极难耳！然所以为此者，将以~天下后世之为人臣怀二心以事其君者也。"——豫让说："……再说我所做的事是极端困难的！但是我之所以要做这件事，正是想以此让天下和后世那些做人臣而怀二心侍奉君主的人惭愧。"

二、及物动词，为动用法。为……而惭愧；对……感到惭愧。

⑥《荀子·儒效》：其穷也，俗儒笑之；其通也，……众人~之。——愧之：对他感到惭愧。其：指大儒。穷：穷困。俗儒：庸俗的儒者。通：通达，指当权做官。

⑦《楚辞·九章·思美人》：欲变节以从俗兮，~易初而屈节。——愧易初而屈节：为改变初衷、失去节操而感到惭愧。

⑧周容《芋老人传》：老人能于倾盖不意，作缘相国，奇已！不知相国何似，能不~老人之言否。——不知相国何似，能不愧老人之言否：不知相国类似（上面所说的）哪一种人，能对老人的话不感到惭愧吗？倾盖不意，作缘相国：无意之中相遇，结交了相国。倾盖：指途中相遇，停车交谈，两车车盖往一起倾斜。不意：无意，料想不到。作缘：结缘。

困 kùn

本用：形容词。困苦；困窘。

①《尚书·盘庚》：女不忧朕心之攸~。——女：汝，你，你们。朕：我。攸：语气助词。

②《墨子·尚贤中》：此道也，大用之天下则不窕：小用之则

不~。——此道：指“尚贤使能”之道。不窕：不亏缺，足够。窕，亏缺，不足。不困：不困窘，畅通。

③《礼记·中庸》：事前定则不~。

活用：

一、及物动词，使动用法。使……困窘，使……困苦。

④《左传·襄公二十二年》：子三~我于朝，吾惧，不敢不见。——您在朝廷上三次让我受窘，我害怕，不敢不来见您。

⑤《庄子·秋水》：~百家之知，穷众口之辩；吾自以为至达已。——使百家的才智都受到困窘，让众人的论辩无话可说，我自认为是最通达的了。

⑥《韩非子·观行》：故明主不穷乌获以其不能自举，不~离朱以其不能自见。——所以，英明的君主不拿举不起自身这件事让乌获狼狈，也不用看不见自己的面容这件事让离朱困窘。穷：与“困”同义。乌获：战国秦武王时的大力士。离朱：即离娄，传说为黄帝时人，视力极强，能看到百步以外的毫毛。

⑦柳宗元《段太尉逸事状》：太尉大泣曰：“乃我~汝。”——困汝：让你遭受困苦。

二、及物动词，为动用法。为……而困苦。

⑧《三国志·魏书·陈思王曹植传》：而数年以来，水旱不时，民~衣食。——困衣食：因衣食不足而困苦。

来　lái

本用：动词。由彼至此，由远及近，与“去”、“往”相对。

①《论语·学而》：有朋自远方~，不亦乐乎？

②《孟子·梁惠王上》：不远千里而~，亦将有以利吾国乎？

③司马迁《报任安书》：书辞宜答，会东从上~。——书辞：指任安给司马迁的书信。会：适逢、碰巧。上：皇上，指汉武帝。

活用：使动用法。使……来。

④《论语·季氏》：既～之，则安之。——见“安 ān”例⑪。

⑤《论语·季氏》：今由与求也，相夫子，远人不服，而不能～也。——来（之）：使他们来。由：仲由，字子路，一字季路。求：冉求，字子有。两人皆孔子学生。夫子：指季康子。

⑥《论语·子路》：近者悦，远者～。——境内的人使他高兴，境外的人使他来投奔。

⑦《左传·襄公二十一年》：子为正卿而～外盗，使纥去之，将何以能？——您做正卿，反而使外边的盗贼进来；让纥去掉国内的盗贼，纥凭什么能够办到？

⑧《史记·孝文本纪》：古之治天下，朝有进善之旌，诽谤之木，所以通治道而～谏者。今法有诽谤妖言之罪，是使众臣不敢尽情，而上无由闻过失也。将何以～远方之贤良？——来谏者：使进谏者来。来远方之贤良：使远方之贤良来。进善之旌：有进者，立于旌下言之。亦曰告善旌。诽谤之木：尧舜始设诽谤之木于大路街口，其作用有二：一是下层人有意见可写于其上，让下情上达。二是起着路标作用。

⑨《三国志·魏书·邓艾传》：今宜厚刘禅以致孙休，安士民以～远人。——来远人：使远方之人来。厚：此处意为“厚待”。安士民：使士民安乐。

劳₁ láo

本用：形容词。勤劳，劳苦；疲劳。

①《论语·泰伯》：恭而无礼则～，慎而无礼则葸。——注重容貌态度的端庄，却不知礼，就未免劳倦；只知谨慎，却不知礼，就流于畏葸懦弱。

②《左传·僖公三十二年》：师～力竭，远主备之，无乃不可乎？——劳：疲劳。远主：远方的君主，这里指郑国国君。无乃：表

示委婉语气的副词。大概，恐怕。

③《国语·越语下》：~而不矜其功。——劳苦而不去夸耀自己的功劳。

④《孟子·梁惠王下》：饥者弗食，~者弗息。——饥饿的人得不到饭吃，劳苦的人得不到休息。

活用：

一、及物动词，使动用法。使……劳。

⑤《论语·子路》：子路问政。子曰："先之~之。"——子路请教治政的事。孔子说："自己给百姓带头，然后让他们勤劳地工作。"先：此处意为"走在前头"。

⑥《论语·宪问》：爱之，能勿~乎？忠焉，能勿诲乎？——爱他，能不叫他劳苦吗？忠于他，能不教诲他吗？

⑦《左传·僖公三十二年》：~师以袭远，非所闻也。——使军队劳苦，去袭击远方国家，不是我所听见过的事。

⑧《孙子·计》：佚而~之，亲而离之。——敌人安逸，（就要设法）使之疲劳；敌人内部团结，（就要设法）离间他们。

⑨《庄子·在宥》：必静必清，无~汝形，无摇女精，乃可以长生。（形体果然正）精神更清静，不用你劳形，不用你操心，便可得长生。——无劳汝形：不要使你的形体受到劳累。无摇女精：不要让你的思想有所活动。

⑩《史记·五帝本纪》：~勤心力耳目，节用水火材物。有土德之瑞，故号黄帝。——劳勤心力耳目：使心力耳目劳苦。

⑪《盐铁论·本议》：备之则~中国之士，不备则侵盗不止。——劳中国之士：使中原之士疲劳。

二、及物动词，为动用法。为……劳。

⑫《吕氏春秋·疑似》：此褒姒之所用死，而平王以东徙也，秦襄、晋文之所以~王而赐地也。——劳王：为王室辛劳。褒姒：周幽王宠妃。平王：周平王。

劳$_2$ láo

本用：动词。劳动。

①《庄子·天运》：是犹推车于陆地，~而无功。

活用：使动用法。使……劳动。

②《论语·子张》：君子信而后~其民；未信，则以为厉己也。——君子必须得到信任以后才去使百姓劳动，否则百姓会以为你在折磨他们。

③《论语·尧曰》：择可劳而~之，又谁怨？——选择可以劳动的（时间、情况、人民）然后再去使他们劳动，又有谁来怨恨呢？

老$_1$ lǎo

本用：名词。老人。

①《左传·襄公二十六年》：归~幼，反孤疾。——使年纪老的和年纪小的都回去，使孤儿和有病的也都回去。

活用：及物动词，意动用法。以……为老。

②《孟子·梁惠王上》：~吾老，以及人之老；幼吾幼，以及人之幼，天下可运于掌。——把我的长辈当作长辈（来尊敬），并且把这恭敬之心推及别人的长辈身上；把我的晚辈当作晚辈（来抚爱），并且把这抚爱之心推及到别人的晚辈身上，那么天下就可以运转在手掌上。

③《荀子·修身》：~老，而壮者归焉；不穷穷，而通者积焉。——把年老人当作年老人（来尊敬），因而壮年人就来归顺了；不使走投无路的人走投无路，因而明通事理的人就凑聚来了。

老$_2$ lǎo

本用：形容词。年纪大，引申为衰落，疲怠。

①《论语·季氏》：及其~也，血气既衰，戒之在得。——等年老了，血气已经衰弱，便要警戒，莫贪求无厌。

②《左传·僖公二十八年》：楚师~矣。——楚国的军队已经疲怠了。

③《史记·汲郑列传》：上以为~，以（郑）庄为汝南太守。

④《说苑·建本》：~而好学，如炳烛之明。

活用：

一、及物动词，使动用法。使……疲惫。

⑤《左传·襄公八年》：完守以~楚，杖信以待晋，不亦可乎？——整治守备以使楚军疲惫，依靠信用以等待晋军，不也是可以吗？

⑥《资治通鉴·晋武帝太元七年》：（谢）石闻（苻）坚在寿阳，甚惧，欲不战以~秦师。——老秦师：使前秦军疲惫。

二、及物动词，意动用法。认为……老。

⑦《汉书·赵充国传》：时充国年七十余，上~之。——老之：认为他年老。

乐 lè

本用：形容词。喜悦，快乐。

①《论语·学而》：有朋自远方来，不亦~乎？

②《左传·隐公元年》：大隧之中，其~也融融。——融融：形容和睦快乐的样子。

③《孟子·梁惠王上》：古之人与民偕~，故能~也。

④范仲淹《岳阳楼记》：先天下之忧而忧，后天下之~而~

乎？——先、后：此处意为“在……之前”、“在……之后”。

活用：

一、及物动词，使动用法。使……乐。

⑤《墨子·兼爱下》：禹之征有苗也，非以求重富贵，干福禄，~耳目也。——乐耳目：使耳目愉快。有苗：即苗人。重富贵：加重富贵。干：求。

⑥《庄子·在宥》：昔尧之治天下也，使天下欣欣然，人~其性，是不恬也。——往日唐尧统治天下的时候，使天下的人民快快乐乐，人人让自己的本性都给乐坏了，这就不能恬静。

⑦《战国策·赵策二》：昔舜舞有苗，而禹袒入裸国，非以养欲而~志也。——养欲而乐志：意思是舜和禹并不是想借此培养什么欲望和使自己心情愉快。有苗：苗人。舞有苗：对着苗人跳舞，表示修德教，不用武力征服，苗人就降服了。袒：裸露。裸国：一作倮国，古代传说中不知道穿衣服的国家。相传禹曾去过裸国。

⑧《三国志·魏书·管宁传》：此君笃学隐居，不与时竞，以道~身。——乐身：使身心愉悦。笃学：笃志于学。

二、及物动词，意动用法。以……为乐。

⑨《论语·季氏》：孔子曰：“益者三乐，损者三乐。~节礼乐，~道人之善，~多贤友，益矣。~骄乐，~佚游，~晏乐，损矣。”——孔子说：“有益的快乐三种，有害的快乐三种。以得到礼乐的调节为快乐，以宣扬别人的好处为快乐，以交了不少有益的朋友为快乐；便有益了。以骄傲为快乐，以游荡忘返为快乐，以饮食荒淫为快乐，便有害了。”

⑩《左传·庄公二十年》：寡人闻之，哀乐失时，殃咎必至，今王子颓歌舞不倦，~祸也。夫司寇行戮，君为之不举，而况敢~祸乎！——乐祸：以祸患为乐。王子颓：人名。不举：不举乐，不举行娱乐活动。

⑪《孟子·梁惠王下》：~民之乐者，民亦~其乐；忧民之忧者，民亦忧其忧。——以百姓的快乐为自己快乐的，百姓也会以国王

的快乐为自己的快乐；以百姓的忧愁为自己的忧愁的，百姓也会以国王的忧愁为自己的忧愁。

⑫《荀子·不苟》：君子能则人荣学焉，不能则人~告之。——乐告之：以告诉他为快乐。荣学焉：以向他学习为荣。

三、及物动词，为动用法。为……而乐。

⑬《史记·赵世家》：缪王使造父御，西巡狩，见西王母，~之忘归。——乐之：为此而乐。缪王：周缪王。造父：人名，善于驾车，被周缪王所宠幸。

⑭欧阳修《丰乐亭记》：俯仰左右，顾而~之。——乐之：为此而快乐。

雷 léi

本用：名词。空中激电所发生的爆炸声。

①《礼记·月令》：是月也，~乃发声。

活用：作状语。像雷一样地……

②《庄子·在宥》：故君子苟能无解其五藏，无擢其聪明，尸居而龙见，渊默而~声，神动而天随，从容无为而万物炊累焉，吾又何暇治天下哉！——所以，真正的君子如果能不肢解自身的本性，不显拔自己的聪明，他就只是像死尸一样的呆居者，但人们看来却像神龙一样地出现；他只是像深渊一样地静默，但人们听来却又像发出巨雷一样的声音。他的精神状态、举止周旋，以自然之理为依随，他的态度从容无为，而万物也都像吹动着的尘埃，袅袅升腾，这样我哪里有工夫去治理天下呢。雷声：像巨雷一样地发出响声。声，此处意为“发出声音”。尸、龙、渊：用作状语。藏：同“脏”。擢：拔、显拔。见：同“现”。神：精神。天：天理。炊累：即吹累，指吹动着的尘埃。

③枚乘《七发》：冥火薄天，兵车~运。——雷运：像迅疾的雷

声一样地滚动。冥火：黑夜的火花。薄：迫近。

④《史记·司马相如列传》：车骑~起，隐天动地。——车骑如雷声腾起，遮天动地。

离 lí

本用：动词。离开、离散。

①《荀子·赋篇》：日夜合~，以成文章。

②《礼记·檀弓上》：吾~群而索居，亦已久矣。——离群索居：离开同伴而孤独地生活。

活用：使动用法。使……离散。

③《史记·田敬仲完世家》：中国白头游敖之士皆积智欲~齐秦之交。——离齐秦之交：使齐秦的邦交离散。

④《三国志·魏书·张既传》：外沮其势，内~其交，必不战而定。——离其交：离散其盟交。

礼 lǐ

本用：名词。规定社会行为的法则、规范、仪式的总称。

①《论语·为政》：道之以德，齐之以~，有耻且格。——如果用道德来诱导他们，用礼教来整顿他们，人民不但有廉耻之心，而且人心归服。道：同“导”。格：至，归服。

②《论语·为政》：生，事之以~；死，葬之以~，祭之以~。——父母活着，依规定的礼节侍奉他们；死了，依规定的礼节埋葬他们，祭祀他们。

③《荀子·礼论》：厚者，~之积也；大者，~之广也；高者，~之隆也；明者，~之尽也。——丰厚，是礼的容积；庞大，是礼的广度；崇高，是礼的隆盛；光明，是礼的终点。

活用：

一、及物动词，一般用法。礼遇；以礼相待。

④《左传·成公十三年》：三月，公如京师。宣伯欲赐，请先使，王以行人之礼~焉。——三月，成公去到京师。宣伯想要得到赏赐，请求先行出使。周天子用对行人的礼仪来相待他。

⑤《左传·襄公七年》：郑僖公之为太子也，于成之十六年，与子罕适晋，不~焉。——郑僖公做太子的时候，在鲁成公十六年和子罕同去晋国，对子罕不加礼遇。

⑥《韩非子·五蠹》：儒以文乱法，侠以武犯禁，而人主兼~之，此所以乱也。——兼礼之：都礼遇他们。

⑦《史记·乐毅列传》：于是屈身下士，先~郭隗以招贤者。——礼郭隗：礼遇郭隗。下士：对士人谦下。

⑧《三国志·蜀书·关羽传》：曹公禽羽以归，拜为偏将军，~之甚厚。——礼之：礼遇他。曹公：曹操。禽：同“擒”。

⑨《资治通鉴·汉献帝建安十三年》：孙讨虏聪明仁惠，敬贤~士，江表英豪咸归附之。——敬贤礼士：尊敬贤者，礼遇才士。孙讨虏：孙权。江表：江外，指长江以南的地方。

⑩苏洵《六国论》：以赂秦之地，封天下之谋臣，以事秦之心，~天下之奇才，并力西向，则吾恐秦人食之不得下咽也。——礼天下之奇才：礼遇天下奇才。

二、及物动词，使动用法。使……遵守礼法。

⑪《庄子·刻意》：语大功，立大名，~君臣，正上下，为治而已矣。——夸大功，立大名，让君臣之间遵依礼法，使上下关系得到匡正，为的是治国兴邦罢了。

立 lì

本用：动词。站立；设立。

①《尚书·周官》：~太师、太傅、太保。——立：设置。

②《左传·宣公二年》：华元逃归，~于门外。

③《孟子·梁惠王上》：王~于沼上，顾鸿雁麋鹿。——沼：池塘。

活用：

一、使动用法。使……立。

④《论语·雍也》：己欲立而~人。——见“达 dá”例②。

⑤《史记·魏公子列传》：然（侯）嬴欲就公子之名，故久~公子车骑市中。——但是侯嬴想成就魏公子无忌的名声，所以故意让公子的车骑站立在闹市中许久。

二、为动用法。为……立。

⑥《左传·襄公十四年》：天生民而~之君，使司牧之，勿使失性。——立之君：为他们设置国君。司牧之：指统治他们。勿使失性：不让他们失去天性。

利₁ lì

本用：名词。利益，好处。

①《论语·里仁》：子曰：“放于~而行，多怨。”——孔子说：“依据个人利益而行动，会招致很多的怨恨。”放：依据。

②《孟子·梁惠王上》：王！何必曰~，亦有仁义而已矣。——王！您为什么一开口定要说到利益？只要讲仁义就行了。

活用：

一、不及物动词。牟利，贪利。

③《左传·襄公九年》：公无禁~，亦无贪民。——公家不禁止（百姓）牟利，也就没有贪婪的百姓。

④《孙子·计》：~而诱之，乱而取之。——利：（敌人）贪利。乱：（敌人）混乱。取：攻取。

二、及物动词，一般用法。取利。

⑤《左传·襄公二十三年》：吾言于君，君弗听也。以为盟主，

而~其难。——利其难：从它的祸难中取利。

⑥《荀子·富国》：不利而~之，不如利而后~之之利也。——没有给人民利益，却要向人民索取利益，不如先给人民利益然后从人民中取得利益更有利。“不利”和“不如利”中的“利”意为“给（人民）利益”。

⑦《韩非子·内储说上》：凡人之有为也，非名之则~之也。——利之：从中取得利。名之：从中取得名声。

⑧《史记·萧相国世家》：当是时，相国守关中，摇足则关以西非陛下有也。相国不以此时为利，今乃~贾人之金乎？——利贾人之金：贪图商人的金钱。

三、及物动词，使动用法。使……获利。

⑨《论语·尧曰》：因民之所利而~之，斯不亦惠而不费乎？——就着人民能得到利益之处因而使他们获利，这也不是给人民以好处而自己却无所耗费吗？

⑩《墨子·兼爱上》：盗爱其室，不爱异室，故窃异室以~其室；贼爱其身，不爱人身，故贼人身以~其身。——利其室：使自家获利。室：家。利其身：使自身获利。

⑪《左传·僖公三十年》：阙秦以~晋，唯君图之。——利晋：使晋国得利。阙：损害。唯：句首语气词，表示祈使语气。图：考虑。

⑫《左传·昭公四年》：苟~社稷，死生以之。——利社稷：使国家获利。死生以之：生死都由它去。

⑬《左传·襄公三十一年》：人之爱人，求~之也。——人爱护另一个人，总希望使被爱护者获利。

⑭《孟子·梁惠王上》：王曰：“何以~吾国？”大夫曰：“何以~吾家？”士庶人曰：“何以~吾身？”上下交征利，而国危矣。——国王说：“怎样才能使我的国家获利？”大夫说：“怎样才能使我的封地获利？”士子老百姓说：“怎样才能使我本人获利？”这样，上上下下互相追逐私利，国家就危险了。

⑮《庄子·胠箧》：虽重圣人而治天下，则是重～盗跖也。——重利盗跖：使盗跖获得更多的好处。

⑯《荀子·非十二子》：一天下，财万物，长养人民，兼～天下。——兼利天下：使整个天下的人都得到好处。一天下：使天下统一。财万物：裁成万物。

⑰《韩非子·饰邪》：害身而～国，臣弗为也；富国而～臣，君不行也。——利国：使国家获利。利臣：使大臣获利。富国：使国富。

⑱《韩非子·外储说右下》：田鲔教其子田章曰："欲～而身，先～而君；欲富而家，先富而国。"——利而身：使你自身得利。利而君：使你的国君得利。而：代词，你。富而国：使你的国家富裕。

⑲《史记·齐太公世家》：晏子仰天曰："婴所不获，唯忠于君～社稷者是从。"——晏子仰天长叹道："我是不获君命宽容，只有跟随对君忠心使国家得利的人。"

⑳《史记·魏世家》：叟不远千里，辱幸至敝邑之廷，将何以～吾国？——利吾国：使我的国家获利。

㉑《史记·苏秦列传》：夫齐、赵者，燕之仇雠也；楚、魏者，燕之援国也。今王奉仇雠以伐援国，非所以～燕也。——利燕：使燕国获得好处。

四、及物动词，意动用法。以……为利。

㉒《晏子春秋·内篇杂下》：既窃～之，敢不识乎？——利之：认为它有利。之：指代"宅近市"这种情况。

㉓《韩非子·奸劫弑臣》：若此臣者，不畏重诛，不～重赏，不可以罚禁也，不可以赏使也。——不利重赏：不把重赏看作利。

㉔贾谊《过秦论中》：夫寒者利裋褐而饥者甘糟糠。——见"甘gān"例⑧。

㉕《史记·高祖本纪》：当是时，秦兵强，常乘胜逐北，诸将莫～先入关。——利先入关：把先入关看作好处。

利$_2$ lì

本用：形容词。锋利；有利，便利。

①《孟子·公孙丑下》：兵革非不坚~也，米粟非不多也。——兵器不是不锐利，甲胄不是不坚固，粮食不是不多。

②贾谊《过秦论上》：因~乘便，宰割天下，分裂山河。——因利乘便：凭借形势的便利。

活用：

一、及物动词，一般用法。有利。

③《史记·吴王濞传》：吴多步兵；步兵~险；汉多车骑，车骑~平地。——利险：在险阻地方有利。利平地：在平坦地方有利。

二、及物动词，使动用法。使……利。

④《论语·卫灵公》：工欲善其事，必先~其器。——工匠要想搞好他的工作，一定先要使他们的工具锋利。善其事：使其事完善。

⑤《三国志·魏书·华佗传》：亦以除疾，并~蹄足，以当导引。——利蹄足：使腿脚轻便利索。以当导引：用来作导引。

六 liù

本用：数词。五加一所得。

①《孟子·公孙丑上》：由汤至于武丁，贤圣之君~七作。——从商汤到武丁，贤明的君主总共出现了六七位。

②《礼记·礼运》：此~君子者，未有不谨于礼者也。——六君子：指夏禹、商汤、文王、武王、成王、周公。谨：慎重，敬重。

活用：

一、不及物动词。并列为六。

③《史记·春申君列传》：三王不足四，五伯不足六也。——见“肥 féi”例⑧。

④《三国志·魏书·高堂隆传》：除普天之所患，兴兆民之所利，三王可四，五帝可～。——五帝可六：可以跟五帝并为六帝。三王可四：可以跟三王并列为四王。

二、及物动词，使动用法。使……变成六。

⑤章炳麟《秦政记》：虽四三皇、～五帝，曾不足比其隆也。——六五帝：使五帝变成六帝。五帝：指黄帝、颛顼、帝喾、唐尧、虞舜。四三皇：使三皇变成四皇。三皇：指燧人氏、伏羲氏、神农氏。曾：乃。其：指代秦始皇。隆：功业隆盛。

隆 lóng

本用：形容词。高，隆盛，兴隆。

①《韩非子·爱臣》：主威之重，主势之～。——隆：隆盛。主：君主。

②《战国策·秦策一》：当秦之～，黄金万溢为用。——隆：隆盛。

③《淮南子·缪称训》：礼不～而德有余。——隆：隆盛。

④《后汉书·张衡传》：合盖～起，形似酒尊。——隆：高。

活用：

一、及物动词，一般用法。尊崇。

⑤《荀子·修身》：故君子～师而亲友，以致恶其贼。——所以，君子要尊崇老师，亲近朋友，还要痛恨自己的仇寇。

⑥《荀子·富国》：其百吏好法，其朝廷～礼。——隆礼：尊崇礼法。

二、及物动词，使动用法。使……隆。

⑦《韩非子·爱臣》：将相之管主而～家，此君人者所外也。——隆家：使私家隆盛。管主：控制其主。外：排斥，排除。

⑧《韩非子·说林下》：君失齐，虽～薛城至于天，犹无益也。——隆薛城：使薛城高。失齐：失去齐国。

⑨《史记·礼书》：故礼，上事天，下事地，尊先祖而~君师，是礼之三本也。——隆君师：使君师崇高。尊先祖：使先祖尊荣。

⑩曹操《褒枣祇令》：摧灭群逆，克定天下，以~王室。——隆王室：使王室兴隆。克定：平定。

⑪《三国志·吴书·陆逊传》：昔伊尹~汤，吕尚翼周，内外之任，君实兼之。——隆汤：使商汤功业隆盛。翼：辅助。

庐 lú

本用：名词。简陋的房屋。

①诸葛亮《出师表》：先帝不以臣卑鄙，猥自枉屈，三顾臣于草~之中。

②陶渊明《读〈山海经〉》：吾亦爱吾~。

活用：不及物动词。建庐。

③《三国志·魏书·管宁传》：（管宁）既往见（公孙）度，乃~于山谷。

④苏辙《武昌九曲亭记》：子瞻迁于齐安，~于江上。——子瞻：苏轼。

禄 lù

本用：名词。官吏的薪俸；俸禄。

①《左传·僖公二十四年》：介之推不言~，~亦弗及。——介之推：晋人。

②《韩非子·人主》：有功者受重~。

活用：

一、及物动词，一般用法。以禄奉养。

③欧阳修《石曼卿墓表》：使~其家。——给他们家俸禄。

二、及物动词，使动用法。使……受禄；赐予俸禄。

④《史记·齐太公世家》：桓公既得管仲，与鲍叔、隰朋、高奚修国政，连五家之兵，设轻重鱼盐之利，以赡贫穷，~贤能，齐人皆悦。——禄贤能：赐给贤能之人俸禄。鲍叔、隰朋、高奚：齐人。赡：供给，供养。说：同“悦”。

履 lǚ

本用：名词。鞋子。

①《史记·留侯世家》：有一老父，衣褐，至（张）良所，直堕其~圯下，顾谓良：“孺子！下取~！”——直：特意。堕其履圯下：使其履堕于桥下。孺子：儿童，后生。对人直呼“孺子”表示傲慢不礼貌。

活用：及物动词，为动用法。为……穿鞋。

②《史记·留侯世家》：父曰：“~我!”（张）良业为取履，因长跪~之，父以足受，笑而去。——履我：给我穿上鞋。履之：给他穿上鞋。业：既，已。长跪：挺直身腰跪着，表示庄重。

乱 luàn

本用：形容词。混乱，紊乱，无秩序。

①《论语·泰伯》：危邦不入，~邦不居。——不进入危险的国家，不居住祸乱的国家。

②《韩非子·五蠹》：此世之所以~也。

③《史记·项羽本纪》：楚军大~坏散。

活用：及物动词，使动用法。使……乱。

④《论语·微子》：欲洁其身而~大伦。

⑤《史记·高祖本纪》：太公曰：“帝，人主也，奈何以我~天下法!”——乱天下法：使天下法度混乱。

⑥《史记·燕召公世家》：苏秦与燕文公夫人私通，惧诛，乃说王使齐为反间，欲以~齐。——乱齐：使齐国混乱。

⑦《史记·老子韩非子列传》：以为儒者用文~法，而侠者以武犯禁。——乱法：使法度混乱。

⑧韩愈《答吕毉山人书》：又自周后文弊，百子为书，各自名家，~圣人之宗。——乱圣人之宗：使圣人的宗法混乱。

⑨《资治通鉴·晋孝武帝太元七年》：今众言纷纷，徒~人意，吾当与汝决之。——乱人意：使人心意纷乱。

慢 màn

本用：形容词。傲慢，不敬。

①《史记·淮阴侯列传》：王素~无礼，今拜大将如呼小儿耳。

活用：及物动词，为动用法。对……不敬。

②《三国志·魏书·蒋济传》：夫大臣非不忠也，然威权在下，则众心~上，势之常也。——众心慢上：大家心里对皇上不敬。

③《三国志·魏书·司马朗传》：（司马朗）九岁，人有道其父字者，朗曰："~人亲者，不敬其亲者也。"客谢之。——慢人亲者，不敬其亲者也：对别人的父母不敬的人，也是对他自己的父母不敬的人。谢：道歉。谢之：向他道歉。

④《三国志·魏书·杜袭传》：太祖曰："许攸~吾，如何可置乎?"——太祖（曹操）说："许攸对我不敬，怎么能置之不理呢?"

美 měi

本用：形容词。美丽，美好，好。

①《诗经·邶风·静女》：匪女之为~，~人之贻。——不是你（指荑）本身美，而是因为你是美人赠给的。匪：同"非"。女：同"汝"。

②《论语·八佾》：子谓《韶》尽~矣，又尽善也。——孔子说《韶》美极了，而且好极了。《韶》：舜时的乐曲名。

活用：

一、及物动词，一般用法。赞赏；赞美。

③《战国策·齐策一》：吾妻之~我者，私我也。妾之~我者，畏我也。客之~我者，欲有求于我也。——美我：说我美。私：指偏爱。

④《韩非子·外储说左上》：人主之听言也，~其辩；其观行也，贤其远。——君主听取言论的时候，赞赏说话人的口才；观察行动的时候，赞赏远离尘世的作风。辩：口才。

⑤《韩非子·五蠹》：今有~尧、舜、鲧、禹、汤、武之道于当今之世者，必为新圣笑矣。——美：赞美。鲧：禹的父亲。汤：商王朝的建立者。武：周武王。新圣：新时代的圣人。

⑥《韩非子·五蠹》：仲尼，天下圣人也，修行明道以游海内，海内说其仁、~其义而为服役者七十人。——说其仁、美其义：喜欢、赞赏他的仁义学说。为服役者：为他服役的人，指门徒。

⑦《韩非子·五蠹》：今人主之于言也，说其辩而不求其当焉；其用于行也，~其声而不责其功焉。——现在君主对于言谈，只喜欢它的动听而不管它的内容是否恰当；用人去做事，只欣赏他的虚名而不责求他办事的功效。当：适当，恰当。责：求。功：功效。

二、及物动词，使动用法。使……美。

⑧《左传·襄公十五年》：子有令闻，而~其室，非所望也！——您有好名声，但是把您的屋子修饰得太漂亮，这不是别人所希望的。

⑨《荀子·劝学》：小人之学也，入乎耳，出乎口。口、耳之间则四寸耳，曷（hé）足以~七尺之躯哉？——曷足以美七尺之躯哉：怎么能够使自己七尺之躯变得美好呢？

⑩《荀子·劝学》：君子之学也，以~其身；小人之学也，以为禽犊。——君子学习，是为了使其自身美好；小人学习，是为了向别

人卖弄。为：当作。禽犊：家禽，小牛。古时常常用它们作为礼物互相赠送。这里用来比喻那些小人学了一点东西就到处卖弄，讨人喜欢。

⑪《荀子·儒效》：儒者在本朝则～政，在下位则～俗。——儒者在朝廷上当官会使朝政完美，在下当百姓会使风俗完美。

⑫《战国策·齐策三》：薛公欲知王所欲立，乃献七珥，～其一，明日，视美珥所在，劝王立为夫人。——美其一：把其中的一个搞得很漂亮。珥：女子耳饰。

⑬《史记·五帝本纪》：舜谓四岳曰："有能奋庸～尧之事者，使居官相事？"皆曰："伯禹为司空，可～帝功。"——奋庸美尧之事：彰明功业使尧开辟的事业得以美扬。奋：明，彰明。庸：功，功劳，功业。岳：尧舜时掌管一方的部落首领。

三、及物动词，意动用法。以……为美；认为……美。

⑭《左传·襄公二十五年》：棠公死，偃御武子以吊焉。见棠姜而～之，使偃取之。——棠公死，东郭偃为崔武子驾车去吊唁。崔武子见到棠姜觉得她很美，让东郭偃为他娶过来。棠姜：棠公的妻子，东郭偃的姐姐。取：同"娶"。

⑮《庄子·齐物论》：毛嫱丽姬，人之所～也。——毛嫱和丽姬，是人们公认的美丽女子。毛嫱：古代美人。丽姬：《左传》作"骊姬"，晋献公的宠妾。

⑯《庄子·天运》：故西施病心而矉其里，其里之丑人见而～之，归亦捧心而矉其里。——所以，西施因为心痛而对她的邻居皱起了眉头。她的邻里中的丑人看见了，认为这个样子很美，回家后也捧着心对自己的邻居皱起眉来。里：邻里。

⑰《庄子·知北游》：故万物一也，是其所～者为神奇，其所恶者为腐臭。——所以，万物都是同然一理的。这样，人们把自己认为美好的东西当作神奇，把自己认为丑恶的东西当作腐臭。

⑱《荀子·议兵》：非贵我名声也，非～我一德行也，用贫求富，用饥求饱，虚腹张口，来归我食。——他们并不是认为我们的名声尊贵，并不是认为我们的德行美好，他们是因贫穷而追求富有，因

饥饿而追求温饱，空着肚子，张着嘴巴，来到我们这里寻找食物。用：由于，因为。

门 mén

本用：名词。建筑物的出入口。

①《论语·雍也》：将入~，策其马。

②《公羊传·宣公六年》：勇士入其大~。

活用：

一、不及物动词。守门；攻门。

③《左传·文公十五年》：一人~于句鼆（méng），一人~于戾丘，皆死。——一个人在句鼆守门，一个人在戾丘守门，都战死了。句鼆、戾丘：地名。

④《左传·襄公二十五年》：十二月，吴子诸樊伐楚，以报舟师之役。~于巢。巢牛臣曰："吴王勇而轻，若启之，将亲~。我获射之，必殪。是君也死，疆其少安！"——十二月，吴王诸樊攻打楚国，以报复舟师之役。进攻巢地的城门。巢牛臣说："吴王勇敢而轻率，如果我们打开城门，他将会亲自带头进门。我乘机射他，一定送他的命。这个国君死了，边境上可以稍为安定一些。"诸樊：吴王名。舟师：水军。舟师之役：襄公二十四年，楚王出动水军伐吴。巢：地名。牛臣：人名。殪：死。

二、及物动词，一般用法。攻击（城门）。

⑤《左传·襄公九年》：晋人不得志于郑，以诸侯复伐之。十二月癸亥，~其三门。——晋国人在郑国不能满足愿望，带领诸侯再次进攻郑国。十二月初五，攻击郑国的三面城门。

免 miǎn

本用：动词。避免；免除。

①《孟子·梁惠王上》：为民父母，行政，不~于率兽而食人，

恶在其为民父母也？——做老百姓父母官的，主持政治，却不免于率领禽兽来吃人，那又怎么能做老百姓的父母官呢？恶：怎么。

活用：使动用法。使……免。

②《左传·宣公二年》：（灵辄）既而与为公介，倒戟以御公徒，而～之。——灵辄不久做了晋灵公的甲士，倒过戟来挡住晋灵公手下的人，使赵盾免于祸难。既而：不久。介：甲，指甲士。

③《左传·成公二年》：人不难以死～其君，我戮之不祥，赦之以劝事君者。—— 一个人不怕用死来使其国君免于祸难，我杀了他不吉利，赦免了他，用来勉励侍奉国君的人。

④《庄子·渔父》：仁则仁矣，恐不～其身。——讲仁爱可算是讲仁爱了，恐怕不易使他自身免遭祸难。

⑤《史记·管晏列传》：越石父贤，在缧绁中。晏子出，遭之涂，解左骖赎之，载归。弗谢，人闺。久之，越石父请绝。晏子戄然，摄衣冠谢曰："婴虽不仁，～子于厄，何子求绝之速也？"——免子于厄：使你免于危难。厄：危难。越石父：人名。缧绁：捆绑犯人的绳索，引申为囚禁。遭：遇，逢。涂：道路。骖：车前三或四匹驾马中，辕马边上的马。戄然：震惊的样子。婴：晏婴，这里是自称。

面 miàn

本用：名词。脸。

①《战国策·赵策四》：有复言令长安君为质者，老妇必唾其～。——长安君：赵威后最小的儿子的封号。质：人质。老妇：赵威后自称。

活用：作状语。当面……；面对面地……

②《战国策·齐策一》：群臣吏民，能～刺寡人之过者，受上赏。——面刺寡人之过：当面举出我的过失。

③《史记·吕太后本纪》：陈平、绛侯曰："于今～折廷争，臣不如君；夫全社稷，定刘氏之后，君亦不如臣。"——面折廷争：当

面斥责，在朝廷上争辩。折：斥责，驳斥。君：这里是对王陵的尊称。

④《史记·季布栾布列传》：季布曰："樊哙可斩也！夫高帝将兵四十余万众，困于平城，今哙奈何以十万众横行匈奴中，~欺！"——面欺：当面撒谎。

⑤《史记·匈奴列传》：吾欲入汉见天子，~相约为兄弟。——面相约为兄弟：面对面地相约结为兄弟。

名 míng

本用：名词。名字，名称；名誉，名声。

①《管子·心术上》：物固有形，形固有~。

②《庄子·逍遥游》：北冥有鱼，其~曰鲲。——冥：海，大湖。

③《孙子·地形》：故进不求~，退不避罪，唯民是保。

活用：

一、不及物动词。直称其名，禀报名字，叫出真名。

④《三国志·魏书·武帝纪》：天子命公赞拜不~，入朝不趋，剑履上殿，如萧何故事。——不名：不禀报自己的名字。公：此指曹操。

⑤王安石《游褒禅山记》：予于仆碑，又以悲夫古书之不存，后世之谬其传而莫能~者，何可胜道也哉！——谬其传而莫能名者：弄错了那些传闻而不能叫出真名的事。莫：不。仆碑：倒掉的石碑。以：因。悲：叹惜，感叹。夫：指示代词，那。何可胜道也哉：哪能说得完啊！胜：尽。

二、及物动词，一般用法。称……的名；闻名于……；从……取得名誉。

⑥《左传·成公九年》：~其二卿，尊君也。——称二卿的名字，这是尊崇君王。

⑦《孟子·公孙丑下》：五百年必有王者兴，其间必有~世者。——每过五百年一定会有一位推行王道的圣君兴起，这中间一定还会有闻名于当世的人才出现。

⑨韩愈《送高闲上人序》：故（张）旭之书变动犹鬼神，不可端倪，以此终其身而~后世。——名后世：闻名于后世。旭：张旭，唐代著名书法家。

明 míng

本用：形容词。明亮；明白，清楚；明显，分明。

①《诗经·齐风·鸡鸣》：东方~矣，朝既昌矣。——朝：朝廷。昌：盛，指人多。

②《楚辞·卜居》：物有所不足，智有所不~。

③《战国策·齐策一》：则秦不能害齐，亦已~矣。

活用：

一、及物动词，一般用法。明示。

④《庄子·胠箧》：彼圣人者，天下之利器也，非所以~天下也。——那圣人之道，是治理国家的方法，是不能拿来向天下人明示的。圣人：指圣人之道。利器：指治国的方法。

二、及物动词，使动用法。使……明。

⑤《左传·隐公五年》：昭文章，~贵贱，辨等列，顺少长，习威仪也。——要使文采鲜华，贵贱分明，等级不乱，少长有序，这是讲习威仪。

⑥《左传·僖公二十二年》：~耻教战，求杀敌也。——说明什么是耻辱，以此教导士兵作战，这是为了杀死敌人。

⑦《左传·成公八年》：《周书》曰："不敢侮鳏寡。"所以~德也。——《周书》说："不敢欺侮鳏夫寡妇。"就是用这样的方法来发扬道德。

⑧《孟子·公孙丑上》：国家闲暇，及是时，~其政刑，虽大

国，必畏之矣。——国家无内忧外患，趁这个时候使政治法典彰明，即使强大的邻国也一定会畏惧它了。

⑨《庄子·齐物论》：唯其好之也，以异于彼，其好之也，欲以～之。——正因为爱好这些，便认为不同于别人，而且因为自己爱好这些，还想使别人也明白。

⑩《荀子·致士》：夫耀蝉者务在～其火、振其树而已，火不明，虽振其树，无益也。今人主有能～其德者，则天下归之若蝉之归明火也。——明其火：使其火光明亮。明其德：显示出他的美德。耀：照。耀蝉：夜晚用火照蝉，蝉见光后就投火而来，这是一种捕蝉的方法。振：摇动。明火：明亮的火光。

⑪《韩非子·说难》：凡说之难，非吾知之有以说之之难也，又非吾辩之能～吾意之难也。——凡是进说的困难，不是难在我的才智不够用来向君主劝说，也不是难在我的口才不能阐明我的主张。知：同“智”。

⑫《韩非子·外储说右上》：夫国亦有狗。有道之士，怀其术，而欲以～万乘之主，大臣为猛狗，迎而龁之。——明万乘之主：使大国之君明白。龁：咬。

⑬《战国策·楚策四》：且客献不死之药，臣食之而王杀臣，是死药也！王杀无罪之臣，而～人之欺王。——明人之欺王：表明别人欺骗了大王。

⑭《战国策·赵策四》：故王不如勿逐，以～王之贤。——以明王之贤：用来显示大王的贤明。

⑮李斯《谏逐客书》：王者不却众庶，故能～其德。——明其德：使其德望昭著。却：推辞，不接纳。众庶：百姓。

⑯《史记·孝文本纪》：闻歌者，所以发德也；舞者，所以～功也。——所以明功也：是用来显示功劳的。

⑰《史记·楚世家》：庄王即位三年，不出号令，日夜为乐，令国中曰：“有敢谏者死无赦！”大夫苏从乃入谏。王曰：“若不闻令乎？”对曰：“杀身以～君，臣之愿也。”——明君：使君王醒悟。苏

从：人名。若：你。

⑱《史记·范雎蔡泽列传》：夫商君为秦孝公~法令，禁奸本，尊爵必赏，有罪必罚。——明法令：严明法令。

⑲张溥《五人墓碑记》：故予与同社诸君子，哀斯墓之徒有其石也，而为之记，亦以~死生之大，匹夫之有重于社稷也。——亦以明死生之大，匹夫之有重于社稷也：也以此来说明死与生有无价值同人的关系很大，平民之死也关系到国家兴亡。社：复社。徒：空。匹夫：平民。

谬 miù

本用：形容词。错，荒诞。

①《荀子·儒效》：故闻之而不见，虽博必~。

活用：

一、动词，使动用法。使……谬误。

②王安石《游褒禅山记》：后世之~其传而莫能名者，何可胜道也哉！——谬其传：让那些传说谬误。

二、及物动词，意动用法。认为……是错误的。

③《史记·李斯列传》：始皇下其议丞相。丞相~其说，绌其辞。——谬其说：认为他的说法是错误的。绌其辞：认为他的话理由不足。绌：欠缺，不足，形容词，意动用法。

母 mǔ

本用：名词。母亲。

①《诗经·邶风·凯风》：有子七人，莫慰~心。

活用：及物动词，一般用法。做母亲。

②《史记·淮南衡山列传》：及厉王母已生厉王，恚，即自杀。吏奉厉王诣上，上悔，令吕后~之。——令吕后母之：让吕后做他的

母亲。厉王：汉高祖刘邦的少子。恚：怨恨。

二、及物动词，意动用法。以……为母。

③《后汉书·李固传》：王者父天～地，宝有山川。——父天母地：以天为父，以地为母。

木 mù

本用：名词。树；木料，木材。

①《管子·权修》：十年之计，莫如树～。——树木：种树。

②《庄子·马蹄》：匠人曰："我善治～，曲者中钩，直者应绳。"——工匠说："我会整治木料，弯的合乎曲尺的弯度，直的合乎墨线的直度。"中：合乎。钩：曲尺。绳：绳墨，墨线。

活用：

一、不及物动词。用木料建造。

③薛瑄《游龙门记》：顶有临思阁，以风高不可～，甃甓为之。——山顶有临思阁，因风大不能用木料建筑，用砖砌它。甃：用砖砌。甓：砖。

二、作状语。在树上……

④韩愈《原道》：寒然后为之衣，饥然后为之食。～处而颠，土处而病也，然后为之宫室。——木处而颠：在树上住容易掉下来。颠：坠落。土处而病：在土地上住容易生病。

目 mù

本用：名词。眼睛。

①《国语·吴语》：（伍员）将死，曰："以悬吾～于东门，以见越之入，吴国之亡也。"

②《荀子·劝学》：～不能两视而明。——眼睛不能同时看清两件东西。

活用：

一、及物动词，一般用法。以目示意；用眼看；注视。

③《史记·项羽本纪》：范增数～项王，举所佩玉玦以示之者三。——数目项王：好几次以目示意项王。玉玦：玉器名，状如玉环而有缺，表示决断。范增以所佩玉玦三次给项王看，暗示他下决心杀刘邦。

④《史记·陈涉世家》：旦日，卒中往往语，皆指～陈胜。——天亮后，士卒中到处都是交谈的，都用手指、用眼看陈胜。往往：处处。

⑤《史记·留侯世家》：良殊大惊，随～之。——目之：注视着他。良：张良。

⑥《史记·刺客列传》：荆轲尝游过榆次，与盖聂论剑，盖聂怒而～之。——怒而目之：发怒瞪眼看着他。尝：曾经。榆次：地名。盖聂：人名。

⑦王勃《滕王阁序》：望长安于日下，～吴会于云间。——目：望。吴会：吴郡和会稽郡，今江苏省、浙江省一带。

⑧马中锡《中山狼传》：于是出匕，丈人～先生使引匕刺狼。——目先生：用眼睛示意东郭先生。丈人：对老年男人的尊称。

二、作状语。亲眼……；使眼色……

⑨《韩非子·奸劫弑臣》：夫是以人主虽不口教百官，不～索奸邪，而国已治矣。——因此君主虽不亲口教化百官，不亲眼搜索奸邪，国家却已经治理好了。

⑩《史记·平原君虞卿列传》：平原君竟与毛遂偕。十九人相与～笑之而未废也。——目笑之：使眼色来耻笑他（指毛遂）。毛遂：平原君食客。偕：同行。废：止，停止。

南 nán

本用：方位名词。南方，南边。

①《诗经·周南·汉广》：～有乔木，不可休思。——乔：

高大。

②《论语·子路》：~人有言曰："人而无恒，不可以作巫医。"——南方人有句话说："人假若没有恒心，不能够当巫医。"

活用：

一、不及物动词。向南，往南。

③《墨子·贵义》：北之人不得~。——北方的人不能到南方去。

④《左传·襄公十年》：诸侯之师还郑而~，至于阳陵。——还郑而南：围绕郑国移动然后向南。

⑤《战国策·楚策二》：今楚王归，太子~，公必危。——太子南：齐国在楚国北，故楚太子从齐国回到楚国为向南。

⑥《史记·留侯世家》：（沛公）与（张）良俱~。——俱南：一同向南。

二、及物动词，使动用法。使……向南。

⑦《左传·宣公十二年》：令尹~辕反旆。——令尹把车头调转向南，倒转旌旗。

难 nán

本用：形容词。困难，艰难，不容易。

①《论语·雍也》：子曰："不有祝鮀之佞，而有宋朝之美，~乎免于今之世矣。"——孔子说："如果没有祝鮀那样的口才，而只有宋朝的美貌，那就不容易在今天的社会里避免祸害了。"祝鮀：字子鱼，卫国的大夫，能言善辩。佞：巧佞，能说会道。宋朝：宋国的公子朝，容貌很美。《左传》中记载他曾因貌美而惹起乱子之事。

②《论语·颜渊》：子曰："为之~，言之得无讱乎？"——孔子说："（仁）做起来不容易，说话能不迟钝吗？"讱：说话迟钝。

③《孟子·公孙丑上》：天下归殷久矣，久则~变也。——天下的人归服殷朝已经很久了，时间久了就很难变动。

活用：

一、及物动词，使动用法。使……感到困难；使……艰难。

④《战国策·齐策四》：孟尝君为从，公孙弘谓孟尝君曰："君何不使人先观秦王？意者秦王帝王之王也，君恐不能为臣，奚暇从以~之？意者秦王不肖之主也，君从以~之未晚！"——从以难之：以合纵使秦王感到困难。为从：为合纵之事。从：同"纵"。意者：推测之词。犹言"假如，如果"。恐：唯恐，担心。为臣：做（秦王的）下臣。奚暇：哪里有时间，哪里顾得上。

⑤《战国策·齐策四》：（秦）昭王笑而曰："寡人地数千里，犹未敢以有~也！今孟尝君之地方百里，而因欲~寡人，犹可乎？"——难寡人：使我为难。以有难：以有难之。"难"后省略了宾语"之"，泛指其他人。有：富有，此指国土辽阔。因：凭借，后面省略了介词宾语"之"，指百里见方的土地。

二、及物动词，意动用法。认为……困难；感到……困难。

⑥《韩非子·说林上》：以管仲之圣而隰朋之智，至其所不知，不~师于老马与蚁。——不难师于老马与蚁：不认为向老马和蚂蚁请教很困难。管仲、隰朋：都是齐桓公的大臣。

⑦《韩非子·观行》：离朱易百步而~眉睫，非百步近而眉睫远也，道不可也。——离朱认为看到百步以外的毫毛很容易，而看到自己的眉毛却很难，这并不是因为百步的距离近而到眉毛的距离远，而是法则（使他）不能做到。离朱，传说为黄帝时人，视力极强，能看到百步以外的毫毛。

⑧《新序·杂事》：惜矣，吾先王之听，~剖石而易斩人之足。——难剖石：把剖开玉石看得很难。易斩人之足：把斩断人家的脚看得很容易。

⑨《史记·仲尼弟子列传》：子之所~，人之所易；子之所易，人之所~。——子之所难：你认为困难的。人之所易：别人觉得很容易。

⑩《史记·李斯列传》：是故城高五丈，而楼季不轻犯也；泰山

之高百仞，而跛牂牧其上，夫楼季也~五丈之限，岂跛牂也而易百仞之高哉？峭堑之势异也。——难五丈之限：认为翻越五丈高的险阻（城墙）很难。仞：一仞为八尺。牂：指母羊。楼季：战国时魏国的勇士，善于攀登跳跃。

三、及物动词，为动用法。为……而感到困难。

⑪《左传·襄公十三年》：新军无帅，晋侯~其人。——难其人：为这个人选感到困难。

⑫《三国志·魏书·田豫传》：公孙渊以辽东叛，帝欲征之而~其人。

⑬韩愈《与汝州卢郎中论荐侯喜状》：卢公，天下之贤刺史也，不闻有所推引，盖~其人而重其事。——难其人而重其事：为适当的人选而为难，又很重视这件事。

囊 náng

本用：名词。口袋。

①《周易·坤》：六四，括~，无咎无誉。——括：结也。囊所以贮物，以譬心藏知（智）也。闭其知而不用，故曰括囊。即要像扎住口袋一样闭口不言，把智慧才能藏在内心。这样，既无灾祸也无荣誉。

②《史记·淮阴侯列传》：韩信乃夜令人为万余~，满盛沙，壅水上流。——壅：堵塞。上流：上游。

活用：及物动词，一般用法。用囊盛装。

③孙樵《书褒城驿壁》：~帛椟金，笑与秩终。——囊帛椟金：有丝帛就装入囊中，有金银就装进柜子。

④马中锡《中山狼传》：时墨者东郭先生将北适中山以干仕，策蹇驴，~图书，夙行失道，望尘惊悸。——囊图书：用口袋装着图书。墨者：信仰墨子学说的人。适中山：到中山去。中山，地名。干仕：谋求做官。

⑤马中锡《中山狼传》：丈人曰："是皆不足以执信也。试再～之，我观其状果困苦否。"

年 nián

本用：名词。年龄；年代。

①《论语·阳货》：～四十而见恶焉，其终也已。——年龄到了四十岁还被人厌恶，他这一生也就完了。

②《论语·阳货》：三～之丧，期已久矣。——三年的丧期，时间也太久了。

③《左传·庄公十年》：十～春，齐师伐我。

活用：不及物动词。说出年龄；度过当年。

④《左传·襄公三十年》：绛县人或年长矣，无子而往，与于食。有与疑年，使之～。——使之年：让他说出年龄。或：某个人，有个人。有与疑年：有的同去的人怀疑他的年龄。与，同伴。

⑤《左传·昭公元年》：神怒民叛，何以能久？赵孟不复～矣。神怒，不歆其祀；民叛，不即其事。祀事不从，又何以～？——神灵发怒，百姓背叛，怎么能长久？赵孟再也过不去今年了。神灵发怒，不享用他的祭祀；百姓叛变，不干事情。祭祀和事情不能办理，又怎么能过得去今年？

辇 niǎn

本用：名词。人力推挽的车子。

①《诗经·小雅·黍苗》：我任我～，我车我牛。——任：担子。

②《战国策·赵策四》：太后曰："老妇恃～而行。"——恃：靠。

活用：

一、不及物动词。乘辇。

③《左传·昭公十年》：（子鱼）将死，疾于公宫，~而归，君亲推之。——子鱼临死以前，在公宫得病，坐上辇回家，国君亲自推车。

④《史记·张释之冯唐列传》:（冯）唐事文帝。文帝~过。——辇过：坐着辇去拜访他。

二、及物动词，一般用法。用车装运。

⑤柳宗元《永州韦使君新堂记》：则必~山石，沟涧壑。——见"沟 gōu"例⑤。

三、作状语。在车子后面……

⑥《战国策·楚策四》：庄辛谓楚襄王曰："君王左州侯，右夏侯，~从鄢陵君与寿陵君，专淫逸侈靡，不顾国政，郢都必危矣！"——辇从：在车子后面跟随着。州侯、夏侯、鄢陵君、寿陵君：都是楚襄王的宠臣。专：专一，一味。郢都：楚国的国都。

鸟 niǎo

本用：名词。飞鸟。

①《庄子。逍遥游》：北冥有鱼，其名为鲲。鲲之大，不知其几千里也；化而为~，其名为鹏。——北冥：北方的海，大湖。冥，同"溟"。

活用：作状语。像鸟一样……

②《庄子·刻意》：吐故纳新，熊经~申，为寿而已矣。——熊经鸟申：像熊那样攀树悬挂起来，像鹤那样（在空中）引颈伸腿。鸟，此处特指鹤。

③《史记·平津侯主父列传》：夫匈奴之性，兽聚而~散。——兽聚而鸟散：像野兽一样聚集，又如同鸟一样分散。

④《三国志·吴书·薛综传》：卒闻大军之至，自度不敌，~惊

兽骇，长驱奔窜。——鸟惊兽骇：像鸟兽一样惊恐。

⑤《三国志·吴书·陆逊传》：蛮夷猾夏，未染王化，~窜荒裔，拒逆王师。——鸟窜荒裔：像飞鸟一样逃窜到荒野边远之地。裔：边远之地。猾夏：扰乱中原。

⑥苏轼《教战守策》：是以区区之禄山一出而乘之，四方之民，兽奔~窜。——兽奔鸟窜：像鸟兽一样逃窜。乘：乘机，钻空子，此处指安禄山叛乱。

宁 níng

本用：形容词。安定，安宁；康宁。

①《诗经·小雅·常棣》：丧乱既平，既安且~。

②《国语·晋语四》：自子之行，晋无~岁。——宁岁：安宁的岁月。

活用：及物动词，使动用法。使……安定，安宁。

③《三国志·魏书·武帝纪》：君又翦之以~东夏，此又君之功也。——宁东夏：使东夏安定。东夏，中国的东部。翦：消灭。

④《三国志·魏书·崔琰传》：天子在许，民望助顺，不如守境述职，以~区宇。——宁区宇：使天下安宁。许：地名。今河南省许昌一带。民望：人民所盼望的，犹言民心。助顺：帮助顺从。述职：诸侯向天子汇报任职情况。此处指守臣的本分。

⑤《三国志·魏书·王朗传》：安国~主，其术焉在？——安国宁主：使国家安定，使君主平安。焉在：在哪里。焉，疑问代词做宾语。

⑥《三国志·魏书·张既传》：此勋非但破胡，乃永~河右，使吾长无西顾之念矣。——永宁河右：使河右地区长期安定。河右：河西。非但：不只，不仅。

⑦《三国志·吴书·陆逊传》：克敌~乱，非众不济。——宁乱：使叛乱平息。济：成功。

奴 nú

本用：名词。奴隶，奴仆。

①《论语·微子》：微子去之，箕子为之～，比干谏而死。——（商纣王昏乱残暴）微子就离开了他，箕子成了他的奴隶，比干劝谏而被杀死。

活用：

一、及物动词，意动用法。以……为奴。

②韩愈《原道》：入者主之，出者～之；入者附之，出者污之。——请进来的把他看作主人，排斥出去的把他看作奴隶；请进来的归附他，排斥出去的污蔑他。

二、作状语。像奴隶一样……；作为奴隶……

③《史记·宋微子世家》：子鱼曰："兵以胜为功，何常言与！必如公言，即～事之耳，又何战为？"——奴事之：像奴隶一样侍奉对方。之，此指楚国。何常言与：常，通"尚"，即尚何言与，还说什么呢。必如公言：一定像你说的那样。公：指宋襄公。

④《史记·卫将军骠骑列传》：（卫）青为侯家人，少时归其父，其父使牧羊。先母之子皆～畜之，不以为兄弟数。——奴畜之：把他当作奴隶看待。

怒 nù

本用：形容词。愤怒，恼怒；气势强盛，猛烈。

①《诗经·卫风·氓》：将子无～，秋以为期。——将：表示祈使，愿，希望。子：你。秋以为期：以秋为期，这里是说把秋天定为婚期。

②《左传·僖公二十三年》：公子～，欲鞭之。——公子：此指晋公子重耳，即后来的晋文公。鞭之：用鞭子抽打他。

③《汉书·沟洫志》：杨焉言："从河上下，患底柱隘，可镌广之。"上从其言，使焉镌之。镌之裁没水中，不能去，而令水益湍~，为害甚于故。——杨焉：汉成帝时丞相史。从河上下：沿河上下。底柱：即砥柱。隘：阻隘。镌：凿。裁：通"才"。去：（把凿下的石头）运走。

活用：

一、及物动词，使动用法。使……愤怒；激怒。

④《左传·桓公八年》：弗许而后战，所以~我而怠寇也。——怒我：激怒我军。

⑤《左传·僖公十四年》：贪爱不祥，~邻不义。——贪图所爱惜的东西就是不祥，使邻国愤怒就是不义。爱：吝惜。

⑥《左传·宣公十三年》：若二子~楚，楚人乘我，丧师无日矣。——如果这两个人激怒楚国，楚国人钻我们的空子，立刻就会丧失军队。二子：指晋人魏锜、赵旃。

⑦《左传·成公六年》：吾来救郑，楚师去我，吾遂至于此，是迁戮也。戮而不已，又~楚师，战必不克。——我们来救援郑国，楚军离开了我们，我们就到了这里，这是把杀戮移到别人头上，杀戮不止，又激怒楚军，作战一定不能得胜。

⑧《左传·襄公三年》：臣之罪重，敢有不从以~君心？——下臣的罪过很重，岂敢不服从（惩罚）而激怒君主？

⑨《荀子·臣道》：以德复君而化之，大忠也；以德调君而辅之，次忠也；以是谏非而~之，下忠也。——怒之：使君王发怒。

⑩《韩非子·说难》：自勇其断，则无以其谪~之；自智其计，则毋以其败穷之。——（君主）自己认为他的果断是勇敢时，就不要拿他的过失让他发怒；他自己认为他的计谋高明时，就不要用他的失败让他困窘。勇、智：形容词，意动用法。穷：形容词，使动用法。谪：过失，过错。

⑪《三国志·魏书·王昶传》：（王）昶欲致平地与合战，乃先遣五军案大道发还，使贼望见以喜之；以所获铠马甲首，驰环城以~

之，设伏兵以待之。——怒之：激怒对方。案大道发还：从大路出发返回。喜之：让对方高兴。喜：形容词，使动用法。

⑫《水经注·江水》：今滩上有石，或圆如箪，或方似笥，若此者甚众，皆崩崖所陨，致～湍流。——致怒湍流：以至于使湍急的江水更加汹涌。箪：古代盛饭的圆形竹器。笥：古代盛衣物、盛饭的方形竹器。崩崖：崩塌的山崖。陨：从高处下落。

⑬柳宗元《三戒》：吾恒恶世之人不知推己之本，而乘物以逞，或依势以干其非类，出技以～强，窃时以肆暴，然卒迨于祸。——怒强：激怒强者。恒：常常，总是。恶：厌恶。推己之本：推究自己的真实情况。乘物以逞：靠外界的条件以逞强。干其非类：寻求与不同类者要好。窃时：抓住（有利的）时机。肆暴：任意做残暴之事。卒迨于祸：终于赶上灾祸。迨：至，及。

二、及物动词，为动用法。因……而发怒；对……发怒。

⑭《墨子·耕柱》：子墨子～耕柱子。——子墨子对耕柱子发怒。

⑮《左传·宣公十二年》：楚军讨郑，～其贰而哀其卑，叛而伐之，服而舍之，德刑成矣。——楚军讨伐郑国，对郑国的背叛感到愤怒而又可怜郑国的卑下。背叛了去讨伐他，顺服了就赦免他，德行、刑罚都完成了。

⑯《韩非子·五蠹》：今有不才之子，父母～之弗为改，乡人谯之弗为动，师长教之弗为变。——怒之：对他发怒。谯：斥骂。

⑰《史记·高祖本纪》：吕媪～吕公曰："公始常欲奇此女，与贵人。沛令善公，求之不与，何自妄许与刘季？"——怒吕公：对吕公发怒。奇此女：使这个女儿与众不同。沛令善公：沛县县令对你很好。刘季：即刘邦。

⑱《史记·晋世家》：（晋）献公～二子不辞而去，果有谋矣，乃使兵伐蒲。——怒二子不辞而去：对这两个人（重耳、夷吾）不辞而去这件事很愤怒。果：果真，果然。蒲：蒲城，是重耳的据点。

⑲《史记·晋世家》：子玉之败而归，楚成王～其不用其言，贪

与晋战，让责子玉，子玉自杀。——怒其不用其言：因子玉没听他的话而发怒。让：责备，责怪。子玉：楚国对晋作战的统帅。

⑳《史记·郑世家》：楚~郑受宋赂纵华元，伐郑。——楚国对郑国接受宋国的礼物而放掉华元这件事很愤怒，于是就讨伐郑国。华元：宋国的执政（官名）。

㉑《史记·白起王翦列传》：赵王既~廉颇军多失亡，军数败，又反坚壁不敢战，而又闻秦反间之言，因使赵括代廉颇将以击秦。——廉颇的部队出现很多士兵失踪、逃亡的事情，部队多次失败，反而坚守营垒不敢交战，赵王对此非常愤怒，又听到秦国的反间的谣言，于是派赵括取代廉颇领兵去攻击秦军。

㉒《史记·魏公子列传》：魏王~公子之盗其兵符，矫杀晋鄙，公子亦自知也。——魏王对魏公子盗走他的兵符，矫旨杀掉晋鄙这件事很恼怒，公子自己也知道。

㉓《三国志·魏书·辛毗传》：臣所言非私也，乃社稷之虑也，安得~臣！——安得怒臣：怎么能对我发怒呢？

佩 pèi

本用：动词。佩带，挂。

①《韩非子·观行》：西门豹之性急，故~韦以缓己。——韦：柔软的熟皮子。缓：和缓，形容词，使动用法。

活用：使动用法。使……佩带。

②《左传·闵公二年》：大子帅师，公衣之偏衣，~之金玦。——太子率领军队，晋侯让他穿上左右两色的衣服，佩带上金玦。

③《史记·淮南衡山列传》：王奇孝材能，乃~之王印，号曰将军，令居外宅，多给金钱，招致宾客。——王奇孝材能，乃佩之王印：衡山王对自己的儿子刘孝的才能感到惊奇，于是让他佩带王印。材：通“才”。奇：形容词意动用法。

疲（罢） pí

本用：形容词。疲乏，疲惫。罢：通“疲”。

①《孙子·军争》：劲者先，~（罢）者后。

②《韩非子·说林上》：魏攻中山而弗能取，则魏必~（罢）。——魏、中山：国名。

③《后汉书·光武帝纪下》：我自乐此，不为~也。

活用：

一、及物动词，使动用法。使……疲。

④《左传·成公十六年》：今楚内弃其民，而外绝其好，渎齐盟，而食话言，奸时以动，而~民以逞。——现在楚国内部丢弃他的百姓，外部断绝他的友好，亵渎神圣的盟约而说话不算话，违反时令发动战争，使百姓疲惫以求快意。

⑤《左传·昭公十六年》：~（罢）民而无功，罪及而弗知，侨之耻也。——使百姓疲惫而没有功劳，罪过来到却还不知道，这是我的耻辱。侨：郑国大夫，名侨，字子产。这里是自称。

⑥《左传·昭公三十年》：亟肄以~（罢）之，多方以误之，既罢而后以三军继之，必大克之。——屡次突击快撤使他们（指楚军）疲惫，用各种方法使他们失误，他们疲惫之后再派三军跟上，必然大胜他们。

⑦《战国策·西周》：是天下欲~（罢）秦，故劝王攻周。

二、及物动词，为动用法。为（因为）……而疲惫。

⑧《史记·高祖本纪》：老弱~（罢）转饷。——见“苦 kǔ”例⑭。

⑨《三国志·魏书·钟繇传》：时大兴洛阳宫室，车驾便幸许昌，天下当朝正许昌。许昌逼狭，于城南以毡为殿，备设鱼龙曼延，民~（罢）劳役。——民罢劳役：百姓因为服劳役而疲惫不堪。逼：狭窄。

三、名词。疲惫之民。

⑩贾谊《过秦论下》：（秦）收弱扶～（罢），以令大国之君，不患不得意于海内。——收弱扶罢：收容扶持疲弱的人民。令：指挥。大国：指东方诸侯新建的各国。

贫 pín

本用：形容词。贫穷，与“富”相对。

①《论语·学而》：～而无谄，富而无骄。——贫穷却不巴结奉承，有钱却不骄傲自大。

②《庄子·让王》：无财谓之～。

活用：及物动词，使动用法。使……贫。

③《墨子·尚贤中》：不肖者抑而废之，～而贱之。——贫而贱之：使他们贫穷卑贱。

④《荀子·天论》：强本而节用，则天不能～。——加强农业生产而又节省资财，那么天也不能使他贫穷。“贫”后省略宾语“之”。本：根本，基础的东西，这里指农业生产。

⑤《韩非子·和氏》：大臣太重，封君太众，若此则上逼主而下虐民，此～国弱兵之道也。——贫国弱兵：使国家贫穷、使兵力减弱。弱：形容词，使动用法。重：指权力大。封君：有封邑的贵族。众：多。逼：逼迫，威胁。主：君主。

⑥《战国策·楚策一》：故彼廉其爵，～其身，以忧社稷者，令尹子文是也。——廉其爵，贫其身：降低自己的爵位，使其自身清贫。廉：形容词，使动用法。

平 píng

本用：形容词。公平；安定，太平。

①《管子·任法》：法不～，令不全，是亦夺柄失位之道

也。——柄：权柄。

②《孟子·滕文公上》：当尧之时，天下犹未～。——在尧那个时候，天下还不安定。

活用：及物动词，使动用法。使……平。

③《荀子·富国》：轻田野之税，～关市之征，省商贾之数，罕兴力役，无夺农时，如是则国富矣。——减轻田地的赋税，公平合理地征收关卡集市的税收，减少商人的数量，少兴劳役，不夺农时，这样国家就富强了。平关市之征：使关市之税收公平合理。

④《吕氏春秋·察传》：夔能和之，以～天下。——夔能调和音乐，以使天下安定。夔：人名，相传为舜掌管音乐的官。之：指音乐。

破 pò

本用：动词。破败，残破，破灭。

①《韩非子·说疑》：虽身死家～，要领不属，手足异处，不难为也。要：同"腰"。领：脖子。属：连接。

活用：使动用法。使……破。

②《孙子·谋攻》：凡用兵之法，全国为上，～国次之。——用兵的法则，使敌人举国完整地降服是上策，攻破敌人的国家就差些。

③《韩非子·五蠹》：故～国亡主，以听言谈者之浮说。——所以，使国家破灭、君主死亡，都是因为听信了那些纵横家的夸夸其谈。以：因为。言谈者：指纵横家。

④《史记·张耳陈余列传》：夫秦为无道，～人国家，灭人社稷。——破人国家：使别人的国家破灭。

妻 qī

本用：名词。妻子。

①《论语·季氏》：邦君之～，君称之曰夫人，夫人自称曰

小童。

②《左传·桓公二年》：宋督攻孔氏，杀孔父而取其~。——督：宋人，名华父督。

活用：及物动词，使动用法。让……做妻子；娶……为妻。

③《孟子·万章上》：好色，人之所欲，~帝之二女，而不足以解忧。——妻帝之二女：（舜）娶尧帝的两个女儿为妻。好色：漂亮的女色。

④《韩非子·忠孝》：是舜出则臣其君，入则臣其父，妾其母，~其主女也。——妻其主女：让主人的女儿做（自己的）妻子。臣其君、臣其父：让君主做自己的臣下，让父亲做自己的臣仆。妾其母：让母亲做自己的奴婢。臣、妾：用法同“妻”。

⑤《史记·刘敬叔孙通列传》：冒顿杀父代立，~群母，以力为威，未可以仁义说也。——妻群母：让群母做自己的妻室。冒顿：秦末汉初时匈奴的君主。

⑥《史记·匈奴列传》：匈奴父子乃同穹庐而卧。父死，~其后母；兄弟死，尽取其妻~之。——妻其后母：以其后母为妻。后母：父亲的妻妾（别于生身之母）。尽取其妻妻之：把兄弟的妻子都娶来做（自己的）妻子。

⑦《三国志·吴书·薛琮传》：交趾糜泠、九真都庞二县，皆兄死弟~其嫂，世以此为俗。——妻其嫂：娶其嫂为妻。交趾、九真：古代南方的两个郡。

栖 qī

本用：动词。歇息；停留，居住。

①《诗经·王风·君子于役》：鸡~于埘（shí）。——埘：鸡窝。

②《国语·越语上》：越王勾践~于会稽之上。——会稽：山名。

③《庄子·盗跖》：于是民皆巢居以避之，昼拾橡栗，暮～木上，故命之曰有巢氏之民。

活用：使动用法。让……栖息；让……停留。

④《庄子·至乐》：夫以鸟养养鸟者，宜～之深林，游之坛陆，浮之江湖。——按照养鸟的方法养鸟的人，应当让它们在深林里栖息，让它们在沙渚上遨游，让它们在江湖中浮游。游、浮：用法同“栖”。

⑤《战国策·秦策五》：吴王夫差～越于会稽，胜齐于艾陵。——栖越于会稽：迫使越王栖息在会稽山上。

⑥《战国策·楚策二》：女阿谓苏子曰：“秦～楚王，危太子者公也。”——栖楚王：使楚王留滞；扣留楚王。女阿：宠姬，此指楚太子之宠姬。苏子：此指苏秦。

⑦《史记·越王勾践世家》：吴师败，越遂复～吴王于姑苏之山。

⑧曾巩《宜黄县学记》：其成也，积屋之区若干，而门序正位，讲艺之堂，～士之舍皆足。——栖士之舍：让士人住宿的房舍。其：指宜黄县学堂。积屋：成片的房屋。序：正堂的东西墙。正位：此指孔子等人的画像。

戚 qī

本用：形容词。忧愁，悲戚；亲密，亲近。

①《庄子·大宗师》：孟孙才，其母死，哭泣无涕，中心不～。——孟孙才：鲁国的贤人。涕：眼泪。中心：心中。

②《庄子·盗跖》：尧杀长子，舜流母弟，疏～有伦乎？

活用：

一、及物动词，一般用法。与……亲近，与……亲密。

③《孟子·告子下》：有人于此，越人关弓而射之，则己谈笑而道之，无他，疏之也；其兄关弓而射之，则己垂涕泣而道之，无

他，~之也。——戚之：与他关系亲密。关弓：开弓。疏之：与他关系疏远。

二、及物动词，使动用法。使……忧愁，使……悲戚。

④《史记·鲁周公世家》：武王有疾，不豫，群臣惧，太公、召公乃缪卜。周公曰："未可以~我先王。"——戚我先王：使先王忧愁。不豫：不舒服。缪：通"穆"，虔诚，庄重。卜：占卜。

⑤袁枚《祭妹文》：汝之疾也，予信医言无害，远吊扬州。汝又虑~吾心，阻人走报。——虑戚吾心：担心使我心中忧愁。

三、及物动词，为动用法。为（对）……而忧愁；对……亲近。

⑥《史记·司马相如列传》：昔者鸿水浡出，氾滥衍溢，民人登降移徙，崎岖而不安。夏后氏~之。——戚之：为此而忧愁。鸿水：洪水。浡：兴起，暴发。民人：人民。

齐 qí

本用：形容词。整齐，一致；相等，相同。

①《论语·里仁》：见贤思~焉，见不贤而内自省也。——见到贤者，就应该想着（和他）一样；见到不贤者，就应该自己反省。

②《孟子·滕文公上》：夫物之不~，物之情也。——事物不相同，这是事物的实情。

③《孟子·公孙丑下》：今天下地丑德~，莫能相尚。——现在天下各国土地大小一样，德行也相同，彼此之间谁也不能居于谁之上。丑：类，相同。

活用：

一、及物动词，一般用法。一致遵守；与……相等同。

④《荀子·王霸》：百官则将~其制度，重其官秩，若是，则百吏莫不畏法而遵绳矣。——齐其制度：一致遵守制度。重其官秩：看重他们的官积和俸禄。绳：指法津。

⑤《史记·平津侯主父列传》：昔秦皇帝任战胜之威，蚕食天

下，并吞战国，海内为一，功～三代。——功齐三代：功绩与三代相等同。三代，指夏禹、商汤、周文三个时期。

⑥《三国志·吴书·吴主传》：朕以不德，承运革命，君临万国，秉统天机，思～先代，坐而待旦。——齐先代：与先代一样。

二、及物动词，使动用法。使……整齐，使……一致。

⑦《孟子·告子下》：不揣其本，而～其末，方寸之木可使高于岑楼。——齐其末：使末端一致。即比较末端的高低。揣其本：揣度基地的高低是否一致。岑楼：高峻之楼。

⑧《荀子·非十二子》：～言行，壹统类，而群天下之英杰，而告之以大古，教之以至顺。——齐言行：使人们的言行一致。壹统类：统一大纲细类。统，大纲。类，小类，细目。群天下之英杰：使天下的英杰会合起来。大古：指古代帝王的业绩。至顺：至理，最高的道理。

⑨《战国策·赵策二》：进退之节，衣服之制，所以～常民，非所以论贤者也。——进退举止一类的礼节，衣服方面的型制，是用来使人民整齐一致的措施，而不是用来衡量评论贤者的标准。

⑩王羲之《兰亭集序》：固知一死生为虚诞，～彭殇为妄作。—— 一死生为虚诞，齐彭殇为妄作：认为死生一样的说法是不真实的，认为长寿和短命相同的说法也是妄造的。彭，指彭祖，相传活了八百岁，以后为长寿的代称。殇，指殇子，幼年夭折的人。妄作：妄造，胡说。

奇 qí

本用：形容词。奇异，不平凡，不寻常。

①《尚书·泰誓》：作～技淫巧，以悦妇人。——奇技淫巧：奇异的技艺和非常精巧的东西。

②司马迁《报任安书》：夫人臣出万死不顾一生之计，赴公家之难，斯以～矣。

活用：

一、及物动词，使动用法。使……与众不同。

③《史记·高祖本纪》：公始常欲～此女。——见“怒 nù”例⑰。

二、及物动词，意动用法。认为……奇特；觉得……奇异。

④《战国策·齐策六》：齐闵王之遇杀，其子法章变姓名，为莒太史家庸夫，太史敫女～法章之状貌，以为非常人。——奇法章之状貌：觉得法章的形体相貌与众不同。

⑤《史记·项羽本纪》：秦始皇帝游会稽，渡浙江。（项）梁与（项）籍俱观。籍曰：“彼可取而代也！”梁掩其口，曰：“毋妄言，族矣！”梁以此～籍。——梁以此奇籍：项梁因此觉得项籍不寻常。项梁：项羽的叔父。项籍：即项羽。

⑥《史记·淮阴侯列传》：（滕公）言于上，上拜以为治粟都尉，上未之～也。——未之奇：未奇之，不认为他（韩信）奇特不凡。

⑦《史记·淮阴侯列传》：滕公～其言，壮其貌，释而不斩。——奇其言：觉得他（韩信）的话很不一般。壮其貌：觉得他相貌伟壮。壮：形容词，意动用法。

⑧《史记·袁盎晁错列传》：（晁错）书数十上，孝文不听，然～其材，迁为中大夫。——奇其材：认为他的才能出众。

⑨《三国志·蜀书·法正传》：诸葛亮与（法）正，虽好尚不同，以公义相取。亮每～正智术。——亮每奇正智术：诸葛亮一直认为法正的才智方法不同寻常。每：经常。

⑩《三国志·吴书·陆逊传》：予既～（陆）逊之谋略，又叹（孙）权之识才，所以济大事也。——奇（陆）逊之谋略：认为陆逊的谋略突出不凡。叹（孙）权之识才：为孙权能识别人才而感叹。

⑪江淹《别赋》：风萧萧而异响，云漫漫而～色。——奇色：感到云色奇特。异响：觉得风声奇异。异：形容词，意动用法。

⑫柳宗元《与杨诲之书》：足下所持《毛颖传》来，仆甚～其书。——仆甚奇其书：我觉得这本书很奇特。

起 qǐ

本用：动词。起立；起床。

①《左传·宣公十四年》：楚子闻之，投袂而～。

②《孟子·尽心上》：鸡鸣而～，孳孳为善者，舜之徒也。——鸡叫就起来，努力行善的人，是舜一类的人。

活用：使动用法。使……起来，使……兴起。

③《墨子·贵义》：今有人于此，负粟息于路侧，欲起而不能。君子见之，无少长贵贱必～之。——起之：扶起他，帮助他站起来。

④《左传：宣公十五年》：宋人惧，使华元夜如楚师，登子反之床，～之曰………——起之：叫子反起来。

⑤《国语·吴语》：君王之于越也，繄（yī）～死人而肉白骨也。——起死人而肉白骨：使死人复活，使白骨生肉。肉：名词，使动用法。繄：是。

⑥陈子昂《谏用刑书》：且愚人安则乐生，危则思变。故事有招祸，而法有～奸。——法有起奸：法有引起奸邪的可能。

泣 qì

本用：动词。哭泣。

①《墨子·公孟》：又厚葬久葬：重为棺椁，多为衣衾，送死若徙，三年哭～。——徙：迁移，搬家。

②《战国策·赵策四》：媪之送燕后也，持其踵为之～，念悲其远也。——持其踵为之泣：拉着女儿对着她哭。踵，脚跟。持其踵是形象化的说法。念：惦念。悲：悲伤，为女儿的远嫁而惦念悲伤。

活用：

一、使动用法。使……哭泣。

③苏轼《赤壁赋》：客有吹洞箫者，倚歌而和之。其声呜呜然，

如怨如慕，如泣如诉；余音袅袅，不绝如缕，舞幽壑之潜蛟，~孤舟之嫠妇。——舞幽壑之潜蛟，泣孤舟之嫠妇：（箫声）使潜伏在深谷水中的蛟龙起舞，使孤舟上的寡妇哭泣。舞：动词，使动用法。

二、使动用法。对……哭泣；向……哭泣。

④《左传·襄公二十二年》：君三~臣矣，敢问谁之罪也？——三泣臣：三次向下臣哭泣。

⑤《左传·定公十年》：（向）魋惧，将走，公闭门而~之，目尽肿。——闭门而泣之：关上门对着他哭泣。

⑥《庄子·大宗师》：俄而子来有病，喘喘然将死；其妻子环而~之。——不久子来得了病，呼吸急促，将要死了，他的妻子儿女围着对他哭泣。

⑦《战国策·魏策二》：魏惠王起境内众将太子申而攻齐。客谓公子理之傅曰："何不令公子~王太后，止太子之行？"——泣王太后：向王太后哭泣。将太子申：让太子申为将。将：名词，使动用法。

⑧龚自珍《病梅馆记》：予购三百盆，皆病者，无一完者；既~之三日，乃誓疗之，纵之，顺之。——泣之三日：为这些病梅哭泣了三天。纵之：放松它们。顺之：使它们顺直自然。

器 qì

本用：名词。器具；才能。

①《周易·系辞下》：弓矢者，~也。

②《论语·卫灵公》：工欲善其事，必先利其~。——工：工人。利：使……便利。

③《礼记·王制》：喑聋、跛躃、断者、侏儒、百工，各以其~食之。——以其器：靠他的才能、本领。喑：哑。躃：两条腿瘸。断者：肢体（手、脚）残缺不全的人。

活用：

一、不及物动词。像器具那样。

④《论语·为政》：子曰："君子不～。"——孔子说："君子不像器具那样（只有一定的用途）。"

二、及物动词，意动用法。看作器具，认为……有才能。

⑤《论语·子路》：君子易事而难说也。说之以不道，不说也；及其使人也，～之；小人难事而易说也。说之虽不以道，说也；及其使人也，求备焉。——器之：把人看作器具，即根据各人的特长去使用，而不要求具备各种才能。易事：容易侍奉。难说：很难让他喜悦。后面省略了宾语"之"。道：正道，正当的方式。易说：容易让他喜悦。后面省略了宾语"之"。求备：要求（才能）完备。

⑥《三国志·蜀书·诸葛亮传》：时先主屯新野，徐庶见先主，先主～之。——器之：认为他有才能。

前 qián

本用：方位名词。前面，前方。

①《论语·子罕》：瞻之在～，忽焉在后。——看看似乎是在前面，忽然又到后面去了。

②李斯《谏逐客书》：阿缟之衣，锦绣之饰，不进于～。——阿缟：齐国东阿所产的白色的绢。

活用：

一、不及物动词。在前；向前，上前。

③《左传·昭公元年》：郑子皮曰："二执戈者～矣。"——郑国的子皮说："两个拿着戈的人站在前面了。"

④《战国策·燕策三》：樊於期乃～曰："为之奈何？"——前：上前。

⑤《史记·高祖本纪》：（高祖）乃～，拔剑击斩蛇。——前：走上前去。

⑥《史记·魏其武安侯列传》：灌夫被甲执戟，募军中壮士所善愿从者数十人。及出壁门，莫敢～。——莫敢前：没有一个敢前进的。

二、及物动词，使动用法。使……向前，在前。

⑦《徐霞客游记·游黄山后记》：日渐暮，遂～其足，手向后据地，坐而下脱。——前其足：把脚放在前面。

⑧黄淳耀《李龙眠画罗汉记》：一人～其杖，回首视捧衣者。——前其杖：把手中的杖向前举着。

强 qiáng

本用：形容词。强壮；强大；强盛。

①《墨子·天志上》：～者不劫弱，贵者不傲贱。——劫：威胁。

②《孟子·梁惠王下》：天下固畏齐之～也。

活用：及物动词，使动用法。使……强盛；使……强大，强壮。

③《庄子·刻意》：此朝廷之士，尊主～国之人，致功兼并者之所好也。——尊主强国：使主上尊贵，国家强盛。尊：形容词，使动用法。致功：建立功业。

④《荀子·天论》：～本而节用，则天不能贫。——加强农业生产而又节省资材，上天也不能使它贫穷。本：根本，这里指农业生产。贫：形容词，使动用法。

⑤《韩非子·奸劫弑臣》：此管仲之所以治齐，而商君之所以～秦也。——强秦：使秦国强大。治齐：使齐国安定。治：安定，形容词，使动用法。

⑥《战国策·齐策一》：今齐、楚、燕、赵、韩、梁六国之递甚也，不足以立功名，适足以～秦而自弱也。——强秦而自弱：使秦国强大而使自己衰弱。递：交替，此指相互间交替攻伐。适：但，只是。

桥 qiáo

本用：名词。桥梁。

①《史记·秦本纪》：初作河~。——河：黄河。

活用：及物动词，一般用法。架桥。

②《史记·司马相如列传》：（司马长卿）通零关道，~孙水，以通邛都。——桥孙水：在孙水上架桥。

③柳宗元《石渠记》：自（袁家）渴西南行，不能百步，得石渠。民~其上。——桥其上：在石渠上架桥。渴：古楚、越之间方言，谓水之反流者为渴。

巧 qiǎo

本用：形容词。灵巧；高明。

①《墨子·鲁问》：故所为功，利于人，谓之~；不利于人，谓之拙。——所为功：所做的事。功，通“工”。

活用：及物动词，意动用法。认为……高明。

②《吕氏春秋·知度》：人主自智而愚人，自~而拙人。——人主认为自己聪明，别人愚蠢；认为自己高明，别人笨拙。智、愚、拙：用法同“巧”。

妾 qiè

本用：名词。奴婢；男子在妻子之外另娶的女人。

①《尚书·费誓》：臣~逋逃。——臣：男性奴隶。妾：女性奴隶。

②《孟子·离娄下》：齐人有一妻一~而处室者，其良人出，则必餍酒肉而后反。——良人：丈夫。餍：饱。

活用：及物动词，使动用法。把……作为奴婢，把……作为妻妾。

③《韩非子·忠孝》：是舜出则臣其君，入则臣其父，~其母。——妾其母：让母亲做自己的奴婢。臣：名词，使动用法。

④《淮南子·俶真训》：~宓妃，妻织女。——（真人）让宓妃做自己的小妾，让织女做自己的妻子。

亲 qīn

本用：名词。双亲，父母。

①《孟子·尽心上》：孩提之童，无不知爱其~者。

活用：及物动词，意动用法。看作父母。

②《孟子·离娄上》：人人~其亲，长其长，而天下平。——亲其亲：把自己的父母看作父母。长其长：把自己的长辈看作长辈。长：用法同“亲”。

③《礼记·礼运》：大道之行也，天下为公，……故人不独~其亲，不独子其子。——子其子：把自己的子女看作子女。

勤 qín

本用：形容词。勤苦，勤劳。

①《尚书·蔡仲之命》：克~无怠。

②《论语·微子》：四体不~，五谷不分。

③《左传·宣公十二年》：民生在~，~则不匮。——民生：人民的生计（维持生活下去的方法）。匮：匮乏。

活用：

一、及物动词，使动用法。使……勤苦。

④《左传·僖公三十三年》：秦违蹇叔，而以贪~民，天奉我也。——以贪勤民：因为贪婪而使人民勤苦。

⑤《左传·襄公十年》：女既～君而兴诸侯，牵帅老夫以至于此。——你们已经使国君勤劳而发动了诸侯的军队，又牵领着我老头子到了这里。

二、及物动词，为动用法。为……勤苦，为……勤劳。

⑥《左传·僖公三年》：齐方～我，弃德不祥。——齐方勤我：齐国正在为我国辛劳忙碌。

⑦《左传·成公十八年》：欲求得人，必先～之。——要想得到别人的拥护，一定要先为他劳苦。

⑧《国语·鲁语上》：舜～民事而野死。——舜为民事劳苦而死在苍梧之野。

⑨《国语·鲁语上》：契为司徒而民辑，冥～其官而水死，汤以宽治民而除其邪，稷～百谷而山死。——勤其官：为（履行）他的职务而辛勤劳苦。勤百谷：为庄稼而劳苦。契：殷之祖，是尧的司徒。辑：和睦。冥：契后六世孙，夏代的水官。水死：死在水中。

轻 qīng

本用：形容词。分量少，程度低；不重要，不尊贵。

①《周礼·秋官·大司寇》：掌建邦之三典，……一曰刑新国用～典，二曰刑平国用中典，三曰刑乱国用重典。——典：法。刑：治理。

②《孟子·尽心下》：民为贵，社稷次之，君为～。

③晁错《论贵粟疏》：此令臣～背其主而民易去其乡。——去：离开。

活用：

一、及物动词，一般用法。轻待。

④《墨子·非儒下》：为欲厚所至私，～所至重，岂非大奸也哉？——厚所至私：厚待最偏爱的人。轻所至重：轻待最亲厚的人。

二、及物动词，使动用法。使……轻。

⑤《左传·襄公二十四年》：宣子说，乃～币。——轻币：减轻了贡品。说：同“悦”。

⑥《孟子·梁惠王下》：何哉，君所为～身以先于匹夫者？——您所做的降低身份先去拜访一个普通人这件事，为的是什么呢？

⑦《孟子·滕文公下》：戴盈之曰：“什一，去关市之征，今兹未能，请～之。”——戴盈之说：“农业税十分抽一，免除关卡和集市的税收，今年还办不到，请先减轻一些。”

⑧《荀子·富国》：时其事，～其任，以调齐之。——使人民的事情合时不乱，减轻人民的负担，以调整统一百姓。时：合时，形容词，使动用法。

⑨《荀子·富国》：～田野之税，平关市之征。——减轻田地的赋税，公平地征收关市的税收。

⑩贾谊《过秦论中》：～赋少事，以佐百姓之急。——减轻赋税，减少事务，帮助解决百姓的急困之事。

⑪《史记·陈涉世家》：客出入愈益发舒，言陈王故情。或说陈王曰：“客愚无知，颛妄言，～威。”陈王斩之。——轻威：降低了（大王的）威信。发舒：放肆。故情：过去的事情。颛：同“专”。

三、及物动词，意动用法。认为……轻；觉得……轻。

⑫《孟子·告子下》：夫苟好善，则四海之内皆将～千里而来告之以善。——轻千里：把千里远的路程看得很轻易。

⑬《庄子·秋水》：且夫我尝闻少仲尼之闻而～伯夷之义者，始吾弗信。——少仲尼之闻而轻伯夷之义：认为孔子的学识少，轻视伯夷的义节。

⑭《荀子·修身》：志意修则骄富贵，道义重则～王公。——志向完美则傲视富贵，道义厚重则藐视王宫贵族。修：完美，完善。骄：形容词，为动用法。

⑮《荀子·性恶》：～身而重货，恬祸而广解苟免；不恤是非，然不然之情，以期胜人为意，是下勇也。——轻身而重货：轻视生命

而看重财物。恬：安然，平静。恬祸：对灾祸无动于衷。广解苟免：多方设法解脱，苟且免祸。恤：考虑，体谅。情：实情，实际情况。

⑯《韩非子·用人》：君人者不~爵禄，不易富贵，不可与救危国。——不轻爵禄，不易富贵：不把爵禄、富贵看得很轻。

⑰《韩非子·观行》：故乌获~千钧而重其身，非其身重于千钧也，势不便也。——所以，乌获认为千钧很轻而自身很重，这并不是自己的身体重于千钧，而是形势不便的缘故。乌获：战国秦武王时的大力士。

⑱《韩非子·内储说上七术》：越王虑伐吴，欲人之~死也，出见怒蛙，乃为之式。——轻死：轻视死亡。为之式：向它伏轼致意。式，通"轼"，车前横木。此处意为"伏轼（致意）"。

⑲《战国策·齐策四》：约与秦为帝，而天下独尊秦而~齐；齐释帝，则天下爱齐而憎秦。——尊秦而轻齐：尊重秦国而看轻齐国。释：放弃。

⑳《史记·陈杞世家》：贤哉楚庄王！~千乘之国而重一言。——轻千乘之国而重一言：把千乘之国看得很轻，而把一句话看得很重。

㉑《三国志·魏书·陈群传》：今以笞死之法易不杀之刑，是重人支体而~人躯命也。——重人支体而轻人躯命：把人的肢体看得重，而把人性命看得轻。重，用法同"轻"。

倾 qīng

本用：动词。倾倒，倾斜。

①《论语·季氏》：盖均无贫，和无寡，安无~。

②《墨子·七患》：以七患守城，敌至国~。——七患：指造成国家危亡的七种祸患。

活用：使动用法。使……倾倒。

③《荀子·劝学》：是故权利不能~也，群众不能移也，天下不

能荡也。——这样，权利不能使他屈服，人多不能使他的意志改变，任何事情也不能使他动摇。移、荡：用法同“倾”。

④《荀子·儒效》：万物莫足以～之之谓固。——倾之：使它倾倒。

⑤《史记·齐太公世家》：周西伯昌之脱羑里归，与吕尚阴谋修德以～商政。——倾商政：使商朝政权倾覆。周西伯昌：即后来的周文王。羑里：地名。纣曾拘西伯于此。阴谋：暗中谋划。

⑥《史记·孟尝君列传》：孟尝君舍业厚遇之，以故～天下之士。——倾天下之士：使天下之士倾倒。

清 qīng

本用：形容词。清澈；清平。

①《孟子·离娄上》：沧浪之水～兮，可以濯我缨。

②《孟子·万章下》：当纣之时，居北海之滨，以待天下之～也。

活用：及物动词，使动用法。使……清。

③《荀子·天论》：圣人～其天君，正其天官。——圣人要使自己的天君清明，使自己的天官端正。

④《三国志·魏书·刘放传》：（曹公）奉辞伐罪，所向必克。以二袁之强，守则淮南冰消，战则官渡大败，乘胜席卷，将～河朔。——清河朔：使河朔清平。河朔，黄河以北地区。冰消：像冰（遇火）一样消解。

⑤苏轼《上皇帝书》：汴水浊流，自生民以来，不以种稻。秦人之歌曰：“泾水一石，其泥数斗。且溉且粪，长我禾黍。”何尝曰长我粳稻耶？今欲陂而～之，万顷之稻，必用千顷之陂，一岁一淤，三岁而满矣。——清之：使之（汴水）变清。粪：施肥。陂：池塘，此指类似于水库的水利设施。“陂而清之”的“陂”的意义为“修建陂池”，名词用如及物动词，一般用法。

请 qǐng

本用：动词。请求。

①《论语·雍也》：子华使于齐，冉子为其母～粟，子曰：“与之釜。”～益，曰：“与之庾。”——请粟：请求（补助）谷子。釜：古代计量单位，六斗四升为一釜。请益：请求增加一些。庾：二斗四升为一庾。

②《左传·隐公元年》：（姜氏）爱共叔段，欲立之，亟～于武公，公弗许。

活用：为动用法。为……请求；向……请求。

③《左传·僖公三十三年》：文嬴～三帅。——文嬴为三帅请求（释放他们回国）。文嬴：晋襄公之母。三帅：指被晋国俘虏的秦国将领孟明、西乞、白乙。

④《史记·魏其武安侯列传》：（灌）夫创少瘳（chōu），又复～将军曰：“吾益知吴壁中曲折，请复往。”——请将军：向（灌何）将军请求。瘳：病好。壁：军垒，军营。

⑤《后汉书·列女传》：（董）祀为屯田都尉，犯法当死，文姬诣曹操～之。——请之：为这件事请求（免除董祀的死罪）。

穷 qióng

本用：形容词。穷困；困窘；穷尽。

①《论语·卫灵公》：君子亦有～乎？——君子也有穷困的时候吗？

②《孟子·公孙丑上》：邪辞知其所离，遁辞知其所～。——不合正道的言辞我知道它偏离正道之处，躲闪的言辞我知道它理屈之处。

③《列子·汤问》：子子孙孙，无～匮也。

活用：及物动词，使动用法。使……困窘，使……穷尽。

④《庄子·缮性》：古之存身者，不以辩饰知，不以知～天下。——古时候保存自身的人，不用巧辩掩饰智巧，不用智巧使天下之人穷困。

⑤《庄子·秋水》：困百家之知，～众口之辩，吾自以为至达矣。——穷众口之辩：使众人的论辩窘迫。困百家之知：使百家的才智困窘。

⑥《荀子·修身》：不～穷，而通者积焉。——不让困窘的人困窘，那么通情达理的人就来聚集了。

⑦《荀子·非十二子》：高上尊贵不以骄人，聪明圣智不以～人。——自己高尚尊贵不对人傲慢，自己聪明圣智不让人难堪。

⑧《韩非子·说难》：自知其计，则毋以其败～之。——（君主）认为自己的计谋高明时，就不要拿他的失败让他困窘。

⑨《韩非子·观行》：故明主不～乌获以其不能自举。——所以，圣明的君主不用举起自身这件事难为（大力士）乌获。

⑩《战国策·魏策一》：张仪欲～陈轸，令魏王召而相之。——穷陈轸：使陈轸困窘。相之：使他为相。

⑪《史记·李斯列传》：吾既已临天下矣，欲悉耳目之所好，～心志之所乐。——悉、穷：意为“看尽，听尽，享受尽”。

曲 qū

本用：形容词。弯曲。

①《荀子·劝学》：木直中绳，鞣以为轮，其～中规。——中：符合，适合。绳：木匠用来取直的墨线。鞣：用微火烘烤木料，使木料弯曲。规：圆规，木匠用来画圆的工具。

活用：及物动词，使动用法。使……弯曲。

②《说苑·权谋》：客谓主人曰：“～其堗（tū），远其积薪；不者，将有火患。”——曲其堗：把那个烟囱弄弯曲一些。远其积薪：

把堆积的柴薪搬远一些。远：形容词，使动用法。

屈 qū

本用：动词。屈服。

①《国语·越语下》：柔而不~，强而不刚。——柔顺而不屈服，强盛而不刚猛。

活用：使动用法。使……屈服。

②《孟子·滕文公下》：富贵不能淫，贫贱不能移，威武不能~，此之谓大丈夫。——富贵不能使他迷乱，贫贱不能使他改变志向，威武不能使他屈服，这样才叫作大丈夫。

③《孙子·谋攻》：不战而~人之兵，善之善者也。——不战而使对方的军队屈服，是高明中最高明的。

去 qù

本用：动词。离开。

①《论语·微子》：柳下惠为士师，三黜。人曰："子未可以~乎？"曰："直道而事人，焉往而不三黜？枉道而事人，何必~父母之邦？"——士师：法官。三黜：多次被罢免。直道而事人：按照正道事奉君主。焉：哪里。枉道：邪道。去父母之邦：离开祖国。

活用：使动用法。使……离开。

②李斯《谏逐客书》：今取人则不然；不问可否，不论曲直，非秦者~，为客者逐。——非秦者去：不是秦国的人都让他们离开。

③《史记·晋世家》：公宰示眯明知之，恐（赵）盾醉不能起，而进曰："君赐臣，觞三行，可以罢。"欲以~赵盾。——欲以去赵盾：想借此让赵盾离开。示眯明：《左传·宣公二年》作"提弥明"。赵盾的车右，武士。

④《史记·伯夷列传》：太公曰："此义人也。"扶而~之。——扶

而去之：扶着他们让他们离开了。之：指伯夷、叔齐。

全 quán

本用：形容词。完备；完整；完全。

①《墨子·节用下》：故圣王作，为舟车，以便民之事。其为舟车也，~固轻利，可以任重致远。——便民之事：使人民的事情方便。任重致远：承担重物到达远地。

②《庄子·养生主》：三年之后，未尝见~牛也。

活用：及物动词，使动用法。使……完全；使……保全。

③《孙子·谋攻》：凡用兵之法，~国为上，破国次之。——全国为上：使敌国完整地投降是上策。

④《庄子·养生主》：可以保身，可以~生。——可以保护自身，可以保全生命。

⑤《庄子·德充符》：今吾来也，犹有尊足者存，吾是以务~之也。——现在我来到这里，（觉得）还有比脚趾更宝贵的东西存在，我因此务必使它完美无缺。尊足：比足趾宝贵。

⑥《庄子·庚桑楚》：~汝形，抱汝生。——保全你的形体，抱守你的天性。

⑦《荀子·王制》：~其力，凝其德。力全则诸侯不能弱也，德凝则诸侯不能削也。——使自己的力量更完备，使自己的德行（指政治条件）更稳固。力量完备，那么诸侯就不能使自己变弱；德行稳固，那么诸侯就不能损害自己。凝：凝固，巩固。

⑧《史记·萧相国世家》：陛下虽数亡山东，萧何常~关中以待陛下，此万世之功也。——全关中：保全关中。

⑨《史记·吴太伯世家》：吴王会诸侯于黄池，欲霸中国以~周室。——霸中国以全周室：称霸中国，使周王室完整。

⑩《史记·伍子胥列传》：伍尚曰："我知往终不能~父命，然恨父召我以求生而不往，后不能雪耻，终为天下笑耳。"——全父

命：保全父亲的性命。恨：遗憾，悔恨。

⑪马中锡《中山狼传》：先生既墨者……又何吝一躯啖我而～微命乎？——全微命：保全我的小命。

却 què

本用：动词。退却，后退。

①《商君书·农战》：敌不敢至，虽至必～。

②《史记·项羽本纪》：汉军～，为楚所挤，多杀汉卒十余万人。——挤：堵截。

活用：使动用法。使……退却。

③贾谊《过秦论上》：乃使蒙恬北筑长城而守藩篱，～匈奴七百余里。——却匈奴七百余里：使匈奴退却七百余里。藩篱：屏障，此指疆界。

④《史记·田敬仲完列传》：夫救赵，高义也；～秦兵，显名也。——却秦兵：使秦兵退却。

⑤《史记·鲁仲连邹阳列传》：王奢去齐之魏，临城自到以～齐而存魏。——却齐而存魏：使齐国退兵而使魏国得以保存。

然$_1$ rán

本用：形容词。对，正确。

①《论语·雍也》：雍之言～。——冉雍这番话对呀。

②《论语·阳货》：～，有是言也。

③《史记·陈涉世家》：吴广以为～。

活用：及物动词，意动用法。以……为然。

④《庄子·秋水》：因其所～而～之，则万物莫不然。——就自己认为正确的，便以为它是正确的，那么万物就没有什么不正确的了。

⑤《庄子·天地》：可不可，~不然。——不可以的，他认为可以；不对的，他认为对。

⑥《庄子·天地》：世俗之所谓然而~之，所谓善而善之，则不谓之道谀之人也。——如果是世俗所认为正确的，就认为它正确；认为善良的，就认为它善良。却又不说这是讨好奉承。善之：认为它善良。

⑦《战国策·楚策四》：春申君大~之。——然之：认为他的话正确。春申君：楚人。战国四公子之一。

⑧《史记·高祖本纪》：沛公~其计，从之。——然其计：认为他的计策对。

⑨《史记·项羽本纪》：于是项梁~其言。——然其言：认为他的话对。

⑩《史记·李斯列传》：二世~（赵）高之言，乃更为法律。——然高之言：认为赵高的话正确。二世：秦二世胡亥。

⑪《史记·孙子吴起列传》：于是孙子谓田忌曰："君弟重射，臣能令君胜。"田忌信~之。——然之：认为孙膑的话对。孙子：孙膑。田忌：齐人，齐国的宗室。弟：但，只管。重射：下很大的赌注打赌。

⑫《三国志·蜀书·庞统传》：先主~其中计。——然其中计：认为庞统所献的中等计策正确。先主：指刘备。

然$_2$ rán

本用：代词。这样。

①《论语·雍也》：何为其~也？——为什么你要这样呢？

②《荀子·劝学》：生而同声，长而异俗，教使之~也。——生而同声：指各族的婴儿生下来时，啼哭的声音都相同。

活用：及物动词，使动用法。使……这样。

③《荀子·劝学》：巢非不完也，所系者~也。——所系者然

也：巢所系的地方使它这样的。“然”后省略了宾语“之”。

④《荀子·劝学》：木茎非能长也，所立者～也。——所立者然也：树干所生长的地方使它这样的。“然”后省略了宾语“之”。

⑤《荀子·劝学》：其质非不美也，所渐者～也。——所渐者然也：兰槐的根所浸泡的地方使它这样的。“然”后省略了宾语“之”。

热 rè

本用：形容词。温度高。

①《孟子·梁惠王下》：如水益深，如火益～，亦运而已矣。——如果他们的灾难像水一样更深，像火一样更热，那只是统治者由燕国转为齐国罢了。

活用：

一、及物动词，使动用法。使……热。

②《庄子·秋水》：至德者，火弗能～，水弗能溺，寒暑弗能害，禽兽弗能贼。——热（之）：使之感到热。至德者：有最高道德的人。贼：残害，伤害。

二、及物动词，意动用法。以……为热。

③《庄子·达生》：子列子问关尹曰：“至人潜行不窒，蹈火不～，行乎万物之上而不栗。请问何以至此?”——不热：不感到灼热。子列子：列御寇，古人称师曰子，亦称有德者。“列子”前加“子”，具有这两种含义。关尹：姓尹名喜，字公度，为函谷关令，故曰关令尹真人，老子弟子。至人：至极圣人。潜行不窒：潜行水中呼吸不窒。蹈：践。万物之上：最高险的地方。栗：战栗、惧怕。

人 rén

本用：名词。人类，泛指民众。

①《论语·述而》：三～行，必有我师焉。

②《孟子·梁惠王上》：狗彘食~食而不知检，涂有饿莩而不知发；~死，则曰："非我也，岁也。"——富贵人家的猪狗吃人的粮食，却不知道检查制止；道路上有饿死的人，却不知道打开仓廪赈救。老百姓死了，居然说："这不是我的罪过，而是年成不好的缘故。"涂：通"途"。

③《荀子·荣辱》：越~安越，楚~安楚。

活用：

一、不及物动词。效法人。

④《庄子·列御寇》：知道易，勿言难。知而不言，所以之天也；知而言之，所以之人也。古之人，天而不~。——懂得道容易，不去议论道困难。已经懂得却不加议论，这是通往自然的境界；心里懂得而嘴上大加议论，这是通往人为的道路。古代懂得道的人，取法自然而不取法人。天：此处意为"效法自然"。

二、及物动词，一般用法。称为人。

⑤《谷梁传·僖公四年》：齐人者，齐侯也，其~之，何也？——人之：称他为人，意谓何以称之为人（民众）而不称他为侯。

⑥《谷梁传·庄公二十八年》：其~卫，何也？以其~齐，不可不~卫也。——人卫：称卫侯为人。人齐：称齐侯为人。意谓称之为人（民众）而不称之为侯。

三、及物动词，使动用法。使……成为普通人。

⑦韩愈《原道》：~其人，火其书，庐其居。——使他们（僧尼）变成普通人，烧掉他们的书（佛经），把他们的住所（庵庙寺观）变成民居。

四、作状语。像人一样地……；逐人逐个地……

⑧《左传·庄公八年》：射之，豕~立而啼。——人立：像人一样地站立。

⑨《韩非子·难势》：释势委法，尧、舜户说而~辩之，不能治三家。——户说而人辩之：挨家挨户地游说，逐人逐个地辩说。

仁$_1$ rén

本用：形容词。仁爱。

①《论语·八佾》：人而不～，如礼何？人而不～，如乐何？——做了人却不仁，怎样来对待礼仪制度呢？做了人却不仁，怎样来对待音乐呢？

②《庄子·天地》：爱人利物之谓～。

活用：

一、不及物动词。称为仁。

③《战国策·秦策三》：是微子不足～，孔子不足圣，管仲不足大也。——不足仁：不能称为仁。不足圣：不能称为圣。不足大：不能称为大。

二、及物动词，为动用法。对……仁爱。

④《孟子·尽心上》：亲亲而～民，～民而爱物。——君子亲爱自己的亲人，推而对百姓仁爱；对百姓仁爱，推而爱惜万物。

仁$_2$ rén

本用：名词。仁德。

①《论语·述而》：求～得～，又何怨？——他们（指伯夷、叔齐）求仁德，便得到了仁德，又怨悔什么呢？

活用：作状语。根据仁……

②《韩非子·用人》：昔者介子推无爵禄而义随文公，不忍口腹而～割其肤，故人主结其德，书图著其名。——仁割其肤：根据仁德割下自己的肌肉。义随文公：根据义跟随晋文公逃亡在外。

忍 rěn

本用：形容词。狠心；坚忍。

①《左传·昭公十三年》：观从谓子干曰："不杀弃疾，虽得国，犹受祸也。"子干曰："余不~也。"子玉曰："人将忍子，吾不~俟也。"乃行。——观从对子干说："如果您不杀掉弃疾，虽然得到了国家，还会受到灾祸的。"子干回答说："我不忍心啊！"观从说："人家将会对您狠心的，我不忍心等待下去了。"（观从）于是就走了。子玉：即观从。"忍子"的"忍"：形容词，用如及物动词，为动用法。

②《左传·文公元年》：且是人也，蜂目而豺声，~人也。——忍人：残忍之人。

③《晋书·朱伺传》：两敌相对，惟当忍之；彼不能~，我能~，是以胜耳。——"忍之"的"忍"是形容词用如及物动词，为动用法。忍之：对敌坚忍。

活用：

一、及物动词，使动用法。使……坚忍。

④《孟子·告子下》：所以动心~性，曾益其所不能。——动心忍性：使他们心魄惊动，性格坚忍。

二、及物动词，为动用法。对……狠心；对……坚忍。

⑤《左传·成公十七年》：人将~君。——别人对君王会狠心的。

⑥《韩非子·内储说下》：公不~之，彼将~公。——您不对他狠心，他将对您狠心。

刃 rèn

本用：名词。兵刃，兵器。

①《史记·淮南衡山列传》：徐来兄至衡山，太子与饮，以~刺

伤王后兄。——徐来：衡山王之后。

②《论衡·非韩》：童子操一~与孟贲战，童子必不胜。——孟贲：勇士。

活用：及物动词，一般用法。用兵刃杀。

③《史记·赵世家》：简子出，有人当道，辟之不去，从者怒，将~之。——刃之：用刀杀他。辟之：让他避开。辟：通“避”，动词，使动用法。

④《史记·廉颇蔺相如列传》：左右欲~相如。——刃相如：用兵刃杀相如。

⑤《史记·鲁仲连邹阳列传》：（燕将）喟然叹曰：“与人~我，宁自~。”乃自杀。——刃我：杀我。自刃：自杀。

日 rì

本用：名词。一昼夜的时间；太阳。

①《诗经·王风·采葛》：一~不见，如三秋兮。

②《墨子·节用中》：东西至~所出入人，莫不宾服。

③《孟子·离娄上》：子来几~矣。

活用：

一、不及物动词。记下日期。

④《公羊传·隐公元年》：何以不~？——为什么不记下日期？

二、作状语。每天，一天天。

⑤《左传·昭公二十年》：征敛无度，宫室~更。

⑥《庄子·天运》：夫鹄不~浴而白，乌不~黔而黑。——日黔：每天用黑色染。黔：黑色，名词，及物动词用法。

⑦《商君书·错法》：法无度数而事~烦，则法立而治乱矣。——法令没有统一的标准，事情就一天天地繁杂，那么虽立了法，政治却混乱了。

⑧《战国策·魏策一》：秦果~以强，魏~以削。——日：一

天天。

⑨《史记·田单列传》：（田单）兵～益多，乘胜，燕～败亡。

荣 róng

本用：形容词。繁茂，繁多；华美；荣盛；光荣。

①《周易·系辞上》：枢机之发，～辱之主也。——荣：光荣。

②《荀子·荣辱》：～者常通，辱者常穷。——荣：荣耀。

③《荀子·大略》：宫室～与？妇谒盛与？——荣：盛多、华美。谒：请。

④陶渊明《归去来兮辞》：木欣欣以向～。——荣：繁茂。

活用：

一、及物动词，使动用法。使……荣。

⑤《荀子·君道》：善显设人者，人乐之；善藩饰人者，人～之。——善于显扬人民的，人民就喜欢他；善于打扮人民的，人民就让他光荣。

⑥《墨子·节用下》：故圣人之为衣服，……非～耳目而观愚民也。——所以圣人制作衣服，……不是为了让别人觉得华美，让老百姓观看的。

二、及物动词，意动用法。以……为荣。

⑦《庄子·徐无鬼》：招世之士兴朝，中民之士～官。——才能超世的人使朝廷兴盛，一般人则以爵禄为荣。招：通“卲”，高也。兴：此处意为“使……兴隆”。中民：庸人也。

⑧《荀子·不苟》：君子能则人～学焉，不能则人乐告之。——荣学焉：以向他学习为荣。乐告之：以告诉他为快乐。

⑨《韩非子·喻老》：吾入见先王之义则～之，出见富贵之乐又～之。——荣之：以之为荣。

⑩《三国志·魏书·张辽传》：（文帝）给（张）辽母舆车，及兵马送辽家诣屯，敕辽母至，导从出迎。所督诸将吏皆罗拜道侧，观

者~之。——荣之：以之为荣。

肉 ròu

本用：名词。肌肉；肉食。

①《论语·述而》：子在齐闻韶，三月不知~味。——孔子在齐国听到韶的乐章，很长时间尝不出肉味。

②《论语·乡党》：祭于公，不宿~，祭~不三日。——参与国家祭祀典礼，不把祭肉留到第二天。别的祭肉留存不超过三天。

活用：及物动词，使动用法。使……长肉。

③《左传·襄公二十二年》：吾见申叔，夫子所谓生死而~骨也。——我进见申叔，这个人就是所谓能使死者复生使白骨长肉的人啊！生死：使死者复活。生：动词，使动用法。

④《左传·昭公十三年》：虽获归骨于晋，犹子则~之，敢不尽情？——即使老骨头已经回到晋国，等于您再次给了我生命，岂敢不为您尽心尽力？

⑤《左传·昭公二十五年》：苟使意如得改事君，所谓生死而~骨也。——意如：人名。

⑥《盐铁论·非鞅》：故扁鹊不能~白骨。——扁鹊：古代名医。

⑦马中锡《中山狼传》：先生之恩，生死而~骨也。

汝 rǔ

本用：代词。你，你们；你的，你们的。

①《列子·汤问》：~心之固，固不可彻。——固：顽固。彻：通达。

②《史记·平原君虞卿列传》：吾乃与而君言，~何为者哉？——而：代词，你的。

活用：及物动词，一般用法。用“汝”称呼。

③《魏书·陈奇传》：游雅常众辱（陈）奇，或尔~之。——尔汝之：用“尔、汝”称呼。游雅：人名。众辱：当众侮辱。

④《隋书·杨伯丑传》：见公卿，不为礼，无贵贱，皆~之。——（杨伯丑）见到公卿不以礼相待，不分贵贱，都（毫不客气地）用“你”来称呼他们。

辱 rǔ

本用：动词。侮辱。

①《论语·里仁》：子游曰：“事君数，斯~矣；朋友数，斯疏矣。”——子游说：“侍奉君主过于烦琐，就会受侮辱；对待朋友过于烦琐，就会被疏远。”

②司马迁《报任安书》：在尘埃之中：古今一体，安在其不~也？——辱：受辱。尘埃之中：指屈辱的地位。古今一体：古今一样。

活用：使动用法。使……受辱。

③《论语·子路》：使于四方，不~君命。——出使到四方，不使君命受辱。

④《战国策·齐策四》：~其使者，退而自刎。——辱其使：使其使命受辱。

⑤《战国策·韩策一》：公破韩，~公仲。——辱公仲：使公仲受辱。

⑥《战国策·韩策二》：臣所以降志~身居市井者，徒幸以养老母。——辱身：使自身受辱。

⑦《史记·秦本纪》：孤以不用百里奚、蹇叔言以~三子，三子何罪乎？——辱三子：使三子受辱。三子，指孟明等三人。孤：秦穆公自称。百里奚、蹇叔：秦大夫。

⑧《史记·白起王翦列传》：寡人不用将军计，李信果~秦

军。——辱秦军：使秦军受辱。

⑨司马迁《报任安书》：太上不~先，其次不~身。——辱先：使先人受辱。辱身：使身体受辱。

入 rù

本用：动词。进入；由外到内。

①《论语·子张》：夫子之墙数仞，不得其门而~，不见宗庙之美，百宫之富。——老师（指孔子）的围墙却有几丈高，找不到大门走进去，就看不到他那宗庙的雄伟，房舍的多种多样。

②《左传·隐公元年》：公~而赋。——入：指进入隧道。赋：赋诗。

活用：使动用法。使……入。

③《韩非子·十过》：吾欲辅重耳而~之晋，何如？——入之晋：使他进入晋国。

④《史记·秦本纪》：秦使人告晋大臣，欲~重耳，晋许之。——入重耳：使公子重耳返回晋国。

⑤《史记·吕太后本纪》：（周勃）令平阳侯告卫尉：毋~相国（吕）产殿门。——毋入相国（吕）产殿门：不要让相国吕产进入殿门。

⑥《史记·晋世家》：求霸莫如~王尊周。周晋同姓，晋不~王，后秦~之，毋以令于天下。——入王：使王入，即接纳周王。入之：使周王入。

⑦《史记·樊郦滕灌列传》：高祖尝病甚，恶见人，卧禁中，诏诸户者无得~群臣。——入群臣：使群臣进入。户者：守门人。

⑧宗臣《报刘一丈书》：门者又得所赠金，则起而~之。——入之：让他进入。门者：守门人。

锐 ruì

本用：形容词。锐利。

①《淮南子·时则训》：柔而不刚。~而不挫。

活用：及物动词，使动用法。使……锐利。

②《史记·绛侯周勃世家》：已而之细柳军，军士被甲，~兵刃。——锐兵刃：使兵刃锐利，即把兵刃磨锋利。细柳：在今陕西省咸阳市西南渭河北岸；当时周亚夫统兵驻扎于此。

弱 ruò

本用：形容词。软弱；衰弱。

①《左传·昭公三年》：姜族~矣，而妫将始昌。——姜族衰弱了，而妫氏将要开始昌盛。

②《荀子·议兵》：治者强，乱者~，是强~之本也。

③《商君书·错法》：有土者不可以言贫，有民者不可以言~。

④《韩非子·五蠹》：人主悦贤能之行，而忘兵~地荒之祸。

活用：

一、及物动词，使动用法。使……弱。

⑤《左传·僖公七年》：夫子华既为太子而求介于大国，以~其国，亦必不免。——子华既然身为太子，而要求凭借大国来削弱他的国家，也一定不能免于祸患。弱其国：使他的国家衰弱。

⑥《左传·昭公四年》：无或如齐庆封，弑其君，~其孤，以盟大夫。——不要像齐国的庆封那样，杀死他的国君，削弱国君孤儿的权势，来和他的大夫会盟。弱其孤：使国君遗孤的权势衰弱。

⑦《韩非子·初见秦》：东以~齐、燕，中以凌三晋。——弱齐、燕：使齐国、燕国衰弱。

⑧《韩非子·和氏》：此贫国~兵之道也。——这是使国家贫

穷、军队衰弱的做法。

⑨《战国策·宋卫》：~赵以强梁，宋必不利也。——弱赵：使赵国衰弱。强梁：使魏国强盛。

⑩贾谊《过秦论上》：诸侯恐惧，会盟而谋~秦。——弱秦：使秦国衰弱。

二、及物动词，意动用法。以……为弱。

⑪《左传·襄公十七年》：华臣~皋比之室，使贼杀其宰华吴。——弱皋比之室：认为皋比家族力量薄弱。华臣、华吴：宋国人。宰：家臣。

⑫《左传·昭公十二年》：齐君~吾君，归弗来矣。——弱吾君：认为我们国君软弱。

⑬《左传·哀公七年》：鲁~晋而远吴，冯恃其众，而背君之盟，辟君之执事，以陵我小国。——鲁国以为晋国衰弱而吴国遥远，凭借他们人多，而背弃了和国君订立的盟约，看不起君王的执事，来欺凌我们小国。冯：依。辟：陋。

⑭《国语·周语上》：郑伯捷之齿长矣，王而~之，是不长老也。——弱之：以之为弱，即认为他弱稚。捷：郑文公之名。长：年长。长老：以老年人为年长，即尊重年老之人。

三（叁、参） sān

本用：数词。二加一所得。大写作“叁”，也作“参”。

①《左传·僖公二十八年》：楚一言而定~国。——楚国一句话使（曹、卫、宋）三国得到安定。

②《商君书·赏刑》：此臣所谓~（参）教也。——参教：指赏、刑、教三事。

活用：及物动词，一般用法。三分。

③《左传·昭公三年》：民~（参）其力，二人于公，而衣食其一。——百姓力量如果分为三份，就有两份归于国君，只有一份维持

衣食。

④《国语·齐语》：昔者圣王之治天下也，~（参）其国而伍其鄙。——参其国：三分国都，以为三军。伍其鄙：五分其鄙，以为五属。伍：数词用如及物动词，一般用法。

丧 sāng

本用：名词。丧事；丧礼。

①《孟子·滕文公上》：~祭从先祖。——丧礼祭礼一律依从祖宗的规矩。

活用：及物动词，为动用法。为……服丧，为……办丧事。

②《左传·襄公二十三年》：二十三年春，杞孝公卒，晋悼夫人~之。——丧之：为他服丧。悼夫人：晋平公母，杞孝公姊妹。

③《孟子·梁惠王上》：谷与鱼鳖不可胜食，材木不可胜用，是使民养生~死无憾也。——粮食和鱼鳖吃不完，木材用不尽，这样便可以使老百姓供养活着的人以及为死了的人办丧事不至于感到什么不满足。憾：遗憾，心感不安。

④《史记·滑稽列传》：马病肥死，使群臣~之。——让群臣给马服丧。

善 shàn

本用：形容词。好；友好，亲善。

①《论语·八佾》：子谓《韶》，“尽美矣，又尽~也”。——孔子论到《韶》，说“美极了，而且好极了”。《韶》：舜时的乐曲名。

②《孟子·梁惠王下》：~哉问也！——问得好呀！

③《战国策·秦策二》：齐楚之交~。

④《史记·张释之冯唐列传》：遂字王孙，亦奇士，与余~。——与余善：与我关系很好。遂：冯遂，冯唐之子。

活用：

一、及物动词，一般用法。同……友善。

⑤《战国策·楚策三》：甘茂～魏，公孙郝～韩。——甘茂同魏国关系好，公孙郝同韩国关系好。甘茂、公孙郝：两人都是秦国大臣。

⑥《史记·高祖本纪》：单父人吕公～沛令。——单父人吕公与沛县县令交情好。单父：地名。

⑦《史记·宋微子世家》：（宋）共公十年，华元～楚将子重，又～晋将栾书，两盟晋楚。——华元、子重、栾书：都是人名。两盟晋楚：同晋、楚两个国家都结盟。

⑧《史记·楚世家》：张仪曰："臣～其左右靳尚，靳尚又能得事于楚王幸姬郑袖，袖所言无不从者。"——臣善其左右靳尚：我与楚王近臣靳尚交情很好。左右：指近臣。

⑨《史记·韩世家》：今其状阳言与韩，其实阴～楚。——现在秦国表面上声称援助韩国，但它实际上却暗中与楚国友好。与：动词，援助。

⑩《史记·樗里子甘茂列传》：公不如与王谋其变也，～韩以备楚，如此则无患矣。——善韩以备楚：同韩国友好来防备楚国。

二、及物动词，使动用法。使……善。

⑪《论语·卫灵公》：工欲～其事，必先利其器。——善其事：使其工作完美。利其器：使其器具便利。

⑫《国语·楚语上》：王曰："赖子之善～之也。"——楚庄王说："就是要依赖您的好使他（指太子）变好啊。"

⑬《孟子·尽心上》：古之人，得志，泽加于民；不得志，修身见于世。穷则独～其身，达则兼～天下。——古代的人，得志，恩泽普施于百姓；不得志，就修养个人品德，以此表现于世人。穷困时搞好自身的品德修养；得志时便使天下百姓都得到好处。

⑭《战国策·秦策一》：夫攻城堕邑，请使武安子；～我国家，使诸侯，请使客卿张仪。——善我国家：让我们国家有一个好的形

象。请使武安子：请派遣武安子（秦将白起）。使诸侯：出使诸侯。

⑮《史记·乐书》：乐者，圣人之所乐也，而可以～民心。——善民心：使民心良善。

三、及物动词，意动用法。以……为善。

⑯《孟子·梁惠王下》：王曰："善哉言乎！"曰："王如～之，则何为不行？"——齐宣王说："这话说得真好呀！"孟子说："您如果认为这话好，那为什么不实行呢？"

⑰《庄子·大宗师》：故～吾生者，乃所以～吾死也。——所以认为我活着是好事的，也应该认为我死亡是好事。

⑱《庄子·大宗师》：～妖～老，～始～终。——乐观地看待年少和年老，乐观地看待生命的开始和终结。

⑲《史记·苏秦列传》：燕昭王～其书。——燕昭王认为他（苏代）的信写得很好。

四、及物动词，为动用法。对……善。

⑳《战国策·秦策四》：天下莫强于秦、楚。今闻大王欲伐楚，此犹两虎相斗，而驽犬受其弊，不如～楚。——不如善楚：不如对楚国友好（不要攻打它）。

㉑《史记·伍子胥列传》：伍胥既至宋，宋有华氏之乱，乃与太子建俱奔于郑。郑人甚～之。——郑人甚善之：郑国人对他们（伍子胥和太子建）很好。

伤 shāng

本用：形容词。悲伤；哀痛。

①《诗经·周南·卷耳》：陟彼高冈，我马玄黄，我姑酌彼兕觥，维以不永～。——陟：登。玄黄：病貌。姑：姑且。酌：斟酒喝。兕觥：用犀牛角做的酒杯。永：长久。

活用：

一、及物动词，使动用法。使……悲伤。

②江淹《别赋》：琴羽张兮箫鼓陈，燕赵歌兮~美人。——伤美人：使美人悲伤。羽：五音之一，声音最细，多表现比较慷慨的感情。燕赵：指代美人。

二、及物动词，为动用法。为（因为）……而悲伤。

③《史记·夏本纪》：禹~先人父鲧功之不成受诛。——大禹因为父亲鲧治水不成功受到诛罚而悲伤。

④《史记·扁鹊仓公列传》：（父）骂曰："生子不生男，缓急无可使者！"于是少女缇萦~父之言，随父西。——伤父之言：为父亲的话而悲伤。

⑤《史记·汲郑列传》：臣过河南，河南贫人~水旱万余家。——我经过河南，河南贫苦百姓因水灾旱灾受到伤害的有万余家。

⑥曹丕《与吴质书》：昔伯牙绝弦于钟期，仲尼覆醢于子路，痛知音之难遇；~门人之莫逮也。——过去伯牙为了钟期而破琴绝弦，是为知音的人不容易遇到而痛心；孔子为子路而倾覆肉酱，是为这样的学生不容易得到而悲伤。

⑦《三国志·魏书·邓艾传》：昔秦民怜白起之无罪，吴人~子胥之冤酷，皆为立祠。——吴人伤子胥之冤酷：吴国人为伍子胥蒙受冤恨而悲痛。白起：秦国大将。

上 shàng

本用：方位名词。位置在高处的；等级、地位高的。

①《诗经·周颂·敬之》：命不易哉，无曰高高在~。

②《论语·学而》：不好犯~，而好作乱者，未之有也。——不喜欢触犯上级，却喜欢造反，这种人从来没有过。

活用：

一、及物动词，一般用法。居于……之上。

③《左传·僖公二十三年》：晋公子有三焉，天其或者将建诸，君其礼焉。……有三士足以～人而从之，三也。——晋公子具有三条，上天或者将要立他（为国君）吧，您还是以礼相待。……有三个人足以居于别人之上，却跟随着他，这是三。三士：指狐偃、赵衰和贾佗。

二、及物动词，使动用法。使……居上。

④《墨子·尚贤中》：贤者举而～之，富而贵之。——贤者选拔出来使他们居于高位，使他们富贵。

⑤《左传·文公六年》：杜祁以君故，让逼姞而～之。——杜祁由于国君的缘故，让位给逼姞而使她在上。逼姞：晋襄公之母。

⑥《左传·襄公九年》：韩起少于栾黡，而栾黡、士鲂～之，使佐上军。——韩起比栾黡年轻，而栾黡、士鲂使他在自己之上，让他辅佐上军。

⑦《左传·襄公二十六年》：（伯州犁）～其手。——（伯州犁，人名）把他的手抬高。

⑧《韩非子·五蠹》：鲁人从君战，三战三北。仲尼问其故，对曰："吾有老父，身死莫之养也。"仲尼以为孝，举而～之。——举而上之：荐举他使他得以升迁。北：败走。

⑨《史记·田叔列传》：今有诏举将军舍人者，欲以观将军而能得贤者文武之士也。今徒取富人子～之，又无智略，如木偶人衣之绮绣耳，将奈之何？——上之：使他们居上位。

少 shǎo

本用：形容词。不多。

①《孙子·谋攻》：敌则能战之，～则能逃之。——兵力相等，就要能战胜他们；兵力少，就要能退却。

②《孟子·梁惠王上》：邻国之民不加~，寡人之民不加多，何也？——邻国的人民并不见减少，而我的人民并不见增多，这是什么缘故呢？加：更加。

活用：

一、及物动词，一般用法。比……少。

③《左传·昭公元年》：司马侯问焉，曰："子之车，尽于此而已乎？"对曰："此之谓多矣！若能~此，吾何以得见？"——司马侯询问说："您的车辆全都在这里了吗？"（后子）回答说："这已经算多啦！如果能比这些少，我怎么能见到你呢？"

二、及物动词，使动用法。使……少。

④贾谊《过秦论中》：轻赋~事，以佐百姓之急。——轻赋少事：减轻赋税，减少事务。

⑤贾谊《治安策》：众建诸侯而~其力。——少其力：削弱他的力量。众：多。

三、及物动词，意动用法。认为……少。

⑥《庄子·秋水》：且夫我尝闻~仲尼之闻而轻伯夷之义者。——少仲尼之闻：认为仲尼见闻浅陋。轻：用法同"少"。

⑦《史记·滑稽列传》：齐王使淳于髡之赵请救兵，赍金百斤，车马十驷。淳于髡仰天大笑，冠缨索绝。王曰："先生~之乎？"——先生少之乎：您认为这些东西太少了吗？淳于髡：人名。之赵：到赵国去。赍：送给。

舍 shè

本用：动词。住宿。

①《左传·宣公二年》：宣子田于首山，~于翳桑。——田：同"畋"，打猎。首山：又名首阳山，在今山西省永济县南。翳桑：地名。

活用：使动用法。使……舍。

②《战国策·齐策一》：于是～之上舍，令长子御，旦暮进食。——舍之上舍：让他住进上舍。上舍：招待宾客的上等房舍。御：侍。

③《史记·田敬仲完世家》：驺忌子以鼓琴见威王，威王说而～之右室。——驺忌子：人名。

④《史记·廉颇蔺相如列传》：秦王度之，终不可强夺，遂许斋五日，～相如广成传舍。——舍相如广成传舍：让蔺相如住在广成宾馆。广成：宾馆名。传舍：宾馆。度：揣度。斋：斋戒。

⑤《史记·刺客列传》：秦将樊於期得罪于秦王，亡之燕，太子受而～之。——舍之：让他住了下来。亡之燕：逃亡到了燕国。

深 shēn

本用：形容词。水积厚，与“浅”相对。引申为由上到下或由外到内的距离大。

①《诗经·小雅·小旻》：战战兢兢，如临～渊，如履薄冰。

②《仪礼·觐礼》：坛十有二寻，～四尺。——深四尺：高四尺。寻：古代长度单位，八尺为寻。

③《战国策·秦策四》：三国攻秦，入函谷，秦王谓楼缓曰：“三国之兵～矣，寡人欲割河东而讲。”——三国之兵深矣：三个国家（齐、韩、魏）的军队已经深入（我国）了。函谷：关名。楼缓：人名。河：黄河。讲：和解。

活用：

一、及物动词，一般用法。深深地懂得。

④《荀子·修身》：人无法则伥伥然，有法而无志其义则渠渠然，依乎法而又～其类，然后温温然。——深其类：深深地懂得事类。类：指能按法令的规定去类推、掌握各类事物。伥伥然：无所适

从的样子。无志其义：不理解它的道理。志：同“识”，知道。渠渠然：局促不安的样子。温温然：得心应手的样子。

二、及物动词，使动用法。使……深。

⑤《左传·僖公十五年》：晋侯谓庆郑曰：“寇深矣，若之何？”对曰：“君实~之，可若何？”——晋侯对庆郑说：“敌人深入了，拿他们怎么办？”庆郑回答说：“君王让他们深入的，能怎么样呢？”

⑥《左传·文公十二年》：请~垒固军以待之。——深垒固军：加高营垒，加固军营。

⑦《谷梁传·庄公九年》：冬，浚洙水。浚洙者，~洙也。——冬天，疏通洙水。疏通洙水，就是把洙水挖深。洙：河流名。

⑧《韩非子·解老》：~其根，固其柢，长生久视之道业。——让它深深地扎根，让它的主根牢固，这才是长生久远的方法。

⑨《史记·项羽本纪》：楚击汉军，大破之。汉王复入壁，~堑而自守。——深堑：把壕沟挖深。

⑩《史记·平津侯主父列传》：夫秦常积众暴兵数十万人，虽有覆军杀将系虏单于之功，亦适足以结怨~仇，不足以偿天下之费。——深仇：加深仇恨。单于：匈奴君主的称号。

慎 shèn

本用：形容词。谨慎，慎重。

①《论语·学而》：君子食无求饱，居无求安，敏于事而~于言。——君子吃食不求饱足，居住不求安适，对工作勤劳敏捷；对说话很谨慎。

②《孟子·梁惠王下》：国君进贤，如不得已，将使卑逾尊，疏逾戚，可不~与？——国君选拔贤人，如果迫不得已要用新进，那就可能把地位低的人提拔在地位高的人之上，把关系疏远的人提拔在关系亲密的人之上，对这种事能不慎重吗？逾：超过。戚：亲近。

活用：及物动词，一般用法。谨慎地对待，谨慎地保持。

③《论语·学而》：~终，追远，民德归厚矣。——谨慎地对待父母的死亡，追念远代祖先，自然会使百姓归于忠厚老实了。终：老死，这里指父母的死亡。

④《左传·文公三年》：小国受命于大国，敢不~仪。——小国在大国接受命令，岂敢不谨慎地对待礼仪？

⑤《左传·成公二年》：明德，务崇之之谓也。~罚，务去之之谓也。若兴诸侯，以取大罚，非~之也。——宣扬道德，就是致力于提倡道德；谨慎地使用惩罚，就是致力于不用惩罚。如果发动诸侯的军队反而受到重大处罚，那就是没有谨慎地使用它。

⑥《左传·襄公二十五年》：晋为伯，郑入陈，非文辞不为功。~辞哉！——晋国成为霸主，郑国进入陈国，不是善于辞令就不能成功。要谨慎地使用辞令啊！伯：同“霸”。

⑦《左传·襄公三十一年》：吾闻君子务知大者远者，小人务知小者近者。我小人也。衣服附在吾身，我知而~之。大官、大邑所以庇身也，我远而慢之。——我知而慎之：我了解而且慎重地对待它。所以庇身也：是用来庇护自身的。我远而慢之：我却疏远而且轻视它。

⑧《左传·昭公五年》：若奉吾币帛，~吾威仪，守之以信，行之以礼，敬始而思终，终无不复。——如果奉献我们的财礼，谨慎地保持我们的威仪，守信用，行礼仪，开始恭敬而考虑结果，那么，以后就可以照样办。

⑨《荀子·劝学》：故言有召祸也，行有招辱也，君子~其所立乎！——所以说话有时会招来祸害，做事情有时会引来耻辱，君子要谨慎地对待自己的言论和行动的立脚点啊！

⑩《礼记·大学》：故君子必~其独也。——所以君子必须谨慎地对待独居这件事。

生 shēng

本用：动词。生长；产生，发生；活，生存。

①《论语·学而》：君子务本，本立而道~。——君子专心致力于基础工作，基础树立了，“道”就会产生。

②《论语·为政》：~，事之以礼；死，葬之以礼，祭之以礼。——（父母）活着，依规定的礼节侍奉他们；死了，依规定的礼节埋葬他们，祭祀他们。

③《荀子·劝学》：草木畴~。——同类的草木生长在一起。畴：类，类别。

活用：使动用法。使……生。

④《左传·宣公十二年》：随季曰：“楚师方壮，若萃于我，吾师必尽。不如收而去之。分谤，~民，不亦可乎?”——随季说：“楚军的士气正旺，如果集中兵力对付我们，我们的军队必然会被全部消灭；不如收兵离开。分担（对失败的）指责，使士兵得以活命，不也是可以的吗?”随季：晋国将领。萃：集。民：人，指士兵。

⑤《孟子·告子上》：拱把之桐梓，人苟欲~之，皆知所以养之者。——两把粗的桐树梓树，人们假若要让它生长起来，都晓得如何去培养。拱把：拱，两手所围；把，一手所握，言树尚小。

⑥《史记·伍子胥列传》：（楚平王）使人召二子曰：“来，吾~汝父；不来，今杀奢也。”伍尚欲往，员曰：“楚之召我兄弟，非欲以~我父也，恐有脱者后生患，故以父为质，诈召二子。”——吾生汝父：我让你们的父亲活命。二子：伍奢的两个儿子伍尚和伍员。奢：伍奢。员：伍员，即伍子胥。

⑦《史记·扁鹊仓公列传》：闻太子不幸而死，臣能~之。——臣能生之：我能让他活过来。臣：扁鹊自称。

⑧《史记·扁鹊仓公列传》：故天下尽以扁鹊为能~死人。扁鹊曰：“越人非能~死人也，此自当生者，越人能使之起耳。”——天

下尽以扁鹊为能生死人：天下之人都以为扁鹊能让死人复生。越人：扁鹊姓秦，名越人。

⑨《三国志·魏书·钟繇传》：张苍除肉刑，所杀岁以万计。臣欲复肉刑，岁~三千人。——臣欲复肉刑，岁生三千人：我希望恢复肉刑，（罪轻一点的可以不杀而处以肉刑，这样）每年可以让三千人活命。肉刑：残害肉体的刑罚，古代有墨、劓、刵、宫等种类。

⑩柳宗元《捕蛇者说》：蒋氏大戚，汪然出涕，曰："君将哀而~之乎？"——君将哀而生之乎：您是哀怜我，想要使我活下去吗？大戚：非常悲伤。汪然：眼眶含满眼泪的样子。

⑪马中锡《中山狼传》：先生举手出狼。狼咆哮谓先生曰："适为虞人逐，其来甚速，幸先生~我。"——生我：让我活了下来。虞人：管山泽的官吏。

⑫方苞《狱中杂记》：有某姓兄弟，以把持公仓，法应立决，狱具矣，胥某谓曰："予我千金，吾~若。"——吾生若：我让你活。若，你。以：因为。立决：封建时代，判死刑的人，有的立即执行，叫"立决"。立决的人数很少。其余的都等到秋天执行，叫"秋决"。狱具矣：狱词已经完备了。胥：小官吏。

圣 shèng

本用：名词。圣人，指品格最高尚、智慧高超的人物。

①《孟子·万章下》：伯夷，~之清者也；伊尹，~之任者也；柳下惠，~之和者也；孔子，~之时者也。——伯夷是圣人之中清高的人，伊尹是圣人之中负责的人，柳下惠是圣人之中随和的人，孔子是圣人之中识时务的人。

活用：不及物动词。成为圣人；及于圣人。

②《论语·子罕》：太宰问于子贡曰："夫子圣者与？何其多能也？"子贡曰："固天纵之将~，又多能也。"——太宰向子贡问道："孔老先生是位圣人吗？为什么这样多才多艺呢？"子贡道："这本是上天让

他成为圣人，又使他多才多艺。”子贡：孔子的学生。太宰：官名。

③《左传·成公十五年》：诸侯将见子臧于王而立之，子臧辞曰：“前《志》有之，曰：‘圣达节，次守节，下失节。’为君，非吾节也。虽不能，敢失守乎？”——诸侯打算让子臧进见周天子并立他为国君。子臧辞谢说：“古书上有这样的话：‘圣人通达节操，其次保守节操，最下失去节操。’做国君这件事不合于我的节操。虽然不能及于圣人，岂敢失节呢？”

④《庄子·天道》：静而～，动而王，无为也而尊，朴素而天下莫能与之争美。——静处就能成为圣人，行动就能成为帝王，无为就能居尊处高，纯朴质素就能使天下之人没有谁能跟他比美。

盛 shèng

本用：形容词。茂盛；盛多，美盛。

①《庄子·山木》：见大木枝叶～茂。——大木：大树。

②《史记·萧相国世家》：高祖以萧何功最～，封为酂侯，所食邑多。——功最盛：功劳最大。

活用：及物动词，使动用法。使……盛。

③《史记·孔子世家》：今孔子～容饰，繁登降之礼。——盛容饰：使容饰盛多。容饰：指打扮服装方面的仪礼。繁登降之礼：使登降之礼繁多。登降之礼：指朝拜、迎送等方面的仪礼。

④《史记·李斯列传》：官斗士，尊功臣，～其爵禄。——让勇斗之士得到官职，使有功之臣尊贵，使他们的爵禄丰厚。

⑤《三国志·魏书·高堂隆传》：～林莽之秽，丰鹿兔之薮。——使森林草原的草木茂盛，使禽兽出没的草泽丰茂。

尸 shī

本用：名词。尸体；古代祭祀时代表死者受祭的人。

①《左传·成公二年》：襄老死于邲，不获其～。——襄老在邲

地战死，没有找到他的尸体。襄老：人名。

②《仪礼·士虞礼》：祝延~。——祝祷的人迎接代表死者受祭的人。祝：祭祀时祝祷的人。延：迎接。

活用：

一、及物动词，一般用法。陈尸，收尸。

③《左转·成公十七年》：公曰："一朝而~三卿，余不忍益也。"——晋厉公说："一天之中三卿陈尸朝上，我不忍心增加了。"

④《左传·襄公十年》：子西闻盗，不儆而出，~而追盗。——子西听说有叛乱，不设警戒就出来了，收了他父亲尸骨就去追赶叛乱分子。儆：警戒。

⑤《左传·襄公二十二年》：三日，弃疾请~，王许之。——过了三天，弃疾请求收尸，楚王答应了。

⑥《国语·晋语六》：杀三郤而~诸朝。——杀掉了郤至、郤锜、郤犨并陈尸在朝廷上。

⑦《三国志·魏书·董卓传》：诛杀卓者，~王允于市。——把杀死董卓的人杀掉，把王允的尸体陈在街市上。

二、及物动词，为动用法。为……立尸。

⑧《庄子·庚桑楚》：庶几其圣人乎？子胡不相与~而祝之，社而稷之乎？——庚桑楚（老聃的弟子）几乎算是圣人啦！你我何不一起为他立尸设祝，把他当作土地神和谷神来祭祀呢？

师 shī

本用：名词。老师；古代军队二千五百人为一师，泛指军队。

①《论语·为政》：温故而知新，可以为~矣。——在温习旧知识时，能有新体会、新发现，就可以做老师了。

②《左传·庄公十年》：齐~伐我。——齐国的军队攻打我国。

活用：

一、不及物动词。驻军；用兵。

③《左传·僖公二十五年》：秦伯～于河上。——秦伯把军队驻扎在黄河边上。

④《左传·成公七年》：楚子重伐郑，～于汜。——楚国的子重攻打郑国，军队驻扎在汜地。汜：郑国地名。

⑤《战国策·燕策一》：数战，则民劳，久～则兵弊。——接连打仗则百姓劳苦，长久用兵则士兵疲弊。

⑥《盐铁论·本议》：故善克者不战，善战者不～，善～者不阵。——所以善于制服敌人的不一定要打仗，善于打仗的不一定要用兵，善于用兵的不一定要排列阵法。

二、及物动词，一般用法。做……的老师。

⑦宋濂《大言》：迨至楚境上，关吏絷之。尊卢沙曰："慎毋絷我，我来为楚王师。"关吏送诸朝。大夫置之馆，问曰："～他不敢有请，姑问～楚之意何如？"——师他：做他人的老师。师楚：做楚王的老师。迨：及，等到。关吏：把守关口的小官。絷：拘禁。

三、及物动词，使动用法。让……做老师；拜……为师。

⑧《孟子·离娄上》：如耻之，莫若～文王。～文王，大国五年，小国七年，必为政于天下矣。——如果真以之为耻，最好让文王做老师。让文王做老师，大国只需要五年，小国也只需要七年，一定可以得到天下的政治权力。

⑨《战国策·秦策三》：秦王～君，天下莫不闻。——师君：让您（指应侯）做老师。

⑩《战国策·燕策一》：于是昭王为（郭）隗筑宫而～之。——师之：让郭隗做老师。昭王：燕昭王。

⑪《史记·孔子世家》：吾闻圣人之后，虽不当世，必有达者。今孔丘年少好礼，其达者欤？吾即没，若必～之。——若必师之：你一定要以他为老师。达：扬名。没：死。

⑫《史记·白起王翦列传》：王翦为秦将，夷六国，当是时，翦

为宿将，始皇～之。——始皇师之：秦始皇把他当作老师。宿将：老将。

⑬《三国志·魏书·王昶传》：北海徐伟长，……吾敬之重之，愿儿子～之。——北海：郡名。

⑭韩愈《师说》：生乎吾前，其闻道也固先乎吾，吾从而～之；生乎吾后，其闻道也亦先乎吾：吾从而～之。——吾从而师之：我跟随他并以他为师。

⑮韩愈《师说》：圣人无常师。孔子～郯子、苌弘、师襄、老聃。——常师：固定的老师。郯子：春秋时郯国（今山东省郯城县一带）的国君。孔子曾向他请教过关于官名的事。苌弘：周敬王时的大夫。孔子曾向他请教过有关音乐的事。师襄：春秋时鲁国的乐官。孔子曾跟他学弹琴。老聃：老子，姓李，名耳，字聃。

四、作状语。像对待老师一样地……

⑯《国语·晋语四》：父事狐偃，～事赵衰。——（晋公子重耳）像对待父亲一样侍奉狐偃，像对待老师一样侍奉赵衰。

⑰《史记·越王勾践世家》：庄生虽居穷阎，然以廉直闻于国，自楚王以下，皆～尊之。——师尊之：像尊敬老师一般地尊敬他。庄生：人名。

实$_1$ shí

本用：形容词。充实，与“虚”相对。

①《论语·泰伯》：有若无，～若虚，犯而不校。——有学问像没有学问一样，满腹知识像空无所有一样，即使被侵犯也不计较。

②《商君书·去强》：仓、府两～，国强。——仓：粮仓。府：钱库。

活用：及物动词，使动用法。使……实。

③《墨子·尚贤中》：贤者之长官也，夜寝夙兴，收敛关市、山林、泽梁之利，以～官府，是以官府实而财不散。——以实官府：以

便使官府充实。长官：主持官府。夜寝夙兴：晚睡早起。夙，早晨。收敛：收取，征收。利：财利。

④《史记·殷本纪》：（纣）厚赋税以～鹿台之钱，而盈钜桥之粟。——（纣）增多赋税，使鹿台之钱、钜桥之粟充盈。鹿台：古台名，为殷纣王所筑。故址在今河南省汤阴县朝歌镇南。钜桥：商代粮仓所在地。在今河北省曲周县东北。

实$_2$ shí

本用：名词。果实。

①《左传·僖公十五年》：岁云秋矣，我落其～而取其材，所以克也。——时令到了秋天了，我们的风吹落了他们的果实，还取得了他们的木材，因此就可以战胜。

②《韩非子·五蠹》：草木之～足食也。

活用：不及物动词。结果实。

③《论语·子罕》：苗而不秀者有矣夫！秀而不～者有矣夫！——长苗不吐穗开花的庄稼是有的，吐穗开花而不结果实的庄稼是有的！

④《左传·文公五年》：且华而不～，怨之所聚也。——（言过其实就好比）开花不结果，这是怨恨聚集（自身）的缘故。

⑤《韩非子·内储说上》：夫宜杀而不杀，桃李冬～。——冬实：冬天结果。

食 shí

本用：动词。吃，吃食。

①《论语·学而》：君子～无求饱，居无求安。——君子，吃食不要求饱足，居住不要求舒适。

②《左传·宣公二年》：不～三日矣。

活用：使动用法。读 sì。使……吃；给……吃。

③《论语·微子》：（丈人）止子路宿，杀鸡为黍而~之。——丈人留子路住宿，杀鸡做黄米饭给他吃。

④《墨子·法仪》：奚以知天兼而爱之，兼而利之也？以其兼而有之、兼而~之也。——兼而食之：让所有的人都有饭吃。兼而利之：让所有的人都得到好处。

⑤《左传·宣公二年》：将战，华元杀羊~士。——准备迎战，华元杀羊给士卒们吃。

⑥《左传·襄公四年》：羿犹不悛，将归自田，家众杀而亨之，以~其子。——后羿还是不肯改悔，打算从打猎的地方回来，他的手下人把他杀了煮熟，让他的儿子吃。亨：同“烹”。

⑦《左传·襄公二十四年》：二子在幄；坐射犬于外，既食而后~之。——这两个人在帐篷里，让射犬（人名）坐在帐篷外，他们吃完饭才让射犬吃。坐：动词，使动用法。

⑧《左传·昭公十三年》：若见费人，寒者衣之，饥者~之。——如果接见费地人，挨冻的给他衣服穿，挨饿的给他饭吃。衣：名词，使动用法。

⑨《战国策·齐策四》：左右以君贱之也，~以草具。——孟尝君左右的人以为孟尝君看不起他，给他吃粗劣的食物。贱：形容词，意动用法。

⑩晁错《论贵粟疏》：圣王在上，而民不冻饥者，非能耕而~之，织而衣之也，为开其资财之道也。——圣王在上，而老百姓不受冻挨饿，这并不是因为圣王能耕种给老百姓吃，能织布给老百姓穿，而是因为圣王打开了生产资财的道路。衣：名词，使动用法。

是 shì

本用：形容词。正确，对，与“非”相对。

①《论语·阳货》：偃之言~也。——言偃的这话是正确的。偃：言偃，孔子的学生。

②《孟子·尽心下》：众皆悦之，自以为～。——大家都喜欢他，他自己也以为正确。

活用：及物动词，意动用法。以……为是。

③《墨子·尚同上》：是以人～其义，以非人之义。——所以，人们都认为自己的观点正确，认为别人的观点不对。

④《墨子·尚同上》：上之所～，必皆～之。——上面认为对的，下面必定都认为对。

⑤《墨子·尚同下》：国之为家数也甚多，此皆～其家而非人之家。——是其家而非人之家：认为自己的家是对的，认为别人的家是错的。

⑥《荀子·修身》：～是、非非谓之知；非是、～非谓之愚。——认为对的对、错的错，这是明智；认为对的错、错的对，这是愚蠢。

⑦《韩非子·奸劫弑臣》：今人臣之所誉者，人主之所～也，此之谓同取。——现在人臣所赞誉的，都是君主认为正确的东西，这就叫作择取相同。

⑧《韩非子·忠孝》：是故贤尧、舜、汤、武而～烈士，天下之乱术也。——因此，认为尧、舜、汤、武贤明，认为烈士正确；是使天下混乱的做法。烈士：有志功业而视死如归的人。

室 shì

本用：名词。内室，泛称房屋；指代妻子。

①《孟子·梁惠王下》：为巨～，则必使工师求大木。——巨室：大房子。工师：古代官名，为各种工匠的主管。

②《孟子·滕文公下》：丈夫生而愿为之有～，女子生而愿为之有家；父母之心，人皆有之。——男孩子一生下来，父母便希望给他找妻室；女孩子一生下来，父母便希望给她找婆家。父母的这种心情，人人都有。

活用：

一、不及物动词。娶妻室。

③《韩非子·外储说右下》：乃令男子年二十而~，女年十五而嫁。——于是下令男子二十岁就要娶妻室，女子十五岁就要出嫁。

二、及物动词，一般用法。盖房子。

④刘基《苦斋记》：山去人稍远，惟先生乐游，而从者多艰其晨昏之往来，故遂择其窊而~焉。——择其窊而室焉：选择低洼之处建筑住处。

三、及物动词，为动用法。为……娶妻。

⑤《左传·宣公十四年》：卫人以为成劳，复~其子，使复其位。——卫国人认为他有功劳，便为他的儿子娶妻，并让他的儿子接任父亲的官位。

轼（式） shì

本用：名词。古代车厢前面用作扶手的横木。式，同“轼”。

①《庄子·盗跖》：据~低头。——据：靠着。

②《周礼·冬官·舆人》：舆人为车……参分其隧，一在前，二在后，以揉其~（式）。——揉：同“煣”。

活用：

一、不及物动词。扶轼。

③《左传·庄公十年》：齐师败绩。公将驰之。刿曰：“未可。”下，视其辙；登，~而望之，曰：“可矣。”遂逐齐师。——轼而望之：扶轼瞭望齐师的状况。

④《韩非子·内储说上》：越王虑伐吴，欲人之轻死也，出见怒蛙，乃为之~（式）。——越王勾践考虑伐吴的事，希望人们不怕死，出门看见怒蛙，便向他扶轼表示敬意。怒蛙：肚子膨胀起来的蛙，似发怒，称怒蛙。越王向他扶轼致敬。

⑤《韩非子·内储说上》：士人闻之曰："蛙有气，王犹为～（式），况士人有勇者乎？"——为式：即"为之式"，省略了"之"。

⑥《礼记·檀弓下》：孔子过泰山侧，有妇人哭于墓者而哀。夫子～（式）而听之。——夫子式而听之：孔子扶轼（表示对妇人哭墓的注意和关怀）听她痛哭。

二、及物动词，为动用法。向……扶轼（表示同情、敬意等）。

⑦《论语·乡党》：凶服者～（式）之。～（式）负版者。——乘车时遇着拿了送死人衣服的人，应向他俯身扶轼（表示同情）。遇见背负国家图籍的人，也应向他俯身扶轼（表示敬意）。版：国家图籍。

⑧《吕氏春秋·期贤》：魏文侯过段干木之闾而～之。——魏文侯经过段干木的故居，向故居行扶轼之礼。段干木：战国时魏国人，隐居不受官禄。

⑨《礼记·曲礼上》：君子～（式）黄发。——君子向黄发老人扶轼表示敬意。

誓（矢） shì

本用：动词。发誓，起誓。矢，通"誓"。

①《诗经·卫风·考槃》：独寐寤言，永～（矢）弗谖。——谖：忘。

②《墨子·迎敌祠》：公素服～于太庙。

活用：为动用法。向……发誓。

③《论语·雍也》：子见南子，子路不说。夫子～（矢）之曰："予所否者，天厌之！天厌之！"——孔子去和南子相见，子路不高兴。孔子向他发誓道："我假若不对的话，天厌弃我吧！天厌弃我吧！"南子：卫灵公夫人，把持着卫国的政治，而且有不正当的行为，名声不好。所：如果，假若。假设连词，但只用于誓词中。

④《左传·隐公元年》：遂置姜氏于城颍，而～之曰："不及黄

泉，无相见也。”——于是郑庄公就把姜氏安置在城颍，向她发誓说：“不到黄泉不要相见了。”置：放置，安顿，这里有放逐的意思。姜氏：郑庄公之母。城颍：地名。黄泉：地下的泉水，黄色，这里指墓穴。

⑤《左传·成公十一年》：郤氏亡，晋人归之施氏。施氏逆诸河，沉其二子。妇人怒……遂~施氏。——郤氏被灭掉之后，晋国人又把她还给施氏。施氏在黄河边迎接她，把她同郤氏生的两个孩子丢进黄河。这个妇人十分愤怒……就向施氏发誓（不再做他的妻子）。逆：迎。

⑥《国语·越语上》：勾践既许之，乃致其众而~之曰：……——誓之：向他们发誓。致：招集。

手 shǒu

本用：名词。人体上肢的总名，一般指腕以下持物的部分。

①《诗经·邶风·击鼓》：执子之~，与子偕老。——执：握，持。子：您。

②《孟子·公孙丑上》：以齐王，由反~也。——以齐国来统一天下，易如反掌。由：通“犹”，如同，好像。

活用：

一、不及物动词。拱手。

③《论语·乡党》：君召使摈，色勃如也，足躩如也。揖所与立，左右~，衣前后，襜如也。——鲁君召他去接待外国的贵宾，面色矜持庄重，脚步也快起来。向两旁的人作揖，或者向左拱手，或者向右拱手，衣裳一俯一仰，却很整齐。摈：通“傧”，出迎，接引宾客。

二、及物动词，一般用法。手持，手取；用手击杀。

④《公羊传·庄公十三年》：庄公升坛，曹子~剑而从之。——手剑而从之：手持着剑跟在他的后面。

⑤《史记·吴太伯世家》：（公子光）使专诸置匕首于炙鱼之中以进食，~匕首刺王僚。——手匕首刺王僚：手取匕首刺杀王僚。专诸：刺客名。

⑥《史记·司马相如列传》：~熊罴，足野羊。——用手击杀熊罴，用足踢踏野羊。

⑦《三国志·魏书·吕布传》：（王）允曰："君自姓吕，本非骨肉。今忧死不暇，何谓父子？"（吕）布遂许之，~刃刺卓。——手刃刺卓：手持兵刃刺杀董卓。

⑧《三国志·吴书·虞翻传》：（孙）权于是大怒，~剑欲击之。——之：指虞翻。

四、作状语。用手……；亲手……；徒手……

⑨《韩非子·难三》：有间，遣吏执而问之，则~绞其夫者也。——隔了一会儿，（郑国大夫子产）派官吏把妇人抓来审问，原来她就是亲手绞死丈夫的人。

⑩《史记·司马相如列传》：于是乎乃使专诸之伦，~格此兽。——于是让专诸之类的勇士，徒手搏击这些野兽。专诸：春秋吴国人，曾刺杀吴王僚。伦：类。格：搏击。

树 shù

本用：动词。建立；设置。

①《论语·八佾》：邦君~塞门，管氏亦~塞门。——国君在宫殿门前立了一个塞门；管氏（即管仲）也立了一个塞门。塞门：用以间隔内外视线的东西，样式和作用同今天的照壁相似。

活用：为动用法。为……设立。

②《左传·文公十三年》：天生民而~之君，以利之也。——上天生育了百姓而为他们设立君主，就是用来给他们利益的。利：名词，使动用法。

③《三国志·魏书·高堂隆传》：天生蒸民而~之君。——蒸

民：同“烝民”，众民。

④《青溪寇轨·容斋逸史》：夫天生蒸民，~之司牧，本以养民也。——上天生下百姓，给他们设置官吏，本是用来养育百姓的。司牧：治理民众的官吏。

水 shuǐ

本用：名词。水，泛指水域，江河湖海；水灾。

①《论语·雍也》：知者乐~，仁者乐山。

②《墨子·七患》：故虽上世之圣王，岂能使五谷常收而旱~不至哉！——旱水：旱灾和水灾。

③《孟子·梁惠王上》：民归之，由~之就下。——老百姓归附他，就好像水向低处流一样。由：通“犹”，好像。

活用：

一、不及物动词。发生水灾；泅水。

④《左传·襄公二十四年》：（诸侯）会于夷仪，将以伐齐，~，不克。——（诸侯）在夷仪会见，打算攻打齐国，由于发生水灾，没有实现。夷仪：地名。

⑤《荀子·劝学》：假舟楫者，非能~也，而绝江河。——凭借船与桨的人，虽然不会泅水，却能渡过江河。楫：桨。绝：横渡。

⑥《荀子·富国》：高者不旱，下者不~，寒暑和节，而五谷以时孰，是天之事也。——下者不水：地势低的土地不发生水灾。和节：和顺适宜。孰：同“熟”。以时孰：按时成熟。天：指自然。

二、及物动词，一般用法。用水淹，灌。

⑦《左传·昭公三十年》：遂伐徐，防山以~之。——（吴王）于是就去攻打徐国，在山上筑堤（蓄水）以淹灌徐国。防：堤防，堤坝；名词，用如及物动词，一般用法。

⑧《战国策·赵策一》：知伯从韩魏兵以攻赵，围晋阳而~之。——水之：用水淹灌晋阳。知伯：人名。晋阳：地名。

⑨《战国策·魏策三》：决荥泽而~大梁，大梁必亡矣。——荥泽：古泽名，故址在今河南荥阳县境。大梁：地名，战国时魏国都城，今河南省开封境地。

三、作状语。在水里……，在水边……

⑩《国语·鲁语上》：冥勤其官而~死。——冥为履行职务辛勤劳苦，死在水里。冥：契后六世孙，夏代的水官。

⑪《庄子·秋水》：夫~行不避蛟龙者，渔夫之勇也。——在水里行走不避蛟龙的，是渔夫的勇敢。

⑫《荀子·大略》：~行者表深，使人无陷。——涉水的人要事先标志出水的深度，使人不至于陷入深水。表：标志。

⑬《战国策·赵策一》：故寡人且聚舟楫之用，求~居之民，以守河薄洛之水。——水居之民：在水边居住（熟习水性）的人。河：黄河。薄洛：水名。

⑭《史记·夏本纪》：~行乘船。——在水里行走乘船。

⑮鲍照《登大雷岸与妹书》：栈石星饭，结荷~宿。——在山路险绝处顶着星星吃饭，在用荷叶作遮蔽的水边露宿。栈石：在石岩险绝处的栈道。栈：栈道（用竹木架成的山间险路）。星饭：在星星下面吃饭。结荷：指用荷叶做遮蔽。

税 shuì

本用：名词。赋税。

①《孟子·梁惠王上》：省刑罚，薄~敛。——减免刑罚，减轻赋税。

活用：不及物动词。征收赋税；交纳赋税。

②《孟子·公孙丑上》：耕者，助而不~，则天下之农皆悦，而愿耕于其野矣。——耕田的人，（实行井田制）只助耕公田，不再交税，那么，天下的农夫都会高兴，愿意在那里的田野上种庄稼了。

③《荀子·王制》：田野什一，关市几而不征，山林泽梁，以时

禁发而不~。——田野什一：按田亩征收十分之一的税。关市几而不征：关卡、市场只查问而不征税。几：通“讥”，查问。泽：湖泊。梁：堵水捕鱼的土堤。

私 sī

本用：形容词。私人的，自己的。

①《史记·孔子世家》：弟子有公良孺者，以~车五乘从孔子。——公良孺：人名。

②《史记·李斯列传》：强公室，杜~门。——杜：杜绝。

活用：

一、不及物动词。私自送交。

③柳宗元《段太尉逸事状》：或恐尚逸坠，未集太史氏；敢以状~于执事。谨状。——又恐这些事迹散失不传，还没有收集到史官那里，敢把这份行状私自送给您。谨写此行状。或：又。逸坠：散失而没有人传。太史氏：指史官。敢：表示恭敬的词。执事：表示尊敬对方的说法。意思是不敢直接送致对方，而通过对方的执事者（办事人员）转致。

二、及物动词，一般用法。私人占有；从私心出发。

④《诗经·豳风·七月》：言~其豵，献豜于公。——留下一岁的小猪，献上三岁的大猪。豵：一岁的猪，这里泛指小兽。豜：三岁的猪，这里泛指大兽。公：公家，指统治者。

⑤《韩非子·有度》：加兵于齐，~平陆之都。——（魏安僖王）对齐国用兵，把平陆城占为己有。平陆：战国时齐国五都之一。

⑥《战国策·秦策二》：~商於之地以为利。——见“德 dé”例⑤。

⑦柳宗元《封建论》：徇之以为安，仍之以为俗，汤、武之所不得已也。夫不得已，非公之大者也，~其力于己也，~其卫于子孙也。——沿用它（指封建制）来求得安定，因袭它来作为习俗，这

是商汤王、周武王不得已的事。不得已，并不是最大的公，是从私心出发想让他们（指诸侯）给自己出力，是从私心出发想保卫自己的子孙。仍：因袭。

三、及物动词，意动用法。把……当作自己的东西。

⑧柳宗元《封建论》：或者曰："封建者，必~其土，子其人。"——有的人说："受分封的诸侯，一定会把他的国土当作自己的东西，把他的百姓看作自己的儿女。"

⑨柳宗元《封建论》：~土子人者，百不有一。——（诸侯当中）能把国土当作自己的东西、把百姓看作自己的儿女的，一百个之中也没有一个。

死 sǐ

本用：动词。丧失生命，与"生"相对。

①《论语·为政》：~，葬之以礼，祭之以礼。——父母死了，依规定的礼节埋葬他们，祭祀他们。

②《左传·文公十八年》：入必~。——进去准死。

活用：

一、使动用法。使……致死。

③《左传·襄公二十一年》：（栾）盈将为乱，以范氏为~桓主而专政矣。——栾盈将要发动叛乱，他认为范氏弄死了范桓子而垄断了晋国政权。桓主：即栾桓子，栾盈的父亲。

④《左传·襄公二十一年》：~吾父而专于国，有死而已！吾蔑从之矣。——弄死我父亲而在国内专政，我只有一死！我不能跟从他啦！蔑：不。

⑤《荀子·儒效》：天不能~，地不能埋，桀、跖之世不能污，非大儒莫之能立：仲尼、子弓是也。——天不能让他死，地不能埋没他；夏桀、盗跖之世不能玷污他，如果不是大儒，就不能树立这样的榜样：仲尼和子弓就是这样的人。子弓：一说是孔丘的学生冉雍，一

说是战国时一个讲《周易》的学者。

⑥《韩非子·奸劫弑臣》：贾举射公，中其股，公坠，崔子之徒以戈斫公而~之，而立其弟景公。——死之：把他杀死。贾举：人名。公：齐庄公。股：大腿。戈：古代兵器，横刃长柄。斫：砍。

⑦高启《书博鸡者事》：若欲~而父，即前斗。——你想让你父亲死，就上前打斗吧。

⑧马中锡《中山狼传》：其意盖将~我于囊而独窃其利也。——死我于囊：让我死在口袋里。

二、为动用法。为……而死。

⑨《论语·宪问》：桓公杀公子纠，召忽~之，管仲不~。——齐桓公杀了他哥哥公子纠，（公子纠的师傅）召忽为此自杀，（但是公子纠的另一个师傅）管仲却没有因此而自杀。

⑩《论语·宪问》：子贡曰："管仲非仁者与？桓众杀公子纠，不能~，又相之。"——子贡说："管仲不是仁人吧？齐桓公杀了他哥哥公子纠，管仲不能以身殉难，还去辅佐他。"

⑪《左传·闵公二年》：违命不孝，弃事不忠。虽知其寒，恶不可取，子其~之。——违背命令是不孝，抛弃责任是不忠。虽然已经感到了国君的心里冰凉，不孝不忠这样的邪恶是不可取的。您还是为此而死吧！

⑫《左传·文公十八年》：（襄）仲以君命召惠伯。其宰公冉务人止之，曰："入必死。"叔仲曰："~君命可也。"——襄仲用国君的名义召见惠伯。惠伯的家臣头子冉务人劝止他，说："进去准死。"叔仲说："为执行国君的命令而死是可以的。"

⑬《左传·襄公二十七年》：公曰："臣也无罪，父子~余矣。"——卫侯说："公孙臣是没有罪的，父子两人都为我而死了。"

⑭《左传·定公六年》：然子~晋国，子孙必得志于宋。——然而您因为出使晋国而死，您的子孙必然会在宋国得志。

⑮《孟子·梁惠王下》：君行仁政，斯民亲其上，~其长矣。——您如果实行仁政，您的百姓自然就会爱护他的上级，情愿为

他们的长官献出自己的生命了。

⑯《庄子·骈拇》：伯夷～名于首阳之下，盗跖～利于东陵之上。——伯夷为了名声而死在首阳山下，盗跖为了私利而丧命于东陵山上。

⑰《商君书·去强》：重罚轻赏则上爱民、民～上，重赏轻罚则上不爱民、民不～上。——死上：为君主而牺牲。

⑱《韩非子·守道》：守道者皆怀金石之心，以～子胥之节。——维护法治的人都怀有忠贞之心，都愿意为保持伍子胥那样的气节而死。金石：金石的性质坚硬，比喻忠贞不变。

⑲《礼记·曲礼下》：国君～社稷，大夫～众，士～制。——制：君命。

⑳《史记·陈涉世家》：陈胜、吴广乃谋曰："今亡亦死，举大计亦死；等死，～国可乎！"——死国可乎：为国事而死好吧！等死：同样是死。等：同。

㉑《史记·刺客列传》：臣闻明主不掩人之美，而忠臣有～名之义。——死名之义：为了好名声而不惜生命的义举。

㉒《史记·李斯列传》：烈士～节之行显于世，则淫康之虞废矣。——死节：为节操而死。

三、名词。死者。

㉓《左传·哀公十五年》：事～如生。

㉔《孟子·梁惠王上》：是使民养生丧～无憾也。

㉕《孟子·尽心下》：哭～而哀，非为生者也。——哭死者哭得很悲哀，不是做给活着的人看的。

㉖《史记·伍子胥列传》：勾践食不重味，吊～问疾，且欲有所用之也。——吊死问疾：祭奠死者，慰问病人。

四 sì

本用：数词。三加一所得。

①《论语·微子》：～体不勤，五谷不分。

活用：

一、不及物动词。成为四个。

②《战国策·魏策四》：此三子者，皆布衣之士也。……与臣而将～矣。——这三个人都是平民之士。……加上我将成为四个人了。三子：指专诸、聂政、要离三人。专诸为吴国公子光所遣刺死了吴王僚。聂政受韩国大夫严仲子之托刺杀韩国之相韩傀。要离刺死了吴王僚之子庆忌。

③《史记·春申君列传》：三王不足～，五伯不足六也。——三王不能（与你并列）为四，五伯不能（与你并列）为六。意为超越三王五伯。

④《三国志·魏书·高堂隆传》：三王可～，五帝可六。——三王可（与之并列为）四王，五帝可（与之并列为）六帝。

二、及物动词，使动用法。使……成为四。

⑤章炳麟《秦政记》：～三皇与六五帝。——使三皇成为四皇，使五帝成为六帝。

叹 tàn

本用：动词。慨叹；赞叹。

①《论语·子罕》：颜渊喟然～曰：……

②《后汉书·黄琼传》：愿先生弘此远谟，令众人～服。——弘此远谟：使这深远的谋略发扬光大。

活用：为动用法。为……而叹。

③《礼记·礼运》：昔者仲尼与于蜡宾，事毕，出游于观之上，喟然而叹。仲尼之叹，盖～鲁也。——叹鲁：为鲁国慨叹。与：参加。蜡：周代十二月国君的年终祭祀。宾：此指陪同祭祀的人。观：宗庙门外两旁的高建筑物，又名阙。

④《三国志·魏书·裴潜传》：（裴）潜出为沛国相，迁兖州刺史。太祖次摩陂，～其军队齐整，特加赏赐。——叹其军队齐整：为

他的军队齐整而赞叹。次：驻扎，住宿。

⑤王安石《书李文公集后》：以予观之，《诗》三百发愤于不遇者甚众，而孔子亦曰："凤鸟不至，河不出图，吾已矣夫。盖～不遇也。"——叹不遇：为未逢际遇而慨叹。凤鸟：传说中的神鸟，它的出现就预示天下太平。河：黄河。图：指八卦图。传说伏羲时代，黄河中有龙马背负八卦图出现，预示圣王将要出世。

逃 táo

本用：动词。逃脱，逃避。

①《韩非子·外储说左下》：卫君欲执孔子。孔子走，弟子皆～。

活用：使动用法。使……逃。

②《韩非子·外储说左下》：子皋从出门，朗危引之而～之门下室中，吏追不得。——逃之门下室中：让他跑到大门边自己的屋子里。子皋：孔子的门徒。从：跟着，随着。朗危：砍掉脚的人。危，通"跪"，脚。引之：领着他。

③《说苑·至公》：吾在难中，此乃子报怨之时也，何故～我？——逃我：让我逃脱。

讨 tǎo

本用：动词。讨伐，征讨。

①《礼记·王制》：革制度衣服者为畔，畔者君～。——畔：通"叛"。革：改变。

活用：为动用法。为……而讨伐。

②《史记·郑世家》：晋文公与秦缪公共围郑，～其助楚攻晋者，及文公过时无礼也。——晋文公和秦缪公共同包围了郑国，并且由于郑国帮助楚国攻打晋国，以及晋文公经过郑国时郑国无礼而讨伐它。

梯 tī

本用：名词。梯子。

①《墨子·公输》：公输盘为楚造云~之械。

活用：不及物动词。架梯。

②《资治通鉴·唐宪宗元和十二年》：（吴）元济于城上请罪，（李）进城~而下之。——梯而下之：架设梯子让他下来。

③《聊斋志异·红玉》：（冯相如）招以手，不来亦不去；固请之，乃~而过。——梯而过：架起梯子过墙。

天 tiān

本用：名词。上天，自然。

①《论语·八佾》：获罪于~，无所祷也。

②《荀子·天论》：~行有常，不为尧存，不为桀亡。

活用：

一、不及物动词。顺天；顺应自然；天佑。

③《左传·宣公十二年》：郑伯肉袒牵羊以逆，曰："孤不~，不能事君。"——不天：不能顺从天意。

④《左传·襄公二十三年》：我实不~，子无咎焉。——我确实不为上天保佑，您没有过错。

⑤《韩非子·大体》：上不~则下不遍覆。——君上如果不像天那样广大，那么下民就不会全部被覆盖。

二、及物动词，意动用法。以……为天。

⑥《荀子·礼论》：故王者~太祖，诸侯不敢坏。——天太祖：以太祖为天。认为太祖与天等同，即把太祖和天同祭。太祖，一个朝代的开创皇帝。坏：毁坏（太祖的庙）。

通 tōng

本用：形容词。畅通。

①《周易·系辞上》：一阖一辟谓之变，往来不穷谓之～。——阖：合，关闭。辟：开。穷：阻塞不通。

活用：及物动词，使动用法。使……畅通。

②《史记·五帝本纪》：天下有不顺者，黄帝从而征之，披山～道，未尝宁居。——披山通道：凿开山岭使道路畅通。宁居：安居。

③《水经注·河水》：昔禹治洪水，山陵当水者凿之，故破山以～河。——通河：使黄河畅通。

同 tóng

本用：形容词。等同，相同；一致，共同。

①《论语·八佾》：射不主皮，为力不～科，古之道也。——射：射箭，这里指演习礼乐的射。主皮：以（射穿）箭靶为主。主，重要。皮，皮革，此指箭靶。为力不同科：因为力量不是同样的等级。道：规矩。

②《论语·宪问》：公叔文子之臣大夫僎与文子～升诸公。——公叔文子的家臣大夫僎与文子共同升为大臣。诸：于。

③《孟子·滕文公上》：布帛长短～，则贾相若。——贾：同“价”。价钱。相若：相当，相同。

④《商君书·开塞》：有法不胜其乱，与无法～。

活用：

一、及物动词，一般用法。共同承受；共同享有；共同行动。

⑤《左传·宣公十二年》：事之不捷，恶有所分，与其专罪，六人～之，不犹愈乎？——战斗如果不胜利，恶果会有人分担；与其单独担当罪责，六个人共同担当，不还是好一些吗？专：单独。

⑥《左传·成公元年》：虽晋人伐齐，楚必救之，是齐、楚~我也。——晋国人攻打齐国，楚国一定救援它，这就是齐国、楚国共同对付我国了。

⑦《左传·襄公十一年》：~福禄，来远人，所谓乐也。——同福禄：同享福禄。来远人：使远方之人来。

⑧《左传·昭公三十年》：（吴光）视民如子，辛苦~之。——辛苦同之：辛苦（和人民）共同经受。

⑨《孟子·梁惠王下》：与民~之，民以为小，不亦宜乎？——同之：共同享有它。宜：应该。

⑩《三国志·魏书·陈思王曹植传》：欲国之安，祈家之贵，存共其荣，没~其祸者，公族之臣也。——没同其祸：（国家）灭亡而能共同承当祸患。欲：希望。祈：祈求。存共其荣：国家存在能共享荣华。

二、及物动词，使动用法。使……一致，相同。

⑪《国语·周语上》：国之将兴，其君齐明、衷正、精洁、惠和，其德足以昭其馨香，其惠足以~其民人。——同其民人：使人民一致，同一。昭其馨香：使（祭品的）芳香之味更加显著，（以便让神享用）。

⑫《孟子·滕文公上》：夫物之不齐，物之情也。……子比而~之，是乱天下也。——同之：把它们等同起来。比：平列。

⑬《战国策·赵策二》：果可以便其事，不~其礼。——不同其礼：使其礼法不同。便其事：使其事顺利。

⑭《史记·赵世家》：故去就之变，智者不能一；远近之服，圣贤不能~。——不能同：不能使服饰一致。不能一：不能使去就之变一样。

⑮《三国志·魏书·张范传》：夫能用德以~天下之欲，虽由匹夫之资，而兴霸王之功，不足为难。——同天下之欲：使天下人的愿望一致。由：依靠。

痛 tòng

本用：形容词。悲痛，痛苦；疼痛。

①《韩非子 · 外储说右上》：故能使人弹疽者，必其忍～者也。——弹：（用石针）刺。疽：毒疮。

②《史记 · 秦本纪》：寡人思念先君之意，常～于心。

活用：

一、及物动词，使动用法。使……疼痛。

③柳宗元《封建论》：告之以直而不改，必～之而后畏。——痛之：使之疼痛，即用刑罚惩罚他。

二、及物动词，为动用法。为……而痛。

④《史记 · 扁鹊仓公列传》：妾切～死者不可复生而刑者不可复续。——我为死者不能复生、受刑者不能接续肢体而深深哀痛。

⑤《史记 · 淮南衡山列传》：臣闻微子过故国而悲，于是作《麦秀》之歌，是～纣之不用王子比干也。——痛纣之不用王子比干：为纣王不用王子比干而痛惜。

⑥曹丕《与吴质书》：～知音之难遇，伤门人之莫逮也。——为知音很难遇到而痛心，为再也遇不到这样的门人而悲伤。

⑦白居易《与元九书》：仆常～诗道崩坏，忽忽愤发。——我常常为诗道崩坏而痛心，心情急切而时时愤激。

图 tú

本用：动词。谋划，考虑。

①《左传 · 僖公三十年》：阙秦以利晋，唯君～之。——让秦国受到亏损而使晋国得利，请君王考虑。

活用：为动用法。为……谋划。

②《左传 · 成公三年》：二国～其社稷，而求纾其民。——图其

社稷：为自己的国家打算。纾其民：解除人民的痛苦。

③《左传·昭公元年》：子~郑国，利则行之，又何疑焉？——子图郑国：您为郑国打算。

退 tuì

本用：动词。后退；撤退。

①《论语·先进》：子曰："求也~，故进之。"——孔子说："冉求遇事退缩，所以我叫他要敢于上前。"

②《左传·僖公三十年》：若使烛之武见秦君，师必~。

活用：使动用法。使……退后，撤退。

③《论语·先进》：由也兼人，故~之。——仲由好胜过别人，所以我让他遇事退后一些。

④《墨子·兼爱中》：越王击金而~之。——越王鸣金让他的士臣退下来。

⑤《国语·越语上》：凡我父兄、昆弟及国子姓，有能助寡人谋而~吴者，吾与之共知越国之政。——退吴：使吴国撤退。昆弟：兄弟。子姓：百姓。知：主持。

脱 tuō

本用：动词。逃，脱险。

①《史记·吕不韦列传》：赵欲杀子楚。子楚与吕不韦谋，行金六百斤予守者吏，得~。——子楚：原名异人，秦孝文王之子，即后来的秦庄襄王。子楚当时在赵国为人质。

活用：使动用法。使……逃脱，脱险。

②《史记·秦本纪》：晋击（秦）缪公，缪公伤。于是岐下食善马者三百人驰冒晋军，晋军解围，遂~缪公而反生得晋君。——脱缪公：使缪公脱险。岐下食善马者三百人：缪公曾丢失善马（好马），

岐下的野人得而食之。缪公不治其罪而赐之酒。此食善马之三百人后从秦击晋，冒死救缪公，以报食马不杀之德。冒：迎着，冲向。

③《史记·晋世家》：示眯明反击（晋）灵公之伏士，伏士不能进，而竟～（赵）盾。——竟脱盾：终于使赵盾逃脱。示眯明：《左传》为“提弥明”。

④《史记·樊郦滕灌列传》：孝惠帝及高后德（夏侯）婴之～孝惠、鲁元于下邑之间也。乃赐婴县北第第一。——夏侯婴之脱孝惠、鲁元于下邑之间：夏侯婴在下邑之间使孝惠帝、鲁元公主脱险。德：名词为动用法。

⑤《史记·汲郑列传》：郑庄以任侠自喜，～张羽于厄，声闻梁楚之间。——脱张羽于厄：使张羽从厄难中解脱出来。

外 wài

本用：方位名词。外边，外部。

①《周易·否》：内阴而～阳，内柔而～刚。

②《孟子·梁惠王下》：内无怨女，～无旷夫。——怨女：老处女。旷夫：单身汉。

活用：

一、及物动词，使动用法。使……向外，在外。

③《左传·庄公十四年》：社稷有主而～其心，其何贰如之！——国家有君主却让自己的心向外，这是多么大的贰心！

④《庄子·大宗师》：参（三）日，而后能一天下；已～天下矣，吾又守之，七日，而后能～物；已～物矣，吾又守之，九日，而后能～生。——三日，然后能把天下置之度外；已经把天下置之度外了，我仍然坚持指导他，七日，然后能把万物置之度外；已经把万物置之度外了，我仍然坚持指导他，九日，然后能把生死置之度外。

⑤《韩非子·五蠹》：以其不收也，～之。——因为他不愿被录用，就把他排除在外。

⑥《战国策·魏策二》:(王曰):“……今吾为子~之,令毋敢入子之事。”——魏王说:“……现在我为你把他排斥在外,使他不敢介入你的事情。”之:指田需,魏臣。

⑦韩愈《原道》:今也欲治其心,而~天下国家者,灭其天常。——外天下国家:把天下国家置之度外。天常:天伦。

二、及物动词,意动用法。认为……在外。

⑧《孟子·公孙丑上》:我故曰:告子未尝知义,以其~之也。——我因此说,告子不曾懂得义,因为他认为义在心之外。

完 wán

本用:形容词。完全,完整;完善。

①《孟子·离娄上》:城郭不~,兵甲不多,非国之灾也。

②《荀子·大略》:舌之贤人,贱为布衣,贫为匹夫,食则饘粥不足,衣则竖褐不~。——布衣、匹夫:普通老百姓。饘:较稠的粥。竖褐:短小的粗布衣。

活用:及物动词,使动用法。使……完好,完整。

③《庄子·让王》:帝王之功,……非所以~身养生也。——完身:保持身体完整。

④《史记·范雎蔡泽列传》:子胥智而不能~吴。——伍子胥虽然智慧但也不能使吴国完好。

⑤《三国志·魏书·程昱传》:(程)昱至东阿,东阿令枣祗已率厉吏民,拒城坚守。又兖州从事薛悌与昱协谋,卒~三城,以待太祖。——卒完三城:终于使这三座城池完好。

⑥《三国志·魏书·杨阜传》:守城不能~,君亡不能死,亦何面目以视息于天下!——守城不能使它完好,君亡不能为君而死,还有什么脸面活在世上!

亡 wáng

本用：动词。逃亡；死亡；灭亡。

①《尚书·汤誓》：时日害丧？予及女偕~！——这个太阳何时死亡？我跟你一起死亡！时：是，这个。时日：喻指夏桀。害：通“曷”，何时。

②《左传·宣公二年》：~不越竟。——逃亡没有越过国境。

活用：

一、使动用法。使……逃亡；使……灭亡。

③《左传·昭公二十一年》：公曰：“司马以吾故~其良子。死亡有命，吾不可以再~之。”——宋公说：“司马由于我的缘故而使他的好儿子逃亡。死和逃亡都是命中注定，我不能再让他的儿子逃亡了。”

④《荀子·王制》：聚敛者，召寇、肥敌、~国、危身之道也。——聚敛是招来敌寇、增强敌方、使国家灭亡、使自身危亡的方法。

⑤《战国策·燕策一》：王诚能毋爱宠子母弟以为质，宝珠玉帛以事其左右，彼且德燕而轻~宋，则齐可~已。——彼且德燕而轻亡宋：它（齐国）将对燕国感恩而轻易地把宋国消灭掉。齐可亡：齐国（我们）就可以使它灭亡了。

⑥《史记·苏秦列传》：有齐无秦；有秦无齐，必伐之，必~之。——必亡之：一定要使它灭亡。

⑦《史记·淮南衡山列传》：上哭甚悲，谓袁盎曰：“吾不听公言，卒~淮南王。”——卒亡淮南王：终于使淮南王死掉了。

二、意动用法。认为……灭亡。

⑧《左传·宣公十四年》：鄙我者，~我也。——（楚国之所以）把我国看成它的边邑，是认为我国已经灭亡了。

三、为动用法。为……而亡。

⑨《左传·襄公二十五年》：故君为社稷死，则死之；为社稷亡，则~之。——亡之：为他（国君）而逃亡。死之：为他而死。

⑩《史记·齐悼惠王世家》：顷之，诸吕有一人醉，~酒，（刘）章追，拔剑斩之而还，报曰："有~酒一人，臣谨行法斩之。"太后左右皆大惊。——亡酒：为了躲避饮酒而溜走了。

王 wáng

本用：名词。君主；主侯。

①《论语·学而》：礼之用，和为贵。先~之道，斯为美。

②《左传·僖公二十五年》：今之~，古之帝也。

③《史记·项羽本纪》：（项王）乃分天下，立诸将为侯~。

活用：

一、不及物动词。为王；成就王业。

④《左传·成公二年》：四王之~也，树德而济同欲焉。——四王成就王业，树立德行而满足（诸侯的）共同要求。四王：指禹、汤、周文、周武。

⑤《孟子·梁惠王上》：故王之不~，不为也，非不能也。——所以大王不成就王业，是不愿意做，而不是不能做。

⑥《庄子·天道》：静而圣，动而~。——静处能够成为圣人，行动能够成为帝王。

⑦《战国策·西周》：而天下合于齐，则秦孤而不~矣。——不王：不能称王。

⑧《战国策·秦策四》：横成则秦帝，从成则楚~。

⑨《战国策·齐策五》：祖仁者~，立义者伯。——祖仁者王：以仁为根本的人能够为王。

⑩《史记·商君列传》：三代不同礼而~，五伯不同法而霸。——王：成就王业。霸：成就霸业。

二、及物动词，一般用法。为王，做王。

⑪《韩非子·五蠹》：有圣人作，构木为巢以避群害，而民说之，使～天下，号之曰有巢氏。——使王天下：让（他）做了天下的王。说：同“悦”。

⑫《战国策·齐策四》：此二士弗业，一女不朝，何以～齐国、子万民乎？——王齐国：在齐国为王。业：使（他们）成就功业。朝：上朝，朝见。古代妇女有封号才能上朝，这里的“不朝”指“没有赐封”。子万民：把人民看成自己的子女。

⑬《战国策·赵策二》：禹无百人之聚，以～诸侯。——王诸侯：做了诸侯的王。

⑭《史记·高祖本纪》：吾与诸侯约：先入关者王之。吾当～关中。——王关中：做关中之王。先入关者王之：先入关的人让他为王。

三、及物动词，使动用法。使……为王；封……为王。

⑮《史记·秦始皇本纪》：项羽为西楚霸王，主命分天下～诸侯。——王诸侯：封诸侯为王。

⑯《史记·项羽本纪》：项羽欲自王，先～诸将相。——项羽想自己称王，先封诸将相为王。

⑰《史记·吕太后本纪》：王陵曰：“……今～吕氏，非约也。”——王吕氏：封吕氏子弟为王。约：盟约。此指刘邦当初与诸臣的盟约。

⑱《史记·淮阴侯列传》：今楚强以威～此三人，秦民莫爱之。——王此三人：封此三人为王。三人：指项羽所封的雍王章邯、塞王司马欣、翟王董翳，原来都是秦朝将领。

⑲《史记·郦生陆贾列传》：汉王先入咸阳，项王负约不与而～之汉中。——王之汉中：让他在汉中为王。

危 wēi

本用：形容词。危险。

①《孟子·梁惠王上》：上下交征利而国～矣。——交：并，都。征利：取利。

活用：及物动词，意动用法。认为、觉得……危险。

②《战国策·秦策三》：而君之禄位贵盛，私家之富过于三子，而身不退，窃为君～之。——为君危之：替你感到危险。三子：指商君、吴起、文种。

③《史记·张仪列传》：臣闻功大者易危，而民敝者怨上。夫守易危之功而逆强秦之心，臣窃为大王～之。

④李翱《韩公行状》：镇州乱，杀其帅田弘正，征之不克，遂以王廷凑为节度使，诏公往宣抚，既行，众皆～之。——众皆危之：大家都认为此行危险。

威 wēi

本用：名词。威信，威望，威势，威严。

①《诗经·周颂·我将》：我其夙夜畏天之～，于时保之。——畏天之威：敬畏上天的威严。于时：于是。保之：保卫它。之：指祖国。

②《左传·文公六年》：母淫子辟，无～。——母亲淫荡而儿子鄙陋，（这样的儿子立为国君）就没有威信。

③《荀子·强国》：～有三：有道德之～者，有暴察之～者，有狂妄之～者。——暴察：严厉督察。狂妄：胡作非为。

活用：及物动词，一般用法。树立威信、威望；威慑。

④《左传·文公六年》：母义子爱，足以～民。——母亲有道义，儿子又被（先君）喜爱，足以在百姓中树立威望。

⑤《韩非子·有度》：厉官～民，退淫殆，止诈伪，莫如

刑。——整治官吏，威慑民众，取消荒淫怠惰的行为，禁止欺诈虚伪的作用，没有什么能比得上刑罚。殆：通“怠”，懈怠。

⑥《韩非子·饰邪》：故先王明赏以劝之，严刑以～之。——所以先王明确奖赏以劝勉人民，加重刑罚以威慑人民。

⑦《史记·陈涉世家》：陈胜、吴广喜，念鬼，曰：“此教我先～众耳。”——威众：在众人中树立威望。

为 wéi

本用：动词。做，造，成。

①《周易·系辞下》：神农氏作，斫木～耜，揉木～耒。——斫：砍，削。揉：火烘木使之弯。

②《论语·为政》：温故而知新，可以～师矣。

③《论语·为政》：或谓孔子曰：“子奚不～政?”——或：有人。为政：从事政治，参与政治。

活用：为动用法。为……做……

④《诗经·豳风·七月》：取彼狐狸，～公子裘。——为公子裘：为公子做皮衣。

⑤《论语·先进》：颜渊死，颜路请子之车～之椁。——为之椁：为他置备外棺。

⑥《左传·昭公四年》：叔孙～孟丙钟。——叔孙为孟丙铸钟。

⑦《吕氏春秋·制乐》：（宋景）公曰：“民死，寡人将谁～君乎?”——谁为君：给谁做君主?

⑧《战国策·齐策四》：孟尝君曰：“～之驾，比门下之车客。”——为之驾：为他准备车马。车客：可以坐车的门客。

⑨韩愈《原道》：古之时，人之害多矣。有圣人者立，然后教之以生养之道；～之君，～之师，驱其虫蛇禽兽而处之中土。寒然后～之衣，饥然后～之食。木处而颠，土处而病也，然后～之宫室。～之工，以赡其器用；～之贾，以通其有无；～之医药，以济其夭死；～

之葬埋祭祀，以长其恩爱；~之礼，以次其先后；~之乐，以宣其壹郁；~之政，以率其怠倦；~之刑，以锄其强梗。相欺也，~之符玺、斗斛、权衡以信之；相夺也，~之城郭、甲兵以守之。——为之君，为之师：给他们做君主，给他们做师长。驱其虫蛇禽兽而处之中土：为他们驱逐虫蛇禽兽而让他们居住在中原。为之衣，为之食：给他们做衣服，给他们准备食物。为之宫室：为他们建造房屋。为之工：为他们设置工匠。赡：供给。为之贾：为他们设置商贾。为之医药：为他们发明医药。济：救。为之葬埋祭祀：为他们规定葬埋祭祀等仪礼。长其恩爱：使其恩爱长久。为之礼：为他们规定礼。次其先后：排列他们的先后等次。为之乐：为他们创立音乐。壹郁：即抑郁。为之政：为他们规定政令。率其怠倦：督促他们中的怠倦者。率：领导；督促。为之刑：为他们规定刑律。强梗：强猛。为之符玺、斗斛、权衡以信之：为他们制造了符玺、斗斛、权衡以使他们诚实。符：朝廷传达命令征调兵将的凭证。玺：印章，秦以后专指皇帝的印。斗斛：量器。

⑨汪琬《江天一传》：予得其始末于翁君汉津，遂~之传。——为之传：为他作传。

⑩唐甄《室语》：使我事光武帝，当其屠一城之始，必痛苦而去之矣。吾不忍~之臣也。——为之臣：给他做臣子。

位 wèi

本用：名词。位置；爵位，职位。

①《论语·乡党》：复其~，踧踖如也。——（孔子）回到自己的位置，态度恭敬而不安。

②《论语·里仁》：不患无~，患所以立。——不愁没有职位，就愁没有自立的本领。

③《战国策·赵策四》：~尊而无功，奉厚而无劳。——奉：同“俸”，俸禄。劳：功劳。

活用：

一、不及物动词。位置确定。

④《史记·乐书》：天尊地卑，君臣定矣。高卑已陈，贵贱~矣。——贵贱位矣：尊贵和卑贱的位置也就确定了。陈：陈列，排列。

二、及物动词，一般用法。担当官职。

⑤《汉书·辛庆忌传》：（辛庆忌）历~朝廷，莫不信乡。——历位朝廷：历次在朝廷中担任官职。信乡：信任敬仰。乡，通“向”。

三、及物动词，使动用法。使……得到官位；赐给官位。

⑥《左传·闵公元年》：大子不得立矣！分之都城而~以卿，先为之极，又焉得立？——太子不能做国君的继承者了！分给他都城，又让他得到卿的官位，先让他到了极点，又哪里能够做继承人？

⑦《史记·樗里子甘茂列传》：苏代谓齐湣王曰：“夫甘茂，贤人也。今秦赐之上卿，以相印迎之。……今王何以礼之？”齐王曰：“善。”即~之上卿而处之。——位之上卿而处之：赐给他上卿之位而让他留下来。何以礼之：如何礼遇他。

畏（威） wèi

本用：动词。畏惧。威，通“畏”。

①《论语·季氏》：君子有三~：~天命，~大人，~圣人之言。小人不知天命而不~也。

活用：使动用法。使……畏惧。

②《墨子·七患》：赏赐不能喜，诛罚不能~（威）。——赏赐（不当）不能使人欢喜，诛罚（不当）不能使人畏惧。“喜”、“威”后面都省略了宾语“之”，泛指人们。

③《左传·桓公十三年》：君抚小民以信，训有司以德，而~（威）莫敖以刑。——君王要用信用来镇抚老百姓，以德行来训诫官员，而用刑法来使莫敖畏惧。

④《左传·庄公二十八年》：则可以～（威）民而惧戎。——这样可以使老百姓敬畏，使戎人畏惧。

⑤《左传·宣公十二年》：今我使二国暴骨，暴矣；观兵以～（威）诸侯，兵不戢矣。——观兵以威诸侯：夸耀武力以使诸侯畏惧。兵：战争。戢：消弭，止息。

⑥《战国策·西周》：秦欲攻周，周最谓秦王曰："为王之国计者不攻周，攻周，实不足以利国而声～天下。天下以声畏秦；必东合于齐。"——声畏天下：（攻周的）名声使天下的人惊惧。利国：使国家得利。

闻 wén

本用：动词。听到；知道。

①《论语·里仁》：朝～道，夕死可矣。

②《荀子·劝学》：顺风而呼，声非加疾也，而～者彰。

活用：及物动词，使动用法。让……听到，知道。

③《战国策·赵策四》：愿令得补黑衣之数，以卫王宫，没死以～。——没死以闻：我冒死罪让你知道此事。"闻"的后面省略了宾语，指太后。

④《史记·荆燕世家》：今卿最幸，大臣所敬，何不风大臣以～太后，太后必喜。——闻太后：让太后知道。风：这里指暗示。

⑤《史记·魏其武安侯列传》：乃有蜚语；为恶言～上。——闻上：让皇上听到。

⑥《史记·滑稽列传》：于是卫将军乃以五百金为王夫人之亲寿。王夫人以～武帝。——闻武帝：让武帝知道。为王夫人之亲寿：为王夫人的双亲祝寿。

⑦《三国志·魏书·杜袭传》：时夏侯尚昵于太子，情好至密。（杜）袭谓尚非益友，不足殊待，以～太祖。——谓：认为。

舞 wǔ

本用：动词。跳舞。

①《韩非子·五蠹》：（舜）乃修教三年，执干戚～，有苗乃服。——有苗：古代少数民族，又称三苗。有，名词前缀。

活用：

一、使动用法。使……跳舞。

②苏轼《赤壁赋》：～幽壑之潜蛟，泣孤舟之嫠妇。——使潜伏于幽深谷中的蛟龙起舞，使独处在孤舟上的弃妇哭泣。

二、使动用法。对……跳舞。

③《战国策·赵策二》：昔舜～有苗，而禹袒入裸国。——古时舜对着苗人跳舞（以修德教），大禹袒身进入裸人之国（以示亲和）。

物 wù

本用：名词。事物。

①《庄子·在宥》：贱而不可不任者，～也。——任：任用。

②《荀子·天论》：一～为万～一偏。—— 一偏：一个方面。

活用：

一、不及物动词。看到物；当作物；拥有物。

③《庄子·天地》：故深之又深而能～焉，神之又神而能精焉。——即便深而又深，也能看到真实的物象；哪怕神而又神，也能体察到真正的精气。

④《庄子·在宥》：有大物者，不可以物，～而不物，故能物物。——拥有（君位、国家这样的）大物，不可以认为它们是（自己的）物；拥有大物而不认为它是（自己的）物，才能使万物成为（自己的）物。不物：不以为是（自己的）物。物：名词，用作及物动词，意动用法。

⑤《庄子·山木》：浮游乎万物之祖，物物而不~于物，则胡可得而累邪？——浮游在万物产生之前的境界中，使外物成为（自己的）物，而不被外物当作物，怎么可能受到牵累呢？祖：先，前。

二、及物动词，使动用法。使……成为物。

⑥《庄子·在宥》：故能~物。——见本条例④。

⑦《庄子·山木》：~物而不物于物。——见本条例⑤。

⑧《荀子·天论》：思物而~之，孰与理物而勿失之也！——思念万物而想使万物成为（自己的）物，哪如管理好自己的物而不失掉它们呢？

悟（寤） wù

本用：动词。醒悟，明白。寤，通“悟”。

①《庄子·列御寇》：莫觉莫~，何相孰也！——没有一个人觉醒、明白，哪能互相详细申辩呢？孰，详细，仔细。此处意为“孰察”之意。

②邹阳《狱中上梁王书》：是使荆轲、卫先生复起，而燕秦不~（寤）也。——荆轲：战国卫人。为燕太子丹刺杀秦王。卫先生：秦人。秦将白起派他去说服秦昭王增拨兵粮，因被秦相范雎从中破坏而事未成。燕秦不寤：此言当世依然谗疑忠臣，自己正是被人谗忌。这样的世风即令荆轲、卫先生复生，而燕太子、秦王仍然不能理解他们的忠心。

活用：使动用法。使……醒悟，悔悟。

③《庄·田子方》：物无道，正容以~之，使人之意也消。——外物不符合道，端正自己的仪容来使它悔悟，使人们的不肖之心自然消失。

④《庄子·列御寇》：一~万乘之主而从车百乘者，商之所长也。——一下子使万乘之主醒悟而使身后随从着百乘车辆，这是我曹商的长处了。曹商：宋人。

⑤曹植《求自试表》：昔毛遂赵之陪隶，犹假锥囊之喻，以～（寤）主立功。——寤主：使主人悟解。陪隶：家臣。假：借，用。

西 xī

本用：方位名词。太阳落下的方向。

①《孟子·告子上》：水信无分于东～，无分于上下乎？——水确实没有东西定向，难道也没有上下定向吗？

②《史记·历书》：日归于～。

活用：

一、不及物动词。往西；驻在西边。

③《列子·杨朱》：欲东而东，欲～而～。——西：往西。东：往东。

④《战国策·燕策三》：魏军其～，齐军其东，楚军欲还，不可得也。——西：驻在西边。东：驻在东边。

⑤《战国策·赵策三》：齐之兵不～，韩必听秦违齐。——齐国的军队不往西行动，韩国必定听从秦国而不听从齐国。

⑥《史记·高祖本纪》：闻汉王复军成皋，乃复引兵～。——西：往西（进发）。军成皋：驻扎在成皋。

⑦《史记·项羽本纪》：项王乃～。

⑧《三国志·魏书·武帝纪》：（曹公）遂解白马围，徙其民，循河而～。

二、及物动词，使动用法。使……向西。

⑨《史记·陈涉世家》：楚已诛秦，必加兵于赵。计莫如毋～兵，使使北徇燕地以自广也。——西兵：使军队向西（进发）。

悉 xī

本用：副词。全，尽。

①《左传·宣公十五年》：晋师~起，将至矣。

活用：及物动词，使动用法。使……尽。

②《战国策·秦策一》：今天下府库不盈，困仓空虚，~其士民，张军数十百万，白刃在前，斧质在后，而皆却走不能死。——悉其士民：征发其所有的士民。张：陈设、布置。

③《史记·平准书》：数岁道不通，蛮夷因以数攻，更发兵诛之。~巴蜀租赋不足以更之。——悉巴蜀租赋：拿出巴蜀全部的租赋。更：再次，继续。

④《史记·吴太伯世家》：（夫差）二年，吴王~精兵以伐越，败之夫椒。——悉精兵：把精锐部队全部派出去。败之：击败越国。夫椒：地名。

⑤《史记·白起王翦列传》：荆闻王翦益军而东，乃~国中兵以拒秦。——悉国中兵：把国内部队全部派出。东：往东进发，方位名词用如不及物动词。

⑥《史记·李斯列传》：欲~耳目之所好，穷心志之所乐。——享受完耳目所爱好的东西，心里所喜欢的东西。

⑦《三国志·魏书·邓艾传》：~国之众，顿于坚城，死者数万，载祸而归。——顿：困顿、劳顿。

腊 xī

本用：名词。肉干。

①《周易·噬嗑》：噬~肉，遇毒。

活用：

一、及物动词，一般用法。做成肉干。

②《韩非子·难言》：翼侯炙，鬼侯~。——翼侯被烤成肉条，鬼侯被做成肉干。

二、及物动词，使动用法。把……做成肉干。

③柳宗元《捕蛇者说》：然得而~之以为饵，可以已大风、挛踠、瘘、疠，去死肌，杀三虫。——腊之：把它晾成肉干。饵：药饵。已：停止，治愈。大风：麻风病。挛踠：手脚弯曲不能伸展的病。瘘：颈肿。疠：恶性疮疥。

息 xī

本用：动词。停息；生长，生息。

①《荀子·劝学》：树成荫而众鸟~焉——息：止息。

②《韩非子·爱臣》：是以奸臣蕃~，主道衰亡。

③《韩非子·定法》：晋之故法未~，而韩之新法又生。

④《说苑·权谋》：乡聚里中人，哀而救之，火幸~。

活用：及物动词，使动用法。使……息。

⑤《左传·襄公九年》：姑盟而退，修德~师而来，终必获郑，何必今日？——姑且结盟而退兵，修养德行，休整军队然后前来，最终必然得到郑国，何必一定要在今天？息师：使军队得到休养生息。

⑥《左传·襄公二十九年》：天祸郑久矣，其必使子产~之，乃犹可以戾。——上天降祸于郑国很久了，一定要让子产平息它，国家还可以安定。息之：使灾祸平息。祸郑：使郑国得祸。戾：安定。

⑦《左传·昭公十四年》：好于边疆，~民五年，而后用师，礼也。——和四边的邻国结好，让百姓休养生息五年，然后用兵，这是合于礼的。

⑧《孟子·滕文公下》：我亦欲正人心，~邪说，距诐行，放淫辞，以承三圣者；岂好辩哉？——我也要端正人心，消灭邪说，反对

偏激的行为，驳斥荒唐的言论，来继续大禹、周公、孔子三位圣人的事业，哪里是喜欢辩论呢？息邪说：使邪说止息。正人心：使人心端正。距：通“拒”。

⑨《韩非子·五蠹》：去偃王之仁，~子贡之智。——抛弃徐偃王的仁义，废止子贡的机变。息子贡之智：使子贡之智停止（不用）。

⑩《史记·秦始皇本纪》：安土~民，以待其敝。——息民：使百姓休养生息。

⑪《三国志·魏书·王朗传》：夫务畜积而~疲民，在于省徭役而勤稼穑。——息疲民：使疲惫的百姓得以休养生息。务：致力。畜：通“蓄”。

⑫陈子昂《谏用刑书》：臣不敢以微命蔽塞聪明，亦非敢欲陛下顿~刑罚，望在恤刑尔。——息刑罚：使刑罚废止。

席 xí

本用：名词。用芦苇竹篾等编成的供坐卧铺垫的用具。引申为席位。

①《孟子·滕文公上》：其徒数十人，皆衣褐捆屦（jù）织~以为食。——徒：门徒，门人。衣褐：穿着粗布衣服。捆屦：编织草鞋、麻鞋。

②《后汉书·戴凭传》：时诏公卿大会，群臣皆就~。

活用：

一、不及物动词。铺席子。

③《左传·襄公二十三年》：臧纥命北面重席，新樽絜之。——臧纥命令朝北铺上两层席子，换上新的酒杯并加以洗涤（以表示尊重）。

④《左传·宣公十二年》：潘党既逐魏锜，赵旃夜至于楚军，~于军门之外，使其徒入之。——席于军门之外：在军门之外铺开席子

坐在上面。潘党、魏锜、赵旃：皆人名。使其徒人：派遣他的部下先进去。

二、及物动词，一般用法。以……为席。

⑤《庄子·在宥》：黄帝退，捐天下，筑特室，~白茅，间居三月，复往邀之。——席白茅：用白茅为席（铺垫）。间居：单独居住。

⑥《战国策·赵策四》：昔者尧见舜于草茅之中，~陇亩而荫麻桑。——席陇亩：以陇亩为席，即席地而坐之意。

⑦苏辙《武昌九曲亭记》：穷山之深，力极而息，扫叶~草，酌酒相劳。——席草：以草为席。

三、及物动词，为动用法。给……做席子；给……提供席位。

⑧《史记·滑稽列传》：楚庄王之时，有所爱马，衣以文绣，置之华屋之下，~以露床，啖以枣脯。——席以露床：用露床给它做席子。衣以文绣：给它披上锦绣。华屋：华美的篷帐之下。啖以枣脯：给它吃枣脯。

⑨苏辙《武昌九曲亭记》：有废亭焉，其遗址甚狭，不足以~众客。——席众客：给众客提供席位。

喜 xǐ

本用：形容词。快乐，喜悦。

①《论语·里仁》：子曰："父母之年，不可不知也。一则以~，一则以惧。"——孔子说："父母的年纪不能不知道：一方面因（其高寿）而喜欢，另一方面又因（其寿高）而有所恐惧。"

②《孟子·梁惠王下》：工师得大木，则王~。以为能胜其任也。

活用：及物动词，使动用法。使……喜。

③《国语·吴语》：王不如设戎，约辞行成，以~其民，以广侈吴王之心。——大王不如陈兵自守，用卑下的词语（向吴国）求和，

以使吴国人欢喜，使吴王心意自大。

④《史记·日者列传》：虑事定计，饰先王之成功，语其败害，以恐～人主之志。——恐喜人主之志：让人主心里害怕或高兴。

⑤《三国志·魏书·王昶传》：（王）昶欲引致平地与合战，乃先遣五军案道大发还，使贼望见以～之。——喜之：使他们高兴。

下$_1$ xià

本用：方位名词。位置在低处。

①《诗经·秦风·衡门》：衡门之～，可以栖迟。——栖迟：游息。

②《论语·雍也》：子曰："中人以上，可以语上也；中人以～，不可以语上也。"——语上：告诉他高深的学问。

③《孟子·梁惠王上》：民归之如水之就～。——百姓归顺他，就如水自然要向下奔流那样。

活用：

一、及物动词，一般用法。居于……下面。

④《左传·僖公二十三年》：（叔隗和赵盾）来，（赵姬）以盾为才，固请于公，以为嫡子；而使其三子～之。——使其三子下之：使她的三个儿子居于赵盾之下。

⑤《史记·管晏列传》：鲍叔既进管仲，以身～之。——下之：处在管仲的下面。进：推荐。

⑥魏征《谏太宗十思书》：念高危则思谦冲而自牧，惧满溢则思江海～百川。——想到君位高而且危，就要不忘谦虚自卑，以养其德；恐怕自己骄傲自满，就要想到江海之所以巨大，是因为能居于百川之下。

二、及物动词，使动用法。使……居于下位。

⑦《墨子·尚贤上》：有能则举之，无能则～之。——下之：使之居于下位。

⑧《左传·文公二年》：（臧文仲）~展禽，废六关，妾织蒲，三不仁也。——（臧文仲）使展禽居于下位，设立六关，小老婆织席贩卖，这是三件不仁爱的事情。废：置立。

下$_2$　xià

本用：动词。降落。

①《左传·庄公十年》：~，视其辙；登，轼而望之。——轼：古代车厢前面扶手的横木，此处意为“扶着车前横木”。

②《孟子·梁惠王上》：天油然作云，沛然~雨。

活用：及物动词，使动用法。使……下。

③《左传·襄公二十五年》：闾丘婴以帷缚其妻而载之，与申鲜虞乘而出，鲜虞推而~之。——下之：使之下。闾丘婴、申鲜虞：皆人名。

④《战国策·楚策四》：更羸以虚发而~之。——下之：使它（鸟）落下。更羸：人名。虚发：射空箭。

⑤《史记·袁盎晁错列传》：孝文帝出，赵同参乘，袁盎伏车前曰：“臣闻天子所与共六尺舆者，皆天下豪英。今汉虽乏人，陛下独奈何与刀锯余人载！”于是上笑，~赵同。——下赵同：叫赵同下车。赵同：即赵谈，汉文帝的宦官。上：指汉文帝。

下$_3$　xià

本用：形容词。低下；谦下，卑下。

①《论语·季氏》：困而不学，民斯为~矣。

②《韩非子·五蠹》：鲁哀公，~主也。

③《战国策·齐策一》：能谤议于市朝，闻寡人之耳者，受~赏。

活用：

一、及物动词，意动用法。以为……低下。

④《韩非子·奸劫弑臣》：是虽有残刑杀身以为人主之名，而实无益于智伯若秋毫之末，此吾之所~也。——吾之所下：我认为低下的。

⑤《史记·平津侯主父列传》：上笃厚，~智巧。——以笃厚为高尚，以智巧为低下。

⑥《论衡·齐世》：述事者好高古而~今。——高古而下今：认为古代高尚，现今低下。

二、及物动词，为动用法。对……谦下。

⑦《左传·宣公十二年》：其君能~人，必能信用其民矣。——下人：对人谦下。

⑧《国语·晋语四》：此三人者，实左右之。公子居则~之，动则谘焉。——下之：对他们谦下。此三人：指狐偃、赵衰、贾佗。左右之：居其左右而辅佐他。公子：指公子重耳。谘：咨询。

⑨《战国策·中山》：主折节以~其臣，臣推体以~死士。——下其臣：对其臣谦下。下死士：对死士（见义忘生之士）谦下。推体：犹言委身。

⑩《战国策·燕策一》：人有恶苏秦于燕王者。曰："武安君，天下之不信人也，王以万乘~之，尊之于廷，示天下与小人群也。"——下之：对他谦下。

⑪《史记·越王勾践世家》：（勾践）食不加肉，衣不重采，折节~贤人，厚遇宾客。——下贤人：对贤人谦下。

先 xiān

本用：名词。次序或时间在前，与"后"相对。

①《论语·为政》：子贡问君子。子曰："~行其言而后从之。"——子贡问怎样才能做一个君子。孔子说："对于你要说的话，

先实行了，再说出来（这就可以说是个君子了）。”

②《左传·哀公十三年》：秋七月，辛丑，盟，吴、晋争～。——争先：杜预注：“争歃血先后。”

活用：

一、不及物动词。走在前面。

③《左传·宣公二年》：会请～，不入，则子继之。——先：先进入（进谏）。会：士季自称。士季，晋大夫，名会。子：您，指赵盾。

④《韩非子·喻老》：今君后则欲逮臣，～则恐逮于臣。——先：跑在前面。君：称代赵襄主。后：此处意为“落在后面”。臣：王于期自称。逮于臣：被我赶上。

二、及物动词，一般用法。在先；先做。

⑤《论语·子路》：卫君待子而为政，子将奚～？——奚先：先做什么。

⑥《论语·子路》：子路问政。子曰：“～之劳之。”——先之：走在百姓的前头，即自己给百姓带头。劳之：使之劳。

⑦《左传·文公二年》：祀，国之大事也，而逆之，可谓礼乎？子虽齐圣，不～父母食久矣。故禹不～鲧，汤不～契；文、武不～不窋。——祭祀，是国家的大事，不按顺序，难道能说合乎礼吗？儿子虽然聪明圣哲，不能在父亲之前享受祭品，这已经由来很久了。所以夏禹不能在鲧之前，商汤不能在契之前，文王、武王不能在不窋之前。

⑧《荀子·非十二子》：高上尊贵，不以骄人；聪明圣智，不以穷人；齐给速通，不以～人；刚毅勇敢，不以伤人。——高尚尊贵，不靠这个对人骄傲；聪明圣智，不靠这个让人穷困；敏捷灵通，不靠这个超越人；刚毅勇敢，不靠这个伤害人。

⑨《战国策·齐策五》：臣闻用兵而～天下者忧。——先天下：在天下之先。

⑩《史记·刺客列传》：臣闻骐骥盛壮之时，一日而驰千里；至

其衰老，驽马～之。——先之：跑在它的前面。

⑪范仲淹《岳阳楼记》：～天下之忧而忧，后天下之乐而乐。——先：在……前面。后：在……后面。

三、及物动词，使动用法。使……在先。

⑫《左传·闵公二年》：狄人囚史华龙滑与礼孔以逐卫人。二人曰："我，大史也，实掌其祭，不先，国不可得也。"乃～之。——狄人囚禁了史官华龙滑和礼孔以追赶卫人。这两个人说："我，是太史之官，执掌祭祀。如果不先回去，你们是不能得到国都的。"于是就让他们先回去。

⑬《左传·哀公十三年》：秋七月，辛丑，盟，吴、晋争先。……乃～晋人。——乃先晋人：（吴人）就让晋人先歃血盟誓。

⑭《孟子·梁惠王上》：苟为后义而～利，不夺不餍。——假如把公义放在后头，把私利放在前头，那大夫不把国君的产业夺去，是永远不会满足的。

⑮《孟子·告子上》：～名实者，为人也；后名实者，自为也。——把名誉功业放在前头是为着济世救民，把名誉功业放在后面是为着独善其身。

⑯《荀子·荣辱》：～义而后利者荣。

⑰《史记·廉颇蔺相如列传》：吾所以为此者，以～国家之急而后私仇也。——先国家之急：把国家的急难放在先。后私仇：把私仇放在后面。

⑱《史记·孟尝君列传》：人或说秦昭王曰："孟尝君贤，而又齐族也，今相秦，必～齐而后秦，秦其危也。"——先齐：把齐国放在先。后秦：把秦国放在后。

⑲魏征《十渐不克终疏》：其语道也，必～淳朴而抑浮华；其论人也，必贵忠良而鄙邪佞。——先淳朴：把淳朴放在首位。贵忠良：以忠良为贵。鄙邪佞：以邪佞为鄙。

贤 xián

本用：形容词。有才能，德行好。

①《论语·雍也》：子曰："～哉，回也！一箪食，一瓢饮，在陋巷，人不堪其忧，回也不改其乐。～哉，回也！"——回：颜回，孔子学生。

②《论语·卫灵公》：臧文仲其窃位者与！知柳下惠之～而不与立也。——臧文仲大概是个做官不管事的人，他明知柳下惠贤良，却不给他官位。臧文仲：鲁大夫。柳下惠：鲁贤者，本名展获，字禽，又叫展禽。立：同"位"。

③《孟子·梁惠王上》：～者而后乐此，不～者虽有此，不乐也。——只有有道德的人才能够享受这一种快乐，没有道德的人纵使有这种快乐也是无法享受的。

活用：及物动词，意动用法。以……为贤。

④《孟子·离娄下》：禹、稷当平世，三过其门而不入，孔子～之。——夏禹处于政治清明时代，三次经过自己家门都不进去，孔子认为他贤明。禹、稷：私名连及，稷为陪衬，无义。

⑤《荀子·修身》：小人反是，致乱而恶人之非己也；致不肖，而欲人之～己也。——小人就和君子相反。做尽昏乱的事情，却憎恶别人责备；做尽丑恶的事情，却希望别人以己为贤明。

⑥《韩非子·五蠹》：若夫～贞信之行者，必将贵不欺之士。——贤贞信之行：认为忠贞诚实的德行美好。

⑦《韩非子·难三》：燕子哙～子之而非孙卿。——燕子哙认为子之贤良而孙卿不好。

⑧《韩非子·忠孝》：今舜以贤取君之国，而汤、武以义放弑其君，此皆以贤危主者也，而天下皆～之。——贤之：认为他贤明。

⑨《战国策·魏策三》：吾所～者，无过尧舜。——吾所贤者：我认为贤能的人。

⑩《史记·张仪列传》：人主~其辩而牵其说，岂得无眩哉？——贤其辩：认为他的辩说高明。

显 xiǎn

本用：形容词。显贵，显赫，显要。

①《孟子·公孙丑上》：管仲以其君霸，晏子以其君~。——管仲辅佐齐桓公称霸，晏子辅佐齐景公显名。

②《孟子·离娄下》：问其与饮食者，尽富贵也，而未尝有~者来，吾将瞯良人之所之也。——显者：显贵的人。瞯："瞰"的异体字，窥看。

③《战国策·齐策四》：百乘，~使也。——显使：显贵的使臣。

活用：及物动词，使动用法。使……显。

④《孟子·万章上》：（百里奚）相秦而~其君于天下，可传于后世，不贤而能之乎？——显其君于天下：使秦穆公显赫于天下。

⑤《韩非子·有度》：卑主之名以~其身，毁国之厚以利其家。——降低君主的名声使其自身显要，毁坏国家的利益使其自身获利。

⑥《战国策·燕策一》：（苏秦）谓燕王曰："臣，东周之鄙人也，见足下身无咫尺之功，而足下迎臣于郊，~臣于廷。"——显臣：使臣显贵。

⑦《战国纵横家书·苏秦自齐献书于燕王章》：王之于臣也，贱而贵之，蓐而~之。——蓐而显之：臣屈辱而（王）使我显赫。蓐，通"辱"。贵之：使之贵。

⑧《三国志·魏书·王昶传》：夫人为子之道，莫大于宝身全行，以~父母。——显父母：使父母显贵。

降 xiáng

本用：动词。投降。

①《左传·庄公八年》：郕~于齐师。——郕国向齐军投降。

②《汉书·武帝纪》：广利败，~匈奴。——广利：李广利。

活用：使动用法。使……降。

③《史记·秦始皇本纪》：王翦遂定荆江南地，~越君，置会稽郡。——降越君：使越君投降。置：设置。

④《史记·田单列传》：燕既尽~齐城，唯独莒、即墨不下。——降齐城：使齐城投降。

⑤《史记·魏豹彭越列传》：项羽已破秦，~章邯。——降章邯：使章邯投降。

⑥《汉书·苏建传》：单于使使晓（苏）武，会论虞常，欲因此时~武。——降武：使苏武投降。

⑦《三国志·蜀书·法正传》：曹军一举而~张鲁，定汉中。——降张鲁：使张鲁投降。

⑧《三国志·魏书·王朗传》：昔关羽率荆州之众，~于禁于汉滨，遂有北向争天下之志。——降于禁：使于禁投降。

⑨韩愈《张中丞传后叙》：城陷，贼以刃胁~（张）巡，巡不屈。——降巡：使张巡投降。

相 xiàng

本用：名词。丞相，宰相。

①《左传·襄公四年》：夷羿收之，信而使之，以为己~。

②《战国策·齐策四》：于是梁王虚上位，以故~为上将军。——故：原来。

③《史记·陈涉世家》：王侯将~宁有种乎！——宁：难道。

活用：

一、不及物动词。为相。

④《左传·庄公九年》：管夷吾治于高傒，使～可也。——相：做相。

⑤《战国策·秦策一》：故苏秦～于秦，而关不通。——相于秦：在秦国做丞相。

二、及物动词，一般用法。为相。

⑥《庄子·秋水》：惠子～梁，庄子往见之。——相梁：做梁国宰相。

⑦《韩非子·外储说左下》：孙叔敖～楚。——相楚：做楚国丞相。孙叔敖：人名。

⑧《战国策·秦策一》：蜀主更号为侯，而使陈庄～蜀。——相蜀：做蜀地相。陈庄：人名。

⑨《战国策·秦策三》：蔡泽～秦王数月，人或恶之。——相秦王：给秦王做丞相。

三、及物动词，使动用法。使……为相。

⑩《韩非子·难一》：桓公解管仲之束缚而～之。——相之：让他做了宰相。

⑪《韩非子·问田》：魏～冯离而亡其国。——魏国让冯离做宰相，结果使魏国灭亡。

⑫《韩非子·内储说上》：公叔恐王之～公仲也，使齐、韩约而攻魏。——相公仲：使公仲为相。

小 xiǎo

本用：形容词。与“大”相对。

①《论语·八佾》：子曰：“管仲之器～哉！”——孔子说：“管仲的器量小得很呀！”

②《墨子·鲁问》：世俗之君子，皆知～物而不知大物。

活用：

一、及物动词，使动用法。使……变小。

③《老子》：~国寡民，使有什伯之器而不用，使民重死而不远徙。——小国寡民：使国家变小，使人民减少。

④《孟子·梁惠王下》：为巨室，则必使工师求大木。工师得大木，则王喜，以为能胜其任也。匠人斫而~之，则王怒，以为不胜其任矣。——斫而小之：砍削使它变小。

⑤《韩非子·说林下》：刻削之道，鼻莫如大，目莫如小。鼻大可~，小不可大也。——鼻大可小：鼻子大了还可以刻小，小了就不能刻大了。

二、及物动词，意动用法。以……为小。

⑥《左传·桓公四年》：秦师侵芮，败焉，~之也。——秦国的军队攻打芮国，战败了，这是由于小看了芮国。

⑦《左传·桓公十三年》：莫敖狃于蒲骚之役，将自用也，必~罗。——莫敖已经习惯于蒲骚这一次胜利，他会自以为是，必然轻视罗国。莫敖：春秋时楚国官名，位次于令尹。这里指担任莫敖的屈瑕。狃：习以为常。蒲骚：地名。

⑧《孟子·尽心上》：孔子登东山而~鲁，登泰山而~天下。——孔子登上了东山，便觉得鲁国小了；登上了泰山，便觉得天下也不大了。东山：即蒙山，在今山东省蒙阴县南。

⑨《韩非子·外储说右上》：子~寡人之国，以为不足仕。——你认为我的国家很小，认为不值得在这里做官。

⑩《史记·楚世家》：楚灵王方会诸侯于申，诛齐庆封，作章华台，求周九鼎之时，志~天下；及饿死于申亥之家，为天下笑。——小天下：认为天下很小。申：地名。庆封、申亥：人名。

⑪《史记·管晏列传》：管仲，世所谓贤臣，然孔子~之。——小之：瞧不起他。

⑫韩愈《原道》：老子之~仁义，非毁之也，其见者小也。——老子小看仁义，不是有意地毁谤仁义，而是因为他见识少。

三、名词。小事；小国。

⑬《论语·卫灵公》：~不忍，则乱大谋。——小事情不忍耐，便会败坏大事情。

⑭《孟子·梁惠王上》：~固不可以敌大。——小国本来就不可以抗拒大国。

⑮《韩非子·五蠹》：不救~而伐大。——不救小国而攻打大国。

谢 xiè

本用：动词。道歉；谢罪。

①《战国策·赵策四》：入而徐趋，至而自~。——谢：道歉，告罪。

②《史记·绛侯周勃世家》：条侯免冠~。——谢：认错，道歉。

活用：为动用法。向（对）……道歉。

③《战国策·燕策三》：燕王乃使人让乐毅，且~之曰：“先王举国而委将军，将军为燕破齐，报先王之仇，天下莫不振动，寡人岂敢一日而忘将军之功哉?”——谢之：向他道歉。

④《史记·项羽本纪》：旦日不可不蚤自来~项王。——谢项王：向项王道歉。蚤：通“早”。

⑤《史记·白起王翦列传》：始皇闻之，大怒，自驰如频阳，见~王翦。——谢王翦：向王翦道歉。

⑥《史记·孟尝君列传》：王何先秦使之未到，复孟尝君，而益与之邑以~之。——谢之：向他道歉。先：此处意为“在前”。

⑦《史记·魏其武安侯列传》：魏其乃扶灌夫去，~丞相。——谢丞相：向丞相告罪。

⑧《三国志·魏书·崔琰传》：太祖改容~之，于时宾客皆伏失色。——谢之：向他（崔琰）道歉。

新 xīn

本用：形容词。初次出现的，刚刚出现的，与“故”、“旧”相对。

①《论语·公冶长》：旧令尹之政，必以告~令尹。

②《韩非子·五蠹》：然则今有美尧、舜、鲧、禹、汤、武之道于当今之世者，必为~圣笑矣。——新圣：新起的圣人。

③《韩非子·定法》：晋之故法未息，而韩之~法又生。

活用：

一、及物动词，一般用法。新置。

④陆贽《奉天请罢琼林大盈二库状》：玄宗悦之，~是二库。——新是二库：新置这二库（指琼林、大盈二库）。玄宗：唐玄宗李隆基。

二、及物动词，使动用法。使……新。

⑤《孟子·滕文公上》：子力行之，亦以~子之国。——你努力实行吧，也来使你的国家气象一新。

三、及物动词，意动用法。以……为新。

⑥《墨子·耕柱》：善为政者，远者近之，而旧者~之。——善于治理政治的人，对于疏远的，要亲近他们；对于故旧，视为新人（而不厌弃他们）。

薪 xīn

本用：名词。柴火。

①《孟子·梁惠王上》：明足以察秋毫之末，而不见舆~。——我的目力能够看清秋天鸟的细毛，一车子柴火摆在眼前却瞧不见。

②《说苑·权谋》：客有过主人者，见灶直突，傍有积~。——过：过访，拜访。突：烟囱。

活用：

一、不及物动词。砍柴。

③《论衡·书虚》：当夏五月，有披裘而~者。——薪者：砍柴的人。

二、用如及物动词，使动用法。拿……当作柴火。

④唐顺之《竹溪记》：吾江南人斩竹而~之，其为园亦必购求海外奇花石。——薪之：拿它（竹）作柴薪。

信$_1$ xìn

本用：动词。相信。

①《论语·公冶长》：始吾于人也，听其言而~其行。

②《孟子·尽心下》：尽~书则不如无书。

活用：使动用法。使……相信。

③《论语·公冶长》：老者安之，朋友~之，少者怀之。——老人使他们安逸，朋友使他们相信自己，年轻人使它们怀念自己。

④《墨子·非攻下》：督以正，义其名，必务宽吾众，~吾师。——以正道率领，以义立名，一定要对自己的民众宽厚，使自己的军队相信自己。

信$_2$ xìn

本用：形容词。诚信；真实。

①《论语·学而》：与朋友交，而不~乎？

②《墨子·尚贤下》：凡我国忠~之士，我将赏贵之。

活用：及物动词，使动用法。使……信。

③《左传·宣公十七年》：吾又执之，以~齐沮，吾不既过矣乎？——（但是）我们又偏偏逮捕了他们，以使齐国的阻止者预料得到证实，我们不是已经做错了吗？

④《史记·夏本纪》：~其道德，谋明辅和。——信其道德：使道德笃信。

⑤《三国志·吴书·陆逊传》：省息众务，~其赏罚，虽韩、白复生，无所展巧。——信其赏罚：使赏罚守信用，即该赏的赏，该罚的罚，说到做到。韩、白：韩信、白起。

⑥韩愈《原道》：为之符玺、斗斛、权衡以~之。——（圣人）为人们制造了符玺、斗斛、权衡以使他们诚信。

兴 xīng

本用：形容词。兴盛。

①《诗经·小雅·天保》：天保定尔，以莫不~。——上天保定你，没有不兴盛的。

②《论语·泰伯》：君子笃于亲，则民~于仁。——君子能用深厚感情对待亲族，老百姓就会仁德兴隆。

③《孟子·离娄上》：国之所以废~存亡者亦然。——国家的兴盛和衰败、生存和灭亡也是这个道理。

活用：及物动词，使动用法。使……兴。

④《论语·子路》：定公问："一言可以~邦，有诸?"——鲁定公问："一句话可以使国家兴盛，有这事吗?"诸：之乎。

⑤《三国志·魏书·陈群传》：（陈）群为儿时，（陈）实常奇异之，谓宗人父老曰："此儿必~吾宗。"——兴吾宗：使我们的宗族兴盛。奇异之：认为他奇特，不同于一般。宗人：同宗族的人。

⑥魏征《十渐不克终疏》：一言~邦，斯之谓也。——一句话可以使国家兴盛，说的就是这种情况啊。

⑦欧阳修《五代史记伶官传序》：忧劳可以~国，逸豫可以亡身，自然之理也。——兴国：使国家兴盛。逸豫：安乐。

刑 xíng

本用：名词。刑罚；法制，法度。

①《论语·为政》：道之以政，齐之以~，民免而无耻。——用政法来诱导他们，使用刑罚来整顿他们，人民只是暂时地免于罪过。道：同“导”。

②《论语·里仁》：君子怀~，小人怀惠。——君子关心法度，小人关心恩惠。

③《韩非子·内储说上》：行~重其轻者，轻者不至，重者不来，是谓以~去~。——刑：刑罚。

活用：

一、不及物动词。合刑罚；做示范。

④《左传·襄公五年》：楚共王于是不~。——于是不刑：在这件事情上处理得不合刑罚（即惩罚不当）。

二、及物动词，一般用法。用刑处罚。

⑤《左传·襄公十四年》：良君将赏善而~淫，养民如子，盖之如天，容之如地。——好的国君将会奖赏善良而用刑罚惩处邪恶，像对待儿女一样地抚养百姓，像上天一样地覆盖他们，像大地一样地容纳他们。

⑥《孟子·梁惠王上》：及陷于罪，然后从而~之，是罔民也。——刑之：对他们用刑法处罚。及：等到。从：随着。

⑦《史记·项羽本纪》：夫秦王有虎狼之心，杀人如不能举，~人如恐不胜。——刑人：对人用刑处罚。举：全，尽。胜：尽。

⑧《史记·商君列传》：太子，君嗣也，不可施刑，~其傅公子虔。——刑其傅公子虔：对太子师傅公子虔施刑。公子虔，秦国公族。君嗣：国君的继承人。

三、通“硎”（型），范型，法则。

⑨《孟子·梁惠王上》：诗云：“~于寡妻，至于兄弟，以御于

家邦。”——《诗经》上说：“先给妻子做榜样，再推广到兄弟，再推广到治理封邑和国家。”刑：通“硎”，即后来的“型”，浇铸的模型，引申为范型之意。

⑩《礼记·礼运》：~仁讲让，示民有常。——以仁作为法则，提倡不争，用礼指示给人民要有常规。

行 xíng

本用：动词。行走；通行。

①《论语·述而》：三人~，必有我师焉。——几个人在一块走路，其中必然有值得我取法的人。

②《论语·雍也》：有澹台灭明者，~不由径，非公事，未至于偃之室也。——有一个叫澹台灭明的人，走路不走小道，不是公事，从不到我屋里来。澹台灭明：字子羽，鲁人。偃：子游，鲁人。

③《左传·僖公五年》：宫之奇以其族~。——宫之奇率领全族动身（离开虞国）。宫之奇：虞国大夫。

活用：使动用法。使……行。

④《左传·昭公元年》：五月庚辰，郑放游楚于吴。将~子南，子产咨于大叔。——五月初二日，郑国放逐公孙楚到吴国。打算让公孙楚动身，子产征求太叔的意见。公孙楚：字子南。

⑤《史记·樗里子甘茂列传》：文信侯乃入言之于始皇曰：“昔甘茂之孙甘罗，年少耳，然名家之子孙，诸侯皆闻之。今者张唐欲称疾不肯行，甘罗说而~之。今愿先报赵，请许遣之。”——甘罗说而行之：甘罗说服了张唐并使他出行。张唐：秦人。甘茂：秦人。报赵：酬答赵国。

⑥柳宗元《永州韦使君新堂记》：始命芟其芜，~其涂。——行其涂：疏通这儿的泥水。芟：削除。芜：荒草。涂：泥。

休 xiū

本用：动词。休息，休养。

①《诗经·大雅·民劳》：民亦劳止，汔（qì）可小～。——劳：劳苦，疲劳。止：语气词。汔：庶几，连词，此处表“应该”之意。

②《礼记·月令》：（季秋之月）霜始降，则百工～。

③《史记·秦始皇本纪》：风雨暴至，～于树下。

活用：使动用法。使……休息。

④《左传·襄公二十八年》：吾乃～吾民矣。——休吾民：让我们的百姓休养生息。

⑤《史记·白起王翦列传》：于是应侯言于秦王曰：“秦兵劳，请许韩、赵之割地以和，且～士卒。”——休士卒：使士卒休息。应侯：指范睢。

⑥《史记·淮阴侯列传》：秦已破，计功割地，分土而王之，以～士卒。

⑦《三国志·蜀书·后主传》：（诸葛）亮～士劝农于黄沙。——休士：使士卒休息。劝农：鼓励农民从事农业生产。黄沙：地名。

羞 xiū

本用：形容词。羞愧，羞耻。

①《周易·恒》：不恒其德，或承之～。——恒其德：使其德行恒常。承：承受。

②《韩非子·孤愤》：贤智之士～而人主之论悖矣。

活用：

一、及物动词，使动用法。使……蒙羞。

③《战国策·韩策一》：夫～社稷而为天下笑，无过此矣。——羞

社稷：使社稷蒙羞。

④《史记·魏世家》：兵三折于外，太子虏，上将死，国以空虚，以～先君宗庙社稷。——羞先君宗庙社稷：使先君宗庙社稷蒙羞。

二、及物动词，意动用法。以……为羞；以……感到羞愧，可耻。

⑤《孟子·公孙丑上》：柳下惠不～污君，不卑小官。——柳下惠不以侍奉坏君为羞耻，不以自己官职低微为卑下。

⑥《孟子·离娄下》：由君子观之，则人之所以求富贵利达者，其妻妾不～也，而不相泣者，几希矣。——从君子角度看来，有些人所用的乞求升官发财的方法，他们的妻妾不认为是羞耻，而也不相对哭泣的，是很少的。

⑦《庄子·天地》：孝子操药以修慈父，其色燋然，圣人～之。——孝子拿着药进献给慈父治病，尽管形容憔悴，圣人还是认为这种做法是可耻的。修：通“羞”，进献。燋：通“憔”，憔悴。

⑧《荀子·正论》：风俗之美，男女自不取于涂，而百姓～拾遗。——风俗非常美好，男女都不私自在道路上拣东西，百姓们都认为拾取丢失的东西是可耻的。涂：通“途”。

⑨《荀子·非十二子》：古之所谓仕士者，厚敦者也，合群者也，远罪过者也，务事理者也，～独富者也。——羞独富：以个人独自富有为可耻。

⑩《战国策·韩策一》：夫以大王之贤，挟强韩之兵，而有牛后之名，臣窃为大王～之。——羞之：把这种情况看作羞耻。

⑪《战国策·齐策四》：先生不～，乃有意为收责于薛乎？——羞：不以为羞。“羞”后面省宾语“之”。乃：却，竟然。责：同“债”。债务，债款。薛：齐国地名，孟尝君的封邑。

⑫《史记·管晏列传》：吾幽囚受辱，鲍叔不以我为无耻，知我不～小节而耻功名不显于天下也。——不羞小节：不以小节之失而羞愧。

⑬《史记·孟尝君列传》：始孟尝君列此二人于宾客，宾客尽～

之。——羞之：把这件事看作羞耻。

⑭《史记·匈奴列传》：利则进，不利则退，不~遁走。——不羞遁走：不以逃遁为可耻。

⑮嵇康《与山巨源绝交书》：又仲尼兼爱，不~执鞭；子文无欲卿相，而三登令尹，是乃君子思济物之意也。——羞执鞭：认为担任执鞭之贱职羞耻。子文：春秋时楚人。无欲卿相：不想做卿相。令尹：官名，春秋时楚国执政的上卿。济物：济世。

⑯韩愈《师说》：位卑则足~，官盛则近谀。——以地位低的人为师，就感到可耻；以官职高的人为师，就以为近乎谄谀。

朽 xiǔ

本用：形容词。腐烂。

①《尚书·五子之歌》：懔乎若~索之驭六马。——朽索：腐烂的绳索。懔：危险。

②《论语·公冶长》：~木不可雕也，粪土之墙不可杇也。——杇：粉刷。

③《荀子·劝学》：锲而舍之，~木不折。——锲：用刀子刻。舍：放弃。

活用：及物动词，使动用法。使……朽。

④《墨子·节葬下》：楚之南有炎人国者，其亲戚死，~其肉而弃之，然后埋其骨，乃成为孝子。——朽其肉：让其肉腐烂。亲戚：父母。

⑤《墨子·节用中》：古者圣王制为节葬之法，曰：“衣三领，足以~肉；棺三寸，足以~骸。”——朽肉：使肉腐烂。朽骸：使骸腐烂。

⑥《三国志·魏书·文帝纪》：为棺椁足以~骨，衣衾足以~肉而已。

⑦毛先舒《戴文进传》：吾瘁吾心力为此，岂徒得糈？意将托此

不~吾名耳。——不朽吾名：不使我的名声衰朽。瘁：劳苦，形容词使动用法。徒：只是。糈：粮食。

袖 xiù

本用：名词。袖子。

①《韩非子·五蠹》：长~善舞，多钱善贾。

②韩愈《祭柳子厚文》：不善为斫，血指汗颜，巧匠旁观，缩手~间。——斫：砍。血指汗颜：手指磨出血，脸上出满汗。

活用：及物动词，一般用法。纳入袖内。

③《史记·魏公子列传》：朱亥~四十斤铁椎，椎杀晋鄙，公子遂将晋鄙军。——袖四十斤铁椎：把四十斤铁锤纳入袖中。

④宗臣《报刘一丈书》：门者故不入，则甘言媚词；作妇人状，~金以私之。——袖金以私之：把金子放在袖子中暗暗地送给守门人。门者故不入：守门的人故意不让他进去。入：动词使动用法。

虚 xū

本用：形容词。空，与“实”相对。

①《墨子·七患》：民力尽于无用，财宝~于待客。

②《商君书·去强》：仓府两~，国弱。——仓：藏粮食的地方。府：藏财物的地方。

③《礼记·少仪》：执~如执盈，人~如有人。

活用：及物动词，使动用法。使……虚。

④《墨子·七患》：~其府库，以备车马、衣裘、奇怪。——虚其府库：使其府库空虚。奇怪：稀奇的珍物。

⑤《战国策·齐策四》：于是梁王~上位，以故相为上将军。——虚上位：把上位（指相位）空出来。梁王：梁惠王。故相：原来的宰相。

⑥《战国策·赵策四》：齐为王之故，~国于燕赵之前，用兵于二千里之外。——虚国：使国家空虚。

⑦贾谊《过秦论》：~囹圄而免刑戮。——虚囹圄：使囹圄空虚。囹圄：有墙的监狱。

⑧《史记·张仪列传》：楚怀王闻张仪来，~上舍而自馆之。——虚上舍而自馆之：空出上等宾馆，并且亲自到宾馆省问。

墟（虚） xū

本用：名词。本作“虚”，废墟。

①《荀子·哀公》：君出鲁之四门以望鲁四郊，亡国之~（虚）则必有数盖焉。——虚：同“墟”，废墟。君：您。鲁：鲁国。数盖：数处。

活用：

一、不及物动词。变成废墟。

②《史记·越王勾践世家》：子胥言曰：“王不听谏，后三年吴其~乎？”——其：大概。墟：成为废墟。

二、及物动词，使动用法。使……成为废墟。

③《荀子·儒效》：（周公）杀管叔，~（虚）殷国，而天下不称戾焉。——周公杀掉管叔，灭掉殷国，可是天下的人并不说他残暴。虚殷国：使原来的殷都成为废墟。管叔：武王弟鲜，封于管，故称管叔鲜。

④《荀子·解蔽》：此其所以丧九牧之地而（虚）宗庙之国也。——这便是他们丧失了九州之地而使宗庙国家成为废墟的原因。

⑤唐甄《室语》：若过里而~其里，过市而窜其市，入城而屠其城，此何为者？——墟其里：使乡里成为废墟。窜其市：使市镇的居民逃窜。

穴 xué

本用：名词。洞穴，巢穴。

①《孟子·滕文公下》：不待父母之命，媒妁之言，钻～隙相窥，逾墙相从，则父母国人皆贱之。

②《韩非子·喻老》：千丈之堤以蝼蚁之～溃。——以：因。

活用：

一、不及物动词。打洞。

③《墨子·节用下》：古之民未知为宫室时，就陵阜而居，～而处，下润湿伤民，故圣王作，为宫室。——穴：挖洞穴。陵阜：山陵。作：兴起。

④《左传·襄公二十三年》：夫鼠，昼伏夜动，不～于寝庙，畏人故也。——穴：打洞穴。寝庙：古代统治阶级的宗庙有庙和寝两部分，合称“寝庙”。

⑤《庄子·应帝王》：鸟高飞以避矰弋之害，鼷鼠深～乎神丘之下，以避熏凿之患。——穴：打洞穴。矰弋：矰，用丝绳系住射出可以回收的射鸟的短箭。弋：用绳系箭。矰弋，此处泛指弓箭。鼷：鼠类最小的一种。

二、及物动词，一般用法。打洞。

⑥李清照《金石录后序》：在会稽，卜居土民钟氏舍，忽一夕～壁负五簏去。余悲恸不已，重立赏收赎。——穴壁：在墙上打洞，即挖穿墙壁（偷窃）。簏：竹子、柳条或藤条编成的圆形盛器。

⑦薛瑄《游龙门记》：道石峰东，穿石崖，横竖施木，凭空为楼。楼心～板，上置井床辘轳，悬缟汲河。——穴板：在板上穿穴。道石峰东：取道石峰之东，从石峰东面走。井床：井栏。缟：绳索。汲河：汲水于河。

严 yán

本用：形容词。紧急；严厉。

①《孟子·公孙丑下》：事~，虞不敢请。——丧事紧急，充虞我（虽有疑问）但是却不敢请教。虞：充虞，孟子的学生。

②《韩非子·难四》：君明而~，则群臣忠。——严：严厉。

③《汉书·司马迁传》：家法~而少恩。

活用：及物动词，使动用法。使……严。

④《墨子·非攻中》：今尽士民之死，~上下之患，以急虚城，则是弃所不足而重所有余也。——严上下之患：使上下的祸患更加危急。急虚城：使空虚之城更加危急。

⑤《荀子·王制》：然后渐庆赏以先之，~刑罚以纠之。——然后厚重地用庆赏来引导人民，严格地用刑罚来纠正人民。严刑罚：使刑罚严厉。渐：通“潜”，深。

⑥《韩非子·五蠹》：故明王峭其法而~其刑也。——峭其法而严其刑：使其刑法严峻。

⑦王安石《上仁宗皇帝言事书》：唯太学有教导之官，而亦未尝~其选。——严其选：使人选严格，即严格挑选人选。

腰（要） yāo

本用：名词。腰部。“要”是“腰”的古字。

①《荀子·礼论》：量~而带之。——度量腰的粗细给它做腰带。带：名词为动用法。

活用：及物动词，一般用法。佩于腰间。

②孙樵《书何易于》：刺史崔朴，尝乘春自上游多从宾客歌酒，泛舟东下，直出益昌旁。至则索民挽舟，易于即~笏引舟上下。——腰笏：把笏插在腰间。笏，亦名手板，上面可以记事。官员都执笏。乘

春：趁着春天的好时光。多从宾客歌酒：携带许多宾客随行，一路歌唱饮酒。引舟上下：（在江边纤道上）拉着船跑上跑下。引：牵，拉。

③宋濂《送东阳马生序》：同舍生皆被绮绣，戴朱缨宝饰之帽，~白玉之环。——腰白玉之环：腰间挂着白玉之环。被：穿着。朱缨宝饰之帽：有红色帽带并且缀着珠宝的帽子。

④汪琬《江天一传》：（江）天一~刀帓首，黑夜跨马，率壮士驰数十里，与狼兵鏖战祁门。——腰刀：腰间挂着刀。帓首：以巾裹头。

业 yè

本用：名词。职业；功业；基业。

①《周易·系辞上》：盛德大~，至矣哉！

②《国语·楚语上》：不谷不德，失先王之~。——不谷：不善，诸侯谦称自己。

③陶渊明《桃花源记》：武陵人以捕鱼为~。

活用：

一、及物动词，使动用法。使……建立功业。

④《战国策·齐策四》：是助王息其民者也，何以至今不~也？——不业：不使他成就功业。息：蕃殖。

⑤《战国策·齐策四》：此二士弗~，一女不朝，何以王齐国、子万民乎？——弗业：不让他们成就功业。

⑥李斯《谏逐客书》：今乃弃黔首以资敌国，却宾客以~诸侯。——业诸侯：使诸侯成就功业。

二、及物动词，意动用法。以……为业。

⑦刘基《卖柑者言》：吾~是有年矣，吾赖是以食吾躯。——业是：以是（指卖柑）为业。食吾躯：维持我的生命。

一（壹） yī

本用：数词。最小的整数；数目。"壹"同"一"。

①《论语·为政》：诗三百，~言以蔽之，曰：思无邪。

②《孟子·梁惠王上》：齐国虽褊小，吾何爱~牛？——齐国虽然不大，我何至于吝啬一头牛呢？

活用：及物动词，一般用法。实行一次。

③《左传·昭公元年》：兹心不爽，而昏乱百度。今无乃~（壹）之，则生疾矣。——心里不明白，而使百事昏乱，现在恐怕是心力用在一处，就生病了。

④《荀子·荣辱》：夫《诗》、《书》、《礼》、《乐》之分，固非庸人之所知也。故曰：~之而可再也，有之而可久也。——一之而可再也：（按照《诗》、《书》、《礼》、《乐》的根本原则）实行一次，就可以继续实行第二次。有之而可久：掌握诗书礼乐以后就可以使国家长久。

壹（一） yī

本用：形容词。专一；统一，一致。"一"同"壹"。

①《诗经·曹风·鸤鸠》：淑人君子，其仪~（一）兮。——一：专一。

②《左传·成公十三年》：是用宣之，以惩不~（一）。

③《荀子·王制》：和则~（一），~则多力。

④《韩非子·五蠹》：法莫如~（一）而固，使民知之。——一而固：一致而稳定。

活用：

一、及物动词，一般用法。专一使用。

⑤《韩非子·五蠹》：~（一）法而不求智。——专一地使用法

治而不求智巧。

二、及物动词，使动用法。使……统一；使……专一。

⑥《孙子·军争》：夫金鼓旌旗者，所以~（一）人之耳目也。——金鼓、旌旗是用来使军队视听统一起来的号令。

⑦《庄子·人间世》：若~（一）志，无听之以耳而听之以心，无听之以心而听之以气。——若一志：你使你自己的心志专一。

⑧《荀子·儒效》：法后王，~（一）制度，隆礼义而敦《诗》、《书》。——效法后王，使制度齐一，尊崇礼义而修习《诗》、《书》。

⑨《荀子·富国》：故先王明礼义以~之，致忠信以爱之，尚贤使能以次之。——壹之：使百姓齐心协力。

⑩《韩非子·定法》：申不害不擅其法，不~（一）其宪令则奸多故。—— 一其宪令：使其宪令一致。

⑪《战国策·秦策三》：塞私门之请，~楚国之俗。——壹楚国之俗：使楚国的风俗一致。

⑫《史记·赵世家》：故去就之度，智者不能~（一）；远近之服，圣贤不能同。—— 一（之）：使之统一。

⑬柳宗元《封建论》：将欲利其社稷，以~（一）其人之视听，则又有世大夫，食禄邑，以尽其封略。—— 一其人之视听：使人们之视听统一。利其社稷：使国家获利。

三、及物动词，意动用法。认为……一样。

⑭王羲之《兰亭集序》：固知~（一）死生之虚诞，齐彭殇为妄作。—— 一死生之虚诞：认为死生一样的说法是不真实的。齐彭殇为妄作：认为长生和短命相同的观点也是妄造的。彭：指彭祖，相传活了八百岁。殇：指殇子，幼年夭折的孩子。

衣 yī

本用：名词。衣服。古时上曰衣，下曰裳。

①《诗经·秦风·无衣》：岂曰无~，与子同袍。

②《诗经·邶风·绿衣》：绿兮～兮，绿～黄裳。

③《论语·里仁》：士志于道，则耻恶～恶食者，未足与议也。——读书人有志于真理，但又觉得自己吃粗粮穿破衣可耻，这种人不值得同他商议。

④《孟子·公孙丑上》：立于恶人之朝，与恶人言，如以朝～朝冠坐于涂炭。——站在坏人的朝廷里，同坏人说话，好比穿戴着礼服礼帽坐在泥路炭灰之上。

活用：

一、不及物动词。穿衣。

⑤《孟子·滕文公上》：许子必织布然后～乎？——许子：许行。

⑥《列子·说符》：昔齐人有欲金者，清旦，～冠而之市。——衣冠：穿上衣服戴上帽子。

⑦《庄子·马蹄》：彼民有常性，织而～，耕而食。——衣：穿衣。

⑧《韩非子·五蠹》：妇人不织，禽兽之皮足～也。

⑨《韩非子·五蠹》：不事力而～食则谓之能，不战功而尊则谓之贤。——衣食：穿衣吃饭。战功：建立战功。

二、及物动词，一般用法。穿。

⑩《论语·雍也》：赤之适齐也，乘肥马，～轻裘。——公西赤到齐国去，乘着肥马，穿着轻暖的皮袍。

⑪《左传·襄公五年》：（季文子）无～帛之妾，无食粟之马。——衣帛：穿丝绸之衣。

⑫《孟子·梁惠王上》：老者～帛食肉。——衣帛：穿帛（绵）衣。

⑬《列子·说符》：杨朱之弟曰布，～素衣而出，天雨，解素衣，～缁衣而反。——衣素衣：穿着白色的衣服。衣缁衣：穿黑色的衣服。

⑭《战国策·楚策三》：西施～褐，而天下称美。——衣褐：穿

着粗布短衣。

⑮《战国策 · 齐策一》：靖郭君～威王之衣冠，舞其剑。——衣威王之衣冠：穿戴着齐威王的衣帽。靖郭君：战国时齐威王的儿子田婴，封于薛，称薛公，靖郭君是他的封号。

⑯《史记 · 殷本纪》：纣兵败。纣走，人登鹿台，～其宝玉衣，赴火而死。——衣其宝玉衣：穿着他的宝玉衣。

⑰《史记 · 平准书》：天下已平，高祖乃令贾人不得～丝乘车。——衣丝：穿丝绸。贾人：商人。

三、及物动词，使动用法。使（让、给）……穿（衣服）。

⑱《左传 · 襄公二十七年》：免馀复攻宁氏，杀宁喜及右宰谷，尸诸朝。石恶将会宋之盟，受命而出。～其尸，枕之股而哭之。——衣其尸：给尸首穿上衣服。

⑲《左传 · 昭公十三年》：若见费人，寒者～之，饥者食之。——衣之：给他们衣服穿。食之：给他们饭吃。

⑳《荀子 · 富国》：夫天地之生万物也固有余，足以食人矣；麻葛、茧丝、鸟兽之羽毛齿革也固有余，足以～人矣。——天地生成万物本来是丰富有余，足以养活人民的；丝麻、鸟羽、兽革本来丰富有余，足以供给人民穿用的。

㉑《史记 · 淮阴侯列传》：汉王遇我厚，载我以其车，～我以其衣，食我以其食。——衣我以其衣：拿他的衣服给我穿。

㉒《史记 · 平津侯主父列传》：始吾贫时，昆弟不我～食，宾客不我内门。——不我衣食：不给我衣服穿，不给我饭吃。不我内门：不让我进门。内：同“纳”。

揖 yī

本用：动词。拱手为礼；作揖。

①《论语 · 八佾》：～让而升，下而饮。——互相作揖，然后登堂；走下堂来，然后（作揖）喝酒。

②《孟子·滕文公上》：门人治任将归，入~于子贡。——门徒各人收拾行李准备回去，走进子贡住处作揖（告别）。

活用：为动用法。向（对）……作揖。

③《左传·襄公十九年》：（齐侯）见卫在城上，号之，乃下。问守备焉，以无备告。~之，乃登。——揖之：向他（夙沙卫）作揖。号：叫。

④《左传·襄公二十六年》：道逆者，自车~之。——在道路上迎接（外国使者）的，在车中向他们作揖行礼。

⑤《史记·周本纪》：武王乃~诸侯，诸侯毕从。——揖诸侯：向诸侯作揖。

⑥《史记·范雎蔡泽列传》：（范雎）使人召蔡泽。蔡泽入，则~应侯。——揖应侯：向应侯作揖。应侯，指范雎。

⑦《史记·季布栾布列传》：曹丘至，即~季布曰："楚谚曰：'得黄金百斤，不如得季布一诺'。"——揖季布：向季布作揖。

⑧宗臣《报刘一丈书》：（客）出，~门者曰："官人幸顾我！他日来，幸亡阻我也！"——揖门者：向守门人作揖。顾：关心、照顾。亡：通"毋"，不要。

疑 yí

本用：动词。怀疑，疑惑。

①《周易·乾·文言》：或之者，~之也。

②《论语·颜渊》：夫闻也者，色取仁而行违，居之不~。——至于闻，表面上似乎爱好仁德，实际行为却不如此，可是自己竟以仁人自居而不疑惑。

活用：使动用法。使……疑惑。

③《墨子·明鬼下》：今执"无鬼"者曰："鬼神者固无有。"旦暮以为教诲乎天下，~天下之众，使天下之众皆疑惑乎鬼神有无之别，是以天下乱。——疑天下之众：使天下人疑惑。

④《战国策·秦策三》：夫以曾参之贤与母之信也，而三人～之。——疑之：使她（曾参母亲）怀疑。

义 yì

本用：形容词。合理；有道理。

①《论语·公冶长》：其养民也惠，其使民也～。——他教养人民有恩惠，他役使人民合于道理。

②《论语·述而》：不～而富且贵，于我如浮云。——干不义之事而富贵，我看来好像浮云。

③《左传·隐公元年》：多行不～，必自毙。——毙：倒台。

活用：及物动词，意动用法。认为……正义（合理）。

④《墨子·节葬下》：此所谓便其习而～其俗者也。——便其习：认为他们的习惯便利。义其俗：认为他们的风俗是合理的。

⑤《左传·僖公二十三年》：下～其罪，上赏其奸，上下相蒙，难与处矣。——下义其罪：在下的从亡者把有罪的事作为正义。上赏其奸：在上的君主奖赏他们所做的坏事。

⑥《左传·文公十四年》：宋高哀为萧封人，以为卿，不～宋公而出，遂来奔。——不义宋公：认为宋公不义。萧封人：萧地管理疆界的官。

⑦《国语·鲁语下》：君之来也，非欲安身也，为国家之利也，故不惮勤远而听于楚，非～楚也，畏其名与众也。——非义楚：不是认为楚国有义（才前往的）。勤远：远途劳顿。

⑧《战国策·赵策一》：于是襄子～之，乃使使者持衣与豫让。——义之：认为他（豫让）有义气。

⑨《史记·晋世家》：（赵）盾与之食，食其半。问其故。曰："宦三年，未知母之存不，愿遗母。"盾～之，益与之饭肉。——盾义之：赵盾认为他（灵辄）有义。宦：做贵族的仆隶。遗：给。

⑩《三国志·蜀书·关羽传》：（张）辽以（关）羽言报曹公，

曹公~之。——曹公义之：曹操认为他（关羽）义气。

⑪《宋史·文天祥传》：弘范~之，遣使护送天祥至京师。——义之：认为他（文天祥）正义。

异 yì

本用：形容词。相互之间不同；奇特。

①《荀子·富国》：万物同宇而~体。

②《韩非子·五蠹》：世~则事~。——世：时代。事：指国家政治和社会情况。

③《后汉书·臧洪传》：洪体貌魁梧，有~姿。

④柳宗元《捕蛇者说》：永州之野产~蛇，黑质而白章。

活用：

一、及物动词，使动用法。使……不同。

⑤《庄子·天地》：彼且乘人而无天，方且本身而~形。——乘人：凌驾于宗人之上。无天：丧失自然之性。本身：以自身为本位。异形：使万物形体不同。

⑥《史记·五帝本纪》：自黄帝至舜、禹，皆同姓而~其国号。——异其国号：使其国号各不相同。

⑦《史记·李斯列传》：入则心非，出则巷议，非主以为名，~趣以为高。——异趣：使自己的志趣异于国君。

⑧《三国志·吴书·顾雍传》：臣闻有国有家者，必明嫡庶之端，~尊卑之礼，使高下有差，阶级逾邈。——异尊卑之礼：使尊卑之礼各不相同。

⑨《三国志·魏书·高堂隆传》：隆又以为改正朔，易服色，殊徽号，~器械，自古帝王所以神明其政，变民耳目。——异器械：使器械不同于以前。

二、及物动词，意动用法。认为……奇持。

⑩《史记·孔子世家》：孔子长九尺有六寸，人皆谓之“长人”

而~之。——异之：认为他奇特。

⑪《史记·留侯世家》：（张）良因~之，常习诵读之。——异之：认为它（《太公兵法》）不同于一般。

⑫《史记·留侯世家》：来，以为客，时时从入朝，令上见之，则必~而问之。——异（之）：认为他们不同于一般。“异”后省宾语“之”。上：皇上，指汉高祖刘邦。

⑬陶渊明《桃花源记》：渔人甚~之。——异之：认为它奇异。

邑 yì

本用：名词。国都；城邑。

①《诗经·商颂·殷武》：商~翼翼，四方之极。——商邑：商朝的京城。翼翼：整齐的样子。

②《左传·桓公十一年》：君次于郊郢，以御四~。——四邑：指随、绞、州、蓼等四个小国。次：临时驻扎。郢：地名。御：防御。

③《荀子·富国》：入其境，其田畴秽，都~露，是贪主已。——进入他的国家，他那里的田地荒芜，城邑败露，这说明他是贪婪的君主。

活用：

一、不及物动词。建邑。

④《孟子·梁惠王下》：昔者大王居邠，狄人侵之。……去邠，逾梁山，~于岐山之下居焉。——古时候太王居于邠地，狄人来侵犯他。……于是离开邠地，越过梁山，在岐山之下建立了一个城邑而定居下来。邠：同“豳”，地名，在今陕西省栒邑县西。

⑤《史记·五帝本纪》：北还荤粥，合符釜山，而~于涿鹿之阿。——邑于涿鹿之阿：在涿鹿山阿建邑。荤粥：音 xūnyù，地名。

二、及物动词，使动用法。使……建邑。

⑥《史记·吴太伯世家》：有过又欲杀少康，少康奔有虞。有虞

思夏德，于是妻之以二女而~之于纶。——邑之于纶：让他（少康）在纶（虞国地名）这个地方建邑。妻之以二女：把两个女儿嫁给他为妻。

易 yì

本用：形容词。容易。与“难”相对。

①《论语·泰伯》：三年学，不至于谷，不~得也。——读书三年，而不存做官的念头，这是难得的。谷：古代以谷米为俸禄，所以“谷”有“禄”的意义。

②《商君书·定分》：行法令，明白~知。

③《史记·淮阴侯列传》：夫功者，难成而~败。

活用：

一、不及物动词，使动用法。使……容易。

④《墨子·亲士》：是故君子自难而~彼，众人自~而难彼。——所以君子让自己困难一些，而使别人便易；而一般人让自己容易一些，使他人困难一些。难：形容词使动用法。

二、及物动词，意动用法。以……为易。

⑤《韩非子·观行》：离朱~百步而难眉睫。——离朱觉得看清百步之外的东西很容易，而看到自己的眉毛却很难。离朱：传说中视力极好的人。

⑥《史记·仲尼弟子列传》：子之所难，人之所~；子之所~，人之所难。——你认为难的，别人认为容易；你认为容易的，别人认为难。

⑦《史记·李斯列传》：岂跛也而~百仞之高哉！——哪里有跛子认为登上百仞高峰是很容易的呢。

⑧《新序·杂事》：惜矣，吾先王之听，难剖石而~斩人之足。——难剖石：把剖开玉石看得很难。易斩人之足：把斩断人的脚看得很容易。

益 yì

本用：名词。利益，好处。

①《尚书·大禹谟》：满遭损，谦受~。

②《论语·卫灵公》：吾尝终日不食、终夜不寝以思，无~，不如学也。

活用：及物动词，使动用法。使……得益。

③《三国志·魏书·中山恭王曹兖传》：修身自守，常人之行耳，而诸君乃以上闻，……是非~我者。——益我：使我得益。

④《三国志·吴书·张昭传》：（孙）权曰："孤岂为子布有爱乎？领丞相事烦，而此公性刚，所言不从，怨咎将兴，非所以~之也。"——非所以~之：这不是用来使他得益的办法。

饮 yǐn

本用：动词。喝。

①《山海经·海外北经》：~于河、渭，河、渭不足，北~大泽。——河、渭：黄河和渭水。大泽：大湖。

②《荀子·大略》：~而不食者，蝉也。

活用：使动用法。使……喝。

③《左传·庄公十二年》：陈人使妇人~之酒。——饮之酒：使她喝酒。

④《左传·宣公二年》：秋九月，晋侯~赵盾酒。——饮赵盾酒：让赵盾喝酒。

⑤《国语·晋语五》：伯宗曰："吾~诸大夫酒，而与之语，尔试听之。"——饮诸大夫酒：让诸大夫饮酒。

缨 yīng

本用：名词。绳子。

①《汉书·终军传》：（终）军自请："愿受长~，必羁南越王而致阙下。"——终军：汉将，汉武帝曾派他出使南越。

活用：及物动词，一般用法。捆绑。

②曹植《求自试表》：昔贾谊弱冠，求试属国，请系单于之颈而制其命；终军以妙年使越，欲得长缨~其王，羁致北阙。——弱冠：指男子二十岁左右的年龄。

友 yǒu

本用：名词。朋友。

①《论语·泰伯》：昔者吾~尝从事于斯矣。——从前我的一位朋友曾经这样做了。

②《孟子·梁惠王下》：王之臣有托其妻子于其~而之楚游者。——您的臣子中，有个把妻室儿女托付给他的朋友，而自己到楚国去远游的人。之：往，到……去。

活用：

一、不及物动词。交朋友。

③《战国策·齐策四》：不~乎诸侯。——友乎诸侯：跟诸侯交朋友。

④《史记·廉颇蔺相如列传》：身所奉饭饮而进食者以十数，所~者以百数。——身：亲身，亲自。所友者：所结为朋友的人。

二、及物动词，一般用法。跟……交朋友。

⑤《论语·学而》：无~不如己者。——不要跟不如自己的人交朋友。

⑥《论语·季氏》：益者三友，损者三友。~直，~谅，~多

闻，益矣。~便辟，~善柔，~便佞，损矣。——有益的交友有三种，有害的交友也有三种。同正直的人交朋友，同信实的人交朋友，同见闻广博的人交朋友，是有益的。同谄媚奉承的人交朋友，同当面恭维、背后毁谤的人交朋友，同夸夸其谈的人交朋友，是有害的。

⑦《孟子·公孙丑上》：伯夷，非其君不事，非其友不~。——伯夷，不是他理想的君主不侍奉，不是他理想的朋友不结交。“友”后省略了宾语“之”。

⑧《荀子·性恶》：得贤师而事之，则所闻者尧舜禹汤之道也；得良友而~之，则所见者忠信敬让之行也。——友之：与他们交朋友。

⑨《韩非子·外储说左下》：吾不臣天子，不~诸侯，耕作而食之，掘井而饮之，吾无求于人也。——友诸侯：跟诸侯交朋友。臣天子：做天子的臣子。

⑩《荀子·云赋》：（云）~风而子雨。——（云）与风为友，以雨为子。

三、及物动词，意动用法。以……为友。

⑪苏轼《赤壁赋》：况吾与子渔樵于江渚之上，侣鱼虾而~麋鹿。——侣鱼虾而友麋鹿：把鱼虾、麋鹿看作自己的伴侣、朋友。

右 yòu

本用：名词。右边。

①《左传·成公二年》：韩厥梦子舆谓己曰：“旦辟左~。”

②《左传·成公二年》：从左~，皆肘之，使立于后。

③《孙子·虚实》：备左则~寡，备~则左寡。

活用：

一、不及物动词。站在右边。

④《韩非子·外储说左下》：齐桓公将立管仲为仲父，令群臣曰：“寡人将立管仲为仲父，善者入门而左，不善者入门

而~。”——入门而右：进门以后站在右边。仲父：帝王尊称大臣。善者：认为好的人，就是赞成的人。入门而左：进门以后往左边站。

⑤《韩非子·外储说左下》：善者左，不善者~。

二、及物动词，使动用法。使……向右。

⑥《国语·吴语》：王乃命有司大徇于军曰：“谓二三子归而不归，处而不处，进而不进，退而不退，左而不左，~而不右，身斩，妻子鬻。”——右而不右：命令他向右而不向右。前一个“右”后省宾语“之”。徇：对众宣示。归而不归：命令他回来而不回来。处而不处：命令他停止而不停止。进而不进：命令他前进而不前进。退而不退：命令他后退而不后退。左而不左：命令他向左而不向左。鬻：卖掉。

⑦《韩非子·外储说左下》：然而驱之不前，却之不止，左之不左，~之不右。——但是驱赶它，它不向前；叫它后退，它不停止；叫它向左，它不向左；叫它向右，它不向右。

幼 yòu

本用：名词。幼儿，小孩儿。

①《论语·微子》：长~之节，不可废也。——长幼间的关系，是不可能废弃的。

活用：及物动词，意动用法。把……当作年幼人看待。

②《孟子·梁惠王上》：老吾老，以及人之老；~吾幼，以及人之幼。——老吾老：把我的长辈当作长辈（来尊敬）。幼吾幼：把我的孩子当作孩子（来抚爱）。

③张载《西铭》：尊高年，所以长其长；慈孤弱，所以~其幼。——幼其幼：把孩子们当作孩子疼爱。长其长：把长辈们当作长辈尊重。

娱 yú

本用：形容词。快乐，欢娱。

①《诗经·郑风·出其东门》：缟衣茹藘，聊可与～。——茹藘：即茜草，其根可作绛红色染料，引申指绛红色。这里指代绛红色的头巾。

②《史记·司马相如列传》：窃闻长卿好之，愿以自～。——长卿：司马相如的字号。

活用：及物动词，使动用法。使……欢娱。

③《韩非子·孤愤》：昔者郑武公欲伐胡，故先以其女妻胡君，以～其意。——娱其意：使他的心意愉悦。

④李斯《谏逐客书》：所以饰后宫，充下陈，～心意，说耳目者，……——娱心意：使心意欢娱。下陈：堂下。说：同“悦”。说耳目：使耳目满足。

⑤《史记·司马相如列传》：王悉发境内之士，而备车骑之众，以出田，乃欲戮力致获，以～左右也。——田：同“畋”，打猎。戮：协力。

⑥白居易《与元九书》：又昨过汉南日，适遇主人集众乐～他宾。——娱他宾：使别的宾客快乐。昨：往日。汉南：汉水以南，白居易谪居江州时路过。众乐：许多乐人。

⑦曾巩《墨池记》：方羲之不可强而仕，而尝极东方，出沧海，以～其意于山水之间。——娱其意：使自己的心意愉悦。

愚 yú

本用：形容词。愚昧，愚蠢。

①《庄子·天地》：知其～者，非大～也；知其惑者，非大惑也。

②《荀子·修身》：非是，是非，谓之～。——非是：把对的当作错的。非，形容词意动用法。是非：把错的当作对的。是，形容词意动用法。

③韩愈《〈张中丞传〉后叙》：虽至～者不忍为。

活用：

一、及物动词，使动用法。使……愚昧。

④《老子》：古之为治者，将以～民。

⑤贾谊《过秦论上》：于是废先王之道，焚百家之言，以～黔首。——愚黔首：使老百姓愚昧。黔，黑色。黔首，秦时统治者对百姓的称呼。

⑥《史记·李斯列传》：始皇可其议，收去《诗》、《书》百家之语以～百姓，使天下无以古非今。

二、及物动词，意动用法。认为……愚昧。

⑦《吕氏春秋·知度》：人主自智而～人。——人主认为自己聪明，而别人愚蠢。

⑧《韩非子·难三》：夫差智太宰嚭而～子胥。——愚子胥：认为伍子胥愚笨。

雨 yǔ

本用：名词。空中的水汽结成而下降的小水点。

①《诗经·小雅·大田》：有渰萋萋，兴～祁祁。——渰：云雾水汽。萋萋、祁祁：都是众多的样子。

②《孟子·梁惠王上》：天油然作云，沛然下～。

活用：不及物动词。下雨。

③《庄子·在宥》：云气不待族而～，草木不待黄而落。——族：聚结。

④《战国策·魏策一》：文侯与虞人期猎，是日饮酒乐，天～，文侯将出。左右曰："今日饮酒乐，天又～，公将焉之?"——焉之：

往哪儿去。

⑤《战国策·燕策二》：今日不~，明日不~，即有死蚌。

冤 yuān

本用：形容词。冤枉，冤屈。

①《楚辞·九章·怀沙》：抚情效志兮，~屈而自抑。

活用：及物动词，意动用法。认为……冤枉。

②《三国志·魏书·崔琰传》：（崔）琰最为世所痛惜，至今~之。——冤之：认为他冤枉。

③《三国志·魏书·杨俊传》：（杨）俊曰："吾知罪矣。"遂自杀。众~痛之。——冤痛之：认为他冤枉并痛惜他。

④《三国志·吴书·吴主五子传》：（孙权）竟徙（孙）和于故鄣，群司坐谏诛放者十数，众咸~之。——众咸冤之：大家都认为他们冤枉。坐谏：因进谏而被治罪。

远 yuǎn

本用：形容词。空间或时间的距离长，与"近"相对。

①《诗经·邶风·雄雉》：道之云~，曷云能来？——云：语气词。曷：什么时候。

②《论语·学而》：有朋自~方来，不亦乐乎？

③《孟子·公孙丑上》：若是，则夫子过孟贲~矣。——夫子：老师，这里指孟子。孟贲：古代勇士。

④《吕氏春秋·大乐》：音乐之所由来者~矣。

⑤司马迁《报任安书》：刑余之人，无所比数，非一世也，所从来~矣。——刑余之人：受过刑的人。无所比数：没有放在一起（即同类中）来计算的。

活用：

一、及物动词，一般用法。远离。

⑥《汉书·张骞传》：又自以～远汉，殊无报胡之心。——又自以为远离遥远的汉朝，一点儿没有报复匈奴的意思。

⑦《汉书·张骞传》：匈奴遣兵击之，不胜，益以为神而～之。——匈奴派兵攻打他，没有打败他，更认为昆莫真有神助，就远远地避开他。

二、及物动词，使动用法。使……远。

⑧《论语·学而》：恭近于礼，～耻辱也。——态度容貌的庄矜合于礼，就能远离遭受侮辱。

⑨《论语·泰伯》：动容貌，斯～暴慢矣。——严肃自己的容貌，就可以使粗暴和傲慢远离自己。

⑩《论语·卫灵公》：放郑声，～佞人。郑声淫，佞人殆。——舍弃郑国的乐曲，斥退小人。郑国的乐曲靡曼淫秽，小人危险。

⑪《孟子·梁惠王上》：君子之于禽兽也，见其生，不忍见其死；闻其声，不忍食其肉。是以君子～庖厨也。——远庖厨：把厨房建在远离自己的地方。庖厨：厨房。

⑫《孟子·滕文公下》：驱虎、豹、犀、象而～之，天下大悦。——驱赶老虎、豹子、犀牛、大象，把它们赶得远远的，天下的百姓非常高兴。

⑬《史记·孝文本纪》：朕既不明，不能～德。——远德：把我的恩德广施远方。

⑭《史记·匈奴列传》：单于闻之，～其辎重，以精兵待于幕北。——远其辎重：使其辎重远离。幕北：同"漠"。

⑮诸葛亮《出师表》：亲贤臣，～小人，此先汉所以兴隆也。——远小人：使小人远离自己。

三、及物动词，意动用法。以……为远。

⑯《孟子·梁惠王上》：叟不～千里而来，亦将有以利吾国乎？——老先生您不以千里为远而来，将有什么有利于我的国家吧？

⑰《战国策·秦策一》：今先生俨然不～千里而庭教之。——庭：作状语，在大庭上。

月 yuè

本用：名词。月亮；时间单位，月缺到月圆为1个月。

①《论语·雍也》：回也，其心三～不违仁。——回：颜回。三月：三个月，此指时间长久。不违仁：不离开仁。

②《荀子·天论》：在天者莫明于日月，在地者莫明于水火。

活用：作状语。每月，一月月地。

③《孟子·滕文公下》：请损之，～攘一鸡，以待来年然后已。——月：每月。攘：扣留跑来的家禽牲畜，和“偷”有些不同。损：减少。

④苏洵《六国论》：有如此之势，而为秦人积威之所劫，日削～割，以趋于亡。——日削月割：一天天、一月月地削弱。

悦₁（说） yuè

本用：动词。喜欢。说，同“悦”。

①《论语·雍也》：非不～（说）子之道，力不足也。——不是不喜欢您的学说，是力量不够。

②《孟子·公孙丑上》：当今之时，万乘之国行仁政，民之～之，犹解倒悬也。——现在这个时候，拥有万乘兵车的大国实行仁政，老百姓喜欢他们，就好像被人倒挂着而给解救了一般。

③《韩非子·五蠹》：海内～（说）其仁、美其义而为服役者七十人。——说其仁：喜欢他的仁道。

④《史记·商君列传》：商君曰：“子不～（说）吾治秦与？”——商君说：“你不喜欢我治理秦国（的方式）吗？”

活用：使动用法。使……悦。

⑤《孟子·离娄上》：~亲有道，反身不诚，不悦于亲矣。——要使父母喜欢自己是有方法的，（首先要诚心诚意，）若是反躬自问，心意不诚，也就不能使父母喜欢自己了。

⑥《孟子·离娄下》：故为政者，每人而~之，日亦不足矣。——所以搞政治的人，如果一个一个地去让人们喜欢，那时间也就不够用了。

悦$_2$（说） yuè

本用：形容词。快乐，高兴。说，同"悦"。

①《论语·学而》：学而时习之，不亦~（说）乎？

②《孟子·梁惠王下》：取之而燕民~，则取之。——如果攻取它（燕国）而燕国的百姓很高兴，就攻取它。

③《庄子·徐无鬼》：武侯大~而笑。

活用：及物动词，使动用法。使……悦。

④《左传。襄公十年》：及河，王复之，杀史狡以~（说）焉。——（王叔陈生）到达黄河，周天子让他官复原位，杀了史狡（人名）以让他高兴。

⑤《孟子·告子上》：故理义之~我心，犹刍豢之~我口。——所以，理义使我高兴，正如牛羊猪狗的肉使我的嘴快感一样。刍豢：吃草的家畜叫刍，例如牛羊；吃谷的家畜叫豢，例如猪狗。

⑥《韩非子·扬权》：曼理皓齿，~（说）情而捐精。——女人的美貌令人情性摇荡，却有损于精气。曼理：细腻的皮肤。皓齿：洁白的牙齿。曼理皓齿：形容女人的美貌。

⑦《史记·仲尼弟子列传》：今王诚发士卒佐之以徼其志，重宝以~（说）其心，卑辞以尊其礼，其伐齐必也。——说其心：使他心中高兴。其：指吴王夫差。

云 yún

本用：名词。云彩。

①《论语·述而》：不义而富且贵，于我如浮～。

②《孟子·梁惠王上》：天油然作～，沛然下雨，则苗浡然兴之矣。

活用：作状语。像云一样地……

③《史记·淮阴侯列传》：天下初发难也，俊雄豪杰，建号一呼，天下之士～合雾集。

④《史记·匈奴列传》：故其见敌则逐利，如鸟之集；其困败，则瓦解～散矣。——瓦解云散：像瓦一样地解体，像云一样地消散。

⑤《三国志·吴书·鲁肃传》：今汉室倾危，四方～扰。——云扰：像云一样地纷乱。

贼 zéi

本用：名词。害人者。

①《荀子·修身》：故非我而当者，吾师也；是我而当者，吾友也；谄谀我者，吾～也。——非：否定，批评。当：恰当，正确。是：肯定。

活用：及物动词，意动用法。认为……是贼。

②《荀子·修身》：心如虎狼，行如禽兽，而又恶人之～己也。——恶人之贼己：讨厌别人把自己看作贼子。

战 zhàn

本用：动词。作战，战斗。

①《孟子·梁惠王上》：邹人与楚人～。

活用：使动用法。使……作战。

②《孟子·尽心下》：梁惠王以其土地之故，糜烂其民而~之。——战之：驱使百姓作战。

③《战国策·秦策一》：未烦一兵，未~一士……诸侯相亲，贤于兄弟。——未战一士：没有让一个士兵作战。

④《史记·张仪列传》：夫~孟贲、乌获之士以攻不服之弱国，无异垂千钧之重于鸟卵之上，必无幸矣。——战孟贲、乌获之士：率领孟贲、乌获般的战士作战。孟贲：卫国勇士。乌获：秦国的大力士。

彰 zhāng

本用：形容词。明显，显著。

①《荀子·劝学》：顺风而呼，声非加疾也，而闻者~。——加：更加。

活用：及物动词，使动用法。使……彰明。

②《史记·鲁周公世家》：今天动威以~周公之德，惟朕小子其迎。——彰周公之德：使周公的恩德彰明。

③《史记·宋微子世家》：为人臣谏不听而去，是~君之恶而自说于民。——彰君之恶：使君主的错处彰明。自说于民：让人民喜欢自己。

④《史记·孟尝君列传》：焚无用虚债之券，捐不可得之虚计，令薛民亲君而~君之善声也。——彰君之善声：使您的慈善的名声彰明。捐：捐弃。虚计：空头账目。

长$_1$ zhǎng

本用：名词。长者；长官。

①《论语·微子》：~幼之节，不可废也。

②《孟子·梁惠王下》：君行仁政，斯民亲其上死其~矣。——亲

其上死其长：爱戴他们的上级，情愿为他们的长官而死。

活用：

一、及物动词，一般用法。做长官。

③《左传·襄公九年》：体仁足以～人。——体现了仁就足以做别人的首领。

④《孟子·公孙丑下》：辅世～民莫如德。——辅佐当世的（君主），做人民的长官，没有什么能比得上道德。

⑤《战国策·楚策一》：子无敢食我也！天帝使我～百兽，今子食我，是逆天帝命也。——长百兽：做百兽之长。

⑥崔铣《记王忠肃公翱三事》：而翁～铨，迁我京职，则汝朝夕侍母；且迁我如振落叶耳，而固吝者何？——而翁长铨：你老子为吏部之长（尚书）。铨，铨选，吏部按照规定任用官吏。这里以“铨”指代吏部。吝：吝惜，舍不得。

二、及物动词，意动用法。看作长者。

⑦《孟子·离娄上》：人人亲其亲、～其长，而天下平。——每个人都把自己的双亲当作父母（赡养），把自己的长者当作长者（侍奉），天下就太平了。

⑧《孟子·告子上》：～楚人之长，亦～吾之长。——把楚国人的长者看作长者（来恭敬），也把自己的长者看作长者。

长₂ zhǎng

本用：动词。生长，成长；增长。

①《周易·泰》：内君子而外小人，君子道～，小人道消也。

②《孟子·公孙丑上》：今日病矣，予助苗～矣。——病：疲劳。

活用：使动用法。使……成长，使……增长。

③《左传·僖公三十三年》：堕军实而～寇仇，亡无日矣。——毁掉战果而助长敌人的志气，亡国没有几天了。

④《孟子·告子下》：~君之恶其罪小，逢君之恶其罪大。——长君之恶：助长君主的恶行。逢：逢迎。

⑤《礼记·礼运》：使老有所终，壮有所用，幼有所~。——使老人有终其晚年的条件，壮年人有使用他们的地方，小孩子有使他们成长的措施。

⑥《史记·周本纪》：姜原以为神，遂收养~之。初欲弃之，因名曰弃。——长之：使他长大。姜原：亦作姜嫄，周始祖后稷的母亲。弃：后稷的名。

昭 zhāo

本用：形容词。明显，昭著。

①《诗经·小雅·鹿鸣》：我有嘉宾，德音孔~。——德音：美好的声望。孔：很。

②《论语·尧曰》：予小子履敢用玄牡，敢~告于皇皇后帝：有罪不敢赦。——予小子：上古帝王自称之词。履：商汤王的名。敢：表敬副词。用玄牡：用黑色的公牛（作祭祀的牺牲）。昭告：明明白白地禀告。皇皇：光明、伟大。后：义同"帝"。后帝，此指天帝。

活用：及物动词，使动用法。使……彰明，使……昭著。

③《左传·桓公二年》：君人者将~德塞违，以临照百官。——昭德塞违：使道德昭明，阻塞邪恶。

④《左传·襄公二十八年》：是故作坛以~其功，宣告后人，无怠于德。——昭其功：使其功德昭著。

⑤《国语·楚语下》：明德以~之，和声以听之。——圣明之德，以使自己对神灵的孝敬之心彰明昭著；中和之声，以让神灵谛听享用。

⑥《三国志·吴书·张缴传》：自古帝王受命之君，虽有皇灵佐于上，文德播于下，亦赖武功以~其勋。——昭其勋：使他们的功勋昭著。

阵（陈） zhèn

本用：名词。战阵，军阵。陈：同“阵”。

①《论语·卫灵公》：卫灵公问～（陈）于孔子。——卫灵公向孔子问军阵之事。

②《孙子·军争》：无邀正正之旗，勿击堂堂之～。——邀：拦击，截击。旗：这里指代部队。正正：严整。堂堂：宏大。

活用：不及物动词。列阵，布阵。

③《左传·成公二年》：癸酉，（晋）师～（陈）于鞍。——阵：摆开阵势。

④《史记·楚世家》：吴兵之来，楚使子常以兵迎之，夹汉水～。——夹汉水阵：在汉水两岸摆开阵势。

⑤《盐铁论·本议》：善战者不师，善师者不～。——善战者不一定用兵，善于用兵者不一定布阵。师：名词用作不及物动词。

争 zhēng

本用：动词。竞争；争执，争论。

①《论语·八佾》：君子无所～。必也射乎！揖让而升，下而饮。其～也君子。——君子没有什么可竞争的。（如果有，）一定是射箭吧！射箭前相互作揖而后升堂，射箭后走下堂来一块儿喝酒。这种竞争是君子式的。

②《战国策·赵策三》：鄂侯～之急，辨之疾。——鄂侯：商纣王时的诸侯。

活用：为动用法。为……而争。

③《韩非子·内储说上·七术》：张仪欲以秦、韩与魏之势伐齐、荆，而惠施欲以齐、荆偃兵，二人～之。——二人争之：两个人为此而争执起来。

④《史记·秦本纪》：卫鞅说孝公变法修刑，内务耕稼，外劝战死之赏罚，孝公善之。甘龙、杜挚等弗然，相与～之。——相与争之：两人一起同他（卫鞅）争论起来。善之：认为这意见很好。弗然：认为这不对。

⑤《史记·伍子胥列传》：自若未立时，诸公子～立，我以死～之于先王。——争立：为做王位继承人而相争。争之于先王：为此事同先王争辩。若：你。

⑥《史记·魏其武安侯列传》：此天下壮士，非有大恶，～杯酒，不足引他过以诛也。——争杯酒：为一杯酒而争吵起来。

正 zhèng

本用：形容词。端正；正当；正直。

①《论语·乡党》：席不～，不坐。

②《论语·子路》：名不～，则言不顺。

③《论语·宪问》：晋文公谲而不～，齐桓公～而不谲。——谲：权变。

活用：及物动词，使动用法。使……端正、正常、正当。

④《论语·乡党》：君赐食，必～席先尝之。——正席：摆正席位。

⑤《论语·子路》：必也～名乎！—— 一定要使名分正当。

⑥《论语·尧曰》：君子～其衣冠。——正其衣冠：使其衣冠端正。

⑦《左传·襄公七年》：～曲为直。——纠正曲是直。

⑧《孟子·滕文公下》：我亦欲～人心。——正人心：使人心端正。

⑨《庄子·德充符》：受命于天，唯舜独也正，幸能～生以～众生。——人类受命于天，只有舜独自正中（既不过，也不不及），正是端正了自己的品性才能使众人的品性端正。

直 zhí

本用：形容词。正直；正确。

①《论语·宪问》：以~报怨，以德报德。——用公平正直来回答怨恨，用恩惠来报答恩惠。

②《荀子·修身》：是谓是，非谓非，曰~。

活用：

一、及物动词，使动用法。使……正直。

③《孟子·滕文公上》：匡之~之，辅之翼之。——纠正人们，使人们正直；辅佐人们，保护人们。

④《孟子·滕文公下》：枉己者，未有能~人者也。——允许自己不正直的人，从来没有能使别人正直的。

二、及物动词，意动用法。认为……正确、对。

⑤《史记·魏其武安侯列传》：上自魏其时，不~武安，特为太后故耳。——不直武安：不认为武安理由正确。自：通“罪”，自魏其即对魏其定罪。特：仅仅。

质 zhì

本用：名词。人质。

①《左传·隐公三年》：故周郑交~。王子狐为~于郑，郑公子忽为~于周。——交质：交换人质。

②《战国策·赵策四》：必以长安君为~，兵乃出。

活用：

一、不及物动词。做人质。

③《战国策·赵策四》：于是为长安君约车百乘，~于齐，齐兵乃出。——质于齐：到齐国做人质。约车：整束车辆。

④《战国策·秦策五》：秦子异人~于赵。——秦子异人：秦孝

文王之子，即后来的秦庄襄王。

二、及物动词，一般用法。做人质。

⑤《史记·齐太公世家》：晋伐齐，齐以公子强～晋，晋兵去。——质晋：到晋国做人质。去：退去。

三、及物动词，使动用法。让……为质。

⑥《左传·僖公十五年》：归之而～其大子，必得大成。——放他（晋侯）回国而让他的太子来做人质，一定能够得到很有利的媾和条件。成：媾和。

⑦《左传·成公二年》：必～其母以为信。—— 一定要让他（齐侯）的母亲做人质以表示诚信。

智（知） zhì

本用：形容词。聪明。知，同“智”。

①《庄子·胠箧》：然则乡之所谓～者，不乃为大盗积乎？——乡：通“向”，以前，先前。积：此指收拾好财物。

②《韩非子·主道》：明君之道，使～者尽其虑。——尽其虑：用尽他们的思虑。

活用：及物动词，意动用法。认为……聪明。

③《韩非子·说难》：宋有富人，天雨，墙坏。其子曰：“不筑，必将有盗。”其邻人之父亦云，暮而果大亡其财。其家甚～其子，而疑邻人之父。——甚智其子：认为他儿子很聪明。

④《韩非子·难三》：夫差～太宰嚭而愚子胥。——吴王夫差认为太宰嚭聪明，而认为伍子胥愚笨。

⑤《吕氏春秋·知度》：人主自～而愚人。——君主认为自己明智而别人愚蠢。

重 zhòng

本用：形容词。沉重；重要，贵重，厚重；严厉。

①《周礼·秋官·大司寇》：三曰刑乱国用~典。——刑：治理。重典：重法。

②《论语·泰伯》：士不可以不弘毅，任~而道远。——弘毅：胸怀宽广而刚毅。任重：任务重大。

③《墨子·尚贤上》：有能则举之。高予之爵，~予之禄。——予：给予。

④《左传·昭公二十九年》：昭公共奔，民如释~负。

⑤《礼记·中庸》：忠信~禄，所以劝士也。

活用：

一、及物动词，使动用法。使……重。

⑥《墨子·兼爱下》：禹之征有苗也，非以求以~富贵。——重富贵：增加他的富有和尊贵。

⑦《左传·僖公十五年》：不图晋忧，~其怒也。——重其怒：加重他们的愤怒。

⑧《佐传·宣公十二年》：今天或者大警晋也，而又杀林父以~楚胜，其无乃久不竞乎！——现在上天恐怕是要大大地警戒晋国了，但是我们又要杀掉荀林父以增加楚国的胜利，这恐怕好久都不能强盛吧。荀林父：晋国将领。竞：强劲，强盛。

⑨《左传·成公十三年》：昔逮我献公及穆公相好，戮力同心，申之以盟誓，~之以昏姻。——过去自我们献公就和（秦）穆公相友好，合力同心，用盟誓申明这种友好关系，再用婚姻加深这种关系。

⑩《左传·襄公三年》：子无~寡人之过。——您不要加重寡人的过错。

⑪《左传·襄公二十二年》：泄命~刑，臣亦不为。——泄命重

刑：泄漏命令而加重刑罚。

⑫《左传·昭公元年》：勉速行乎，无~而罪！——重而罪：加重你的罪过。勉：勉力。速行：快快逃走。

⑬《战国策·楚策三》：楚王令昭雎之秦~张仪。——重张仪：使张仪被（秦国）重用。

⑭《史记·殷本纪》：百姓怨望而诸侯有畔者，于是纣乃~刑辟。——重刑辟：加重刑法。辟，法。畔：通“叛”。

⑮《史记·秦始皇本纪》：二世受之，因而不改，暴虐以~祸。——重祸：加重祸患。二世：指秦二世胡亥。因：因袭。

⑯《史记·李斯列传》：今（周）青臣等又面谀以~陛下之过，非忠臣。——重陛下之过：加重陛下的过错。周青臣：秦朝仆射，主管射事的官员。面谀：当面阿谀奉承。

⑰《史记·樗里子甘茂列传》：王不若~其贽、厚其禄以迎之。——重其贽：加重礼物。

二、及物动词，意动用法。认为……重要、贵重，觉得……重要、贵重。

⑱《墨子·亲士》：臣下~其爵位而不言，近臣则喑，远臣则吟。——臣子看重自己的爵位而不敢言说，近臣默不作声，远臣只能嗟叹。

⑲《韩非子·显学》：今上尊贵轻物~生之士，而索民之出死而~殉上事，不可得也。——如果君主让轻视物质利益看重自己生命的人尊贵起来，而要求人民为之拼命，重视君主的事业并为之而牺牲，那是不可能的。

⑳《韩非子·五蠹》：今之县令，一日身死，子孙累世絜驾，故人~之。——今天的县令，一旦他死了，他的子孙世世乘车，因此人们看重它。

㉑《战国策·秦策二》：夫秦王之所以~王者，以王有齐也。——秦王之所以看重大王，是因为大王有齐国。

㉒《战国策·楚策三》：韩、魏之~仪，仪有秦而雎以楚重

之。——韩国、魏国之所以看重张仪，是因为张仪具有秦国（作资本）并且昭雎凭借楚国使张仪（为二国）所看重。昭雎：楚臣。

㉓《战国策·赵策三》：王能～王之国若此尺帛，则王之国大治矣。——重王之国若此尺帛：像看重这尺帛一样看重大王的国家。尺帛：小块丝织物。

㉔《史记·苏秦列传》：故日秦之攻燕也，战于千里之外；赵之攻燕也，战于百里之内。夫不忧百里之患而～千里之外，计无过于此者。——重千里之外：着重千里之外（的事），指秦国攻打燕国。过：错。

周 zhōu

本用：形容词。周遍，完全。

①《史记·秦始皇本纪》：亲巡天下，～览远方。

活用：及物动词，一般用法。周游，走遍。

②晁错《论贵粟疏》：其为物轻微易臧，在于把握，可以～海内而亡饥寒之患。——周海内：周游海内，走遍海内。臧：同“藏”。

肘 zhǒu

本用：名词。胳膊肘。

①《左传·成公二年》：自始合，而矢贯余手及～。——从一开始交战，箭就射中我的手，一直穿到肘。

活用：及物动词，一般用法。用肘碰触。

②《左传·成公二年》：綦毋张丧车，从韩厥曰：“请寓乘。”从左右，（韩厥）皆～之，使立于后。——肘之：用肘碰他（不让他站在左右两侧）。丧车：失去了战车。寓乘：搭车。

③《战国策·秦策四》：魏桓子～韩康子，康子履魏桓子。——魏桓子用肘碰碰韩康子，韩康子（用脚）踩踩魏桓子。

主 zhǔ

本用：名词。根本；君主，主人。

①《周易·系辞上》：言行，君子之枢机，枢机之发，荣辱之~也。——枢机：关键。

②《墨子·七患》：五谷尽收，则五味尽御于~，不尽收则不尽御。——御于主：进奉给君主。

③《孟子·万章下》：（尧与舜）迭为宾~，是天子而友匹夫也。——尧和舜互为客人和主人，这是天子与老百姓交朋友的范例。

活用：

一、不及物动词。为主。

④《庄子·天道》：下有为也，上亦有为也，是上与下同道，上与下同道则不~。——不主：不成为君主。同道：同德。

二、及物动词，意动用法。以……为主。

⑤《论语·颜渊》：~忠信，徙义。——以忠信为根本，向义靠拢。

⑥《孟子·公孙丑下》：父子~恩，君臣~敬。——父子之间把慈爱作为根本，君臣之间把恭敬作为根本。

⑦《孟子·万章上》：或谓孔子于卫~痈疽，于齐~侍人瘠环，有诸乎？——有人说孔子在卫国把（卫灵公的宠幸宦官）痈疽作为主人，在齐国把宦官瘠环作为主人，有这回事吗？

⑧《孟子·万章上》：吾闻观近臣，以其所为主；观远臣，以其所~。若孔子~痈疽与侍人瘠环，何以为孔子？——我听说，观察在朝的臣子，根据他作主人的表现；观察外来的臣子，根据他所作为主人的人。如果孔子（真的）把痈疽和宦官瘠环作为主人，还怎么算是孔子呢？

⑨韩愈《原道》：入者~之，出者奴之。——请进来的把它看作主人，排斥出去的把它看作奴隶。

专 zhuān

本用：形容词。单独，单一。

①《论语·子路》：诵《诗》三百，授之以政，不达；使于四方，不能~对；虽多，亦奚以为？——熟读《诗经》三百篇，把政务交给他，他却不通；到外国出使，又不能单独应对；即使书读得多，又有什么用处呢？

②《国语·晋语八》：（韩）宣子拜稽首焉，曰："起也将亡，赖子存之，非起也敢~承之，其自桓叔以下嘉吾子之赐。"——起：韩宣子的名字。这里是他自称。子：您，这里指叔向。敢：表敬副词。专承之：单独一人承受您的恩惠。桓叔：韩氏之祖。嘉：赞美。

活用：及物动词，一般用法。单独承当；单独占有；专门管理。

③《左传·宣公十二年》：与其~罪，六人同之。——专罪：独自承担罪责。

④《左传·襄公二十年》：庆氏无道，求~陈国。——专陈国：独自执掌陈国。

⑤《左传·襄公二十六年》：~禄以周旋，戮也。——独自占有俸禄并以此与人周旋，应该受到诛戮。

⑥《三国志·魏书·杜畿传》：古之刺史，奉宣六条，以清静为名，威风著称，今可勿令领兵，以~民事。——专民事：专司民事。

⑦王安石《上仁宗皇帝言事书》：故先王之处民才，处工于官府，处农于畎亩，处商贾于肆，而处士于庠序。使各~其业。——专其业：专事其业。

壮 zhuàng

本用：形容词。勇壮，豪壮，雄壮。

①《史记·项羽本纪》：项王曰："~士！能复饮乎？"樊哙曰：

"臣死且不避，卮酒安足辞!"

②《史记·白起王翦列传》：秦将李信者，年少~勇。

活用：及物动词，意动用法。觉得、认为……雄壮、豪壮。

③《史记·淮阴侯列传》：滕公奇其言，~其貌，释而不斩。——壮其貌：觉得他相貌伟壮。

④《史记·魏其武安侯列传》：将军~义之，恐亡（灌）夫，乃言太尉。——壮义之：觉得灌夫既勇壮又忠义。

⑤《三国志·蜀书·关羽传》：曹公~（关）羽为人，而察其心神无久留之意。——壮羽为人：认为关羽为人意气壮盛。

⑥《三国志·蜀书·魏延传》：（魏）延对曰："若曹操举天下而来，请为大王拒之；偏将十万之众至，请为大王吞之!"先主称善，众咸~其言。——壮其言：觉得他的话很豪壮。

拙 zhuō

本用：形容词。笨拙。

①《孟子·尽心上》：大匠不为~工而改废绳墨。——高明的工匠不因为拙笨的工人而改变或废弃规矩。

活用：及物动词，意动用法。认为……笨拙。

②《韩非子·说难》：径省其说，则以为不智而~之。——拙之：认为进说者笨拙。径省：（说话）直接简约。

③《吕氏春秋·知度》：（人主）自巧而~人。——人主认为自己聪明。

浊 zhuó

本用：形容词。污浊；混乱。

①《孟子·离娄上》：沧浪之水清兮，可以濯我缨；沧浪之水~兮，可以濯我足。

②《吕氏春秋·振乱》：当今之世~甚矣。

活用：及物动词，使动用法。使……污浊，混乱。

③《庄子·天地》：且夫失性有五：一曰五色乱目，使目不明……四曰五味~口，使口厉爽。——五味浊口：五味使口中污浊。厉爽：伤害。

④《三国志·魏书·董卓传》：中常侍张让等窃幸乘宠，~乱海内。——浊乱海内：使海内混乱。浊、乱同义，用法也同。

子 zǐ

本用：名词。子女；儿子。

①《周易·序卦》：有夫妇然后有父~。

②《论语·公冶长》：以其~妻之。——（孔子）把自己的女儿嫁给他（公冶长）。

③《论语·微子》：（丈人）止子路宿，杀鸡为黍而食之，见其二~焉。——见其二子：让他的两个儿子拜见子路。

活用：

一、不及物动词。行子道（做子女应做的一切事情）；像子女的样子。

④《史记·太史公自序》：子不~则不孝。——子女不行子道就是不孝。

二、及物动词，使动用法。使……为子。

⑤《战国策·秦策五》：王后曰："吾楚人也。"而自~之。——自子之：收他做了自己的儿子。之：指秦孝文王之子异人。

⑥《史记·吕太后本纪》：吕后以计诈名他人子，杀其母，养后宫，令孝惠~之，立以为后。——令孝惠子之：命令孝惠帝收他做儿子。名：占有。后：后代，继承人。

⑦《史记·吕不韦列传》：夫在则重尊，夫百岁之后，所~者为王，终不失势。——丈夫在则权重位尊，丈夫百岁之后，您所收为儿

子的人成为君王，终究不会失掉权势。夫：此指华阳夫人的丈夫秦孝文王。

三、及物动词，意动用法。看作子女。

⑧《战国策·秦策一》：嗟乎！贫穷则父母不~，富贵则亲戚畏惧。——父母不子：父母不把他看作子女。

⑨《战国策·齐策四》：今君有区区之薛，不拊爱~其民，因而贾利之。——子其民：视其民如子。

走 zǒu

本用：动词。逃跑；趋走。

①《孟子·梁惠王上》：兵刃既接，弃甲曳兵而~。

②《战国策·赵策四》：老臣病足，曾不能疾~。——疾走：快跑。按当时之礼，臣见君应当快步走，即“趋走”。

活用：使动用法。使……逃走，趋走。

③《战国策·齐策三》：可以为楚王~太子，可以忠太子使之亟去。——可以为了楚王而赶走太子，也可以忠于太子而让他迅速离开（齐国）。

④《史记·魏世家》：秦破我及韩、赵，杀十五万人，~我将芒卯。——秦国攻破我国和韩国、赵国，杀死十五万人，打跑了我国的将领芒卯。我：此指魏国。

⑤《三国志·吴书·周瑜传》：（周瑜）视死如归，故能摧曹操于乌林，~曹仁于郢都。——走曹仁：打得曹仁逃走。

⑥《资治通鉴·汉献帝建安十三年》：（曹）操军方连船舰，首尾相接，可烧而~也。——烧而走：用火烧使（曹军）败逃。

足 zú

本用：形容词。充足，富足；满足。

①《论语·颜渊》：百姓~，君孰与不~？——孰与：怎么，

怎能。

②《墨子·七患》：固本而用财，则财～。——固本：巩固农业。

活用：及物动词，使动用法。使……富足；使……满足。

③《左传·襄公二十六年》：夫小人之性，衅于勇，啬于祸，以～其性而求名焉者。——小人的本性，敢于钻空子，喜欢祸乱，以使他的本性得到满足而追求虚名。

④《左传·襄公二十八年》：庆氏之邑～欲，故亡。——（晏子说）庆氏的城邑满足了欲望，所以逃亡。

⑤《荀子·乐论》：如是，则百姓莫不安其处，乐其乡，以至～其上矣。——至足其上：最大限度地使君主满足。

⑥《盐铁论·本议》：是以先帝建铁官以赡农用，开均输以～民财。——足民财：使民财富足。建：设置。均输：运输。

醉 zuì

本用：形容词。因喝酒过量而神志不清。

①《左传·成公十六年》：王闻之，召子反谋。谷阳竖献饮于子反，子反～而不能见。

活用：及物动词，使动用法。灌醉。

②《左传·僖公二十三年》：姜与子犯谋，～而遣之。（重耳）醒，以戈逐子犯。——醉而遣之：灌醉重耳并送他上路。

③《史记·齐太公世家》：齐襄公与鲁君饮，～之。——齐襄公和鲁君在一块儿喝酒，灌醉了鲁君。

尊 zūn

本用：形容词。尊贵，高贵。

①《周易·系辞上》：天～地卑，乾坤定矣。

②《孟子·公孙丑上》：夫仁，天之~爵也，人之安宅也。——仁是上天最尊贵的爵位，是人最安逸的住宅。

活用：

一、及物动词，使动用法。使……尊贵，使……高贵。

③《庄子·刻意》：此朝廷之士，~主强国之人。——尊主强国：使主人尊贵，使国家强盛。

④《荀子·臣道》：遂以解国之大患，除国之大害，成于~君安国，谓之辅。——成于尊君安国：达到保持君主尊严，维护国家安定的结果。

⑤《战国策·赵策四》：今媪~长安君之位，而封之以膏腴之地。——尊长安君之位：提高长安君的地位。

⑥《史记·袁盎晁错列传》：夫晁错患诸侯强大不可制，故请削地以~京师，万世之利也。——尊京师：使京师尊崇。京师，此指代王室，即中央统治集团。

⑦孔融《论盛孝章书》：（燕）昭王筑台以~郭隗，隗虽小才而逢大遇。——尊郭隗：使郭隗尊贵。

二、及物动词，意动用法。以……为尊贵。

⑧《战国策·齐策四》：与秦为帝，而天下独~秦而轻齐。——尊秦：认为秦国尊贵。

⑨晁错《论贵粟疏》：~农夫，农已贫贱矣。——尊农夫：认为农夫尊贵。

左 zuǒ

本用：方位名词。左边。

①《左传·成公二年》：韩厥梦子舆谓己曰："旦辟~右。"——韩厥梦见（他的父亲）子舆对自己说："明天早晨避开（战车的）左右两边。"

活用：

一、不及物动词。向左，立于左。

②《墨子·明鬼》：有神入门而～。——有一位神仙进了门，站在左边。

③《国语·吴语》：左而不～。——叫他向左却不向左。

④《韩非子·外储说左下》：善者入门而～。——左：站在左边。

⑤《史记·项羽本纪》：田父绐曰："～。"（项羽）～，乃陷大泽中。——农夫骗他说："向左。"项羽向左走，于是陷在大泽中。

二、及物动词，使动用法。命令向左。

⑥《国语·吴语》：～而不左。——叫他向左却不向左。

作 zuò

本用：动词。建立，树立。

①《尚书·多士》：今朕～大邑于兹洛。——朕：我。作：建立。邑：都邑。兹：此。洛：洛邑，今河南省洛阳市。

活用：为动用法。为……作。

②《尚书·泰誓》：天佑下民，～之君，～之师。——上天佑助下民，为他们树立君王，给他们树立师表。

坐 zuò

本用：动词。坐下。

①《论语·乡党》：席不正，不～。——坐席不端正，就不坐下。

②《史记·项羽本纪》：项王、项伯东向～，亚父南向～。亚父者，范增也；沛公北向～，张良西向侍。

活用：使动用法。让……坐。

③《左传·襄公二十四年》：二子在幄，~射犬于外。——（张骼、辅跞）两个人在帷幄中，让射犬坐在外边。

④《史记·高祖本纪》：（萧何）令诸大夫曰："进不满千钱，~之堂下。"——坐之堂下：让他坐在堂下。

⑤《史记·魏其武安侯列传》：（武安）尝召客饮，~其兄盖侯南乡，自坐东乡。——坐其兄盖侯南乡：让他的哥哥盖侯面向南坐。乡，通"向"。古代坐席以面向东为贵，向南次之。朝廷以南向为贵。

⑥《三国志·蜀书·庞统传》：（司马）徽采桑于树上，~（庞）统于树下，共语自昼至夜。——坐统于树下：让庞统坐在树下。

词目笔画索引

一、本索引收入本书的全部词目，词目后面标明所在页码。

二、词目按笔画数分别排列。同笔画内按起笔笔形一、丨、丿、丶、乛的顺序排列。

三、古字、通假字加括号附在今字、本字的后面。

一画

二画

三画

四画

五画

六画

七画

八画

九画

十画

十一画

十二画

十三画

十四画

十五画

十六画

十七画

十八画

十九画

二十画以上